LES *plantes* DES DIEUX

A Heinrich Klüver M.D. (Hon.), Ph.D.,
1897-1979

Lumière de la pharmacalogie moderne,
grand partisan de l'approche interdisciplinaire,
humble savant, chercheur infatigable
et penseur remarquable,
collègue éminent, conseiller attentif
et fidèle ami.

Connaissant le désir qu'il eut toute sa vie
de partager avec le public
les richesses de la science,
nous dédions fraternellement ce livre
à sa mémoire.

LES *plantes* DES DIEUX

Les plantes hallucinogènes, botanique et ethnologie

Richard Evans Schultes
Albert Hofmann

les éditions du Lézard

MISE EN GARDE

Ce livre n'est pas un guide pour l'usage des
plantes hallucinogènes. Son propos est d'offrir une
documentation scientifique, historique et culturelle
sur un groupe de plantes qui ont été ou sont
encore importantes pour certaines sociétés
humaines. L'absorption de ces végétaux ou de leurs
produits peut être dangereuse.

Titre original : *Plants of the Gods*

Pour l'édition anglaise :
© Mc Graw-Hill Book Company (UK)
Limited, Maidenhead, England, 1979

Une production de :
EMB-Service pour les éditeurs,
Lucerne, Suisse
© 1989 EMB-Service pour les éditeurs,
Lucerne, Suisse

Pour l'édition française:
© NSP, 1993
9, passage Dagorno. 75020 Paris.
ISBN : 2-9507264-2-9

Maquette originale : Emil M. Bührer, Joan Halifax
et Robert Tobler
Rédacteurs en chef : Joan Halifax et David Baker
Légendes : Joan Halifax
Directeur des publications : Francine Peeters
Iconographie : Joan Halifax, Robert Tobler,
Rosaria Pasquariello et Tina Grosman
Chef de fabrication : Franz Gisler
Dessinateurs : Franz Coray et E.W. Smith

Imprimé et broché par :
G. Canale & C. S.p.A., Turin
Imprimé en Italie

Photographie de la première page : « Champignon
de pierre » maya,
dernière période (300 av. J.-C.-200 de notre ère).
Hauteur : 33,5 cm.

TABLE

7 Préface
9 Introduction
10 Qu'est-ce qu'un hallu-cinogène d'origine végétal ?
16 Le règne végétal
20 Recherches phytochi-miques sur les plantes sacrées
26 Répartition géographi-que et botanique
31 Lexique
61 Les plantes hallucino-gènes et leurs usagers
65 Tableau récapitulatif des plantes et leur usage
81 Quatorze grandes plantes hallucinogènes
82 Soutien des Dieux
Amanita (Amanite tue-mouches)
86 Les herbes magiques
Atropa (Belladone)
Hyoscyamus (Jusquiame)
Mandragora (Mandragore)
92 Le nectar de délices
Cannabis (Marijuana)
102 Le feu de saint Antoine
Claviceps (Ergot de seigle)

106 Fleur sacrée de l'Étoile polaire
Datura (Dhatura - Stramoine - Toloache - Torna Loco)
112 Un guide vers les ancê-tres
Tabernanthe (Iboga)
116 Graines de l'esprit Hekula
Anadenanthera (Yopo)
120 Liane de l'âme
Banistériopsis (Ayahuasca)
128 Arbre de l'Aigle malé-fique
Burgnansia (Floripondio)
132 Les empreintes du petit cerf
Lophophora (Peyolt)
144 Petites fleurs des Dieux
Conocybe, Panaeolus, Psi-locybe, Stropharia (Teonan-catl)
154 Cactus des quatre vents
Trichocereus (San Pedro)
158 Lianes du serpent
Ipomoca (Badoh Negro)
Turbina (Ololinqui)
164 La semence du soleil
Virola (Epená)
172 Structures chimiques des hallucinogènes
176 Emploi des hallucino-gènes en médecine
184 Epilogue
186 Index
191 Crédit photographique
192 Remerciements

Ce fumeur confortablement étendu contemple les visions que lui donne le haschisch. Gravure de M. von Schwind, 1843.

A gauche : Les sorcières du Moyen Age préparaient de nom-breuses potions psychotropes dont la plupart avaient pour prin-cipe actif une ou plusieurs plan-tes de la famille de la Belladone. Au cours de l'ivresse ainsi provo-quée, elles se livraient à des prati-ques de magie blanche ou noire. Cette gravure sur bois de 1459 montre deux sorcières en train de préparer une potion qui devrait les aider à faire éclater un orage, sans doute pour mettre fin à une période de sécheresse.

Page suivante : Au retour d'un pèlerinage à Wirikuta, terre sacrée du Peyotl, des Indiens Huichol du nord-ouest du Mexi-que se joignent à leurs familles pour rendre grâces après leur voyage au pays des ancêtres.

Parle au Peyotl avec ton cœur, avec tes pensées
Et le Peyotl voit ton cœur...
Et si tu as de la chance, tu entendras et tu recevras des choses
que les autres ne peuvent voir
mais que Dieu t'aura données afin que tu poursuives ta voie.

Citation d'un jeune chamane huichol

Préface

Ce livre est une invitation au voyage, un voyage dans le temps et l'espace, dans le corps et l'esprit.

Certaines plantes décrites dans ces pages (le datura, l'amanite tue-mouches ou la belladonne) poussent encore dans nos champs ou nos forêts. Considérées aujourd'hui comme des poisons, elles renfermaient jadis le secret de nos sorcières. Nos sociétés, chrétiennes et colonisatrices, n'ont trop souvent vu que paganisme et sauvagerie dans le culte porté aux plantes. Sans l'audace de quelques-uns, dont Schultes et Hofmann sont parmi les plus éminents, des dizaines de pratiques culturelles et religieuses, où l'homme croit transcender la réalité et communiquer avec un dieu, auraient été définitivement saccagées par « l'homme blanc » fou de rationalisme.

Aujourd'hui, en Europe, le cannabis et le psilocybe ont forcé la porte de notre perception de façon massive, mais ils ont du même coup perdu leur dimension magique. Au contraire, la majorité des plantes répertoriées par nos auteurs, que leur culte soit vivace ou non, ont donné lieu à l'élaboration d'un rituel précis.

Le livre richement illustré de Richard Evans Schultes et Albert Hofmann, indisponible en France depuis de nombreuses années, est tout simplement l'ouvrage de référence sur le sujet. Il nous démontre que, dans toutes les civilisations et à toutes les époques, l'usage maîtrisé de produits psychotropes, loin d'obscurcir notre vision du monde, peut contribuer à l'éclairer.

Jean-Pierre Galland

Au Mexique, les Indiens Huichol utilisent et révèrent le Peyotl, puissant cactus hallucinogène. En manger, disent-ils, « donne du cœur » et accroît considérablement le « Kupuri », l'énergie vitale. C'est le Kupuri que l'on voit surgir de trois boutons de Peyotl dans cette broderie de Ruturi.

INTRODUCTION

Pendant des millénaires, les plantes hallucinogènes ont joué un rôle de premier plan dans la vie des hommes, mais les sociétés occidentales viennent tout juste de prendre conscience de l'importance de ces végétaux dans l'histoire et la formation des diverses cultures. Depuis une vingtaine d'années, l'intérêt porté à l'emploi et aux vertus des hallucinogènes dans notre monde moderne, urbanisé et industrialisé, s'est considérablement accru.

Les plantes psychotropes sont des laboratoires de chimie fort complexes. On ne connaît pas encore complètement l'étendue de leur potentiel d'action. Certaines contiennent des substances chimiques capables de provoquer des hallucinations visuelles, auditives, olfactives et gustatives. D'autres peuvent causer des psychoses artificielles.

De toute évidence, leur utilisation remonte aux premiers pas de l'homme dans la connaissance de son environnement végétal. Les effets provoqués par ces plantes sont souvent étranges et inexplicables.

Il n'est donc pas étonnant qu'elles aient joué un rôle important dans les rites religieux des civilisations et qu'elles soient encore vénérées par certains peuples dont les cultures perpétuent d'anciennes traditions. Dans une société primitive, comment l'homme pouvait-il mieux entrer en contact avec le monde des esprits qu'à travers l'usage de ces plantes qui permettent de communiquer avec des royaumes surnaturels ? Par quelle méthode aurait-il pu s'affranchir plus directement des limites prosaïques du quotidien pour pénétrer, ne serait-ce qu'un instant, dans des mondes fascinants aux merveilles immatérielles et indescriptibles ?

Pourquoi les plantes hallucinogènes sont-elles étranges, mystiques et déroutantes ? Les recherches scientifiques à ce sujet ne font que commencer et leurs résultats confirmeront sans aucun doute l'importance de ces végétaux biodynamiques, car, chez l'homme, les troubles de l'esprit autant que ceux du corps nécessitent le recours à des agents curatifs et correctifs.

Ces drogues, qui ne provoquent pas de phénomène d'accoutumance, sont-elles précieuses parce qu'elles permettent d'« élargir l'esprit », parce qu'elles sont un moyen d'atteindre l'« expérience mystique » ou parce qu'elles offrent une possibilité d'aventure hédoniste ? En fait, un autre aspect retient l'attention des chercheurs : une bonne compréhension de l'usage et de la composition chimique de ces substances ne permettrait-elle pas de découvrir de nouvelles formes d'expérimentation ou de traitement en psychiatrie ? Le système nerveux central est un organe très complexe et si son étude n'a pas progressé aussi rapidement que d'autres branches de la médecine, c'est surtout faute d'avoir eu à sa disposition les outils appropriés. Certaines de ces plantes psychotropes, une fois leur principe actif isolé et compris, pourraient être d'un grand secours à cet égard.

Tout développement de la connaissance exige la participation d'un public éduqué, particulièrement dans un domaine aussi controversé que celui des drogues hallucinogènes. C'est pourquoi cet ouvrage, qui ne s'adresse pas aux spécialistes de ce domaine de recherche, ne vise pas à distraire les lecteurs de rencontre mais à informer ceux qui s'intéressent vraiment au sujet. Nous croyons fermement que, dans l'intérêt de l'humanité et du progrès, les scientifiques se doivent de présenter à ceux qui peuvent en tirer profit, toutes les nouvelles connaissances techniques. C'est dans cet esprit que nous offrons ce volume, en espérant qu'il pourra, d'une façon ou d'une autre, servir les intérêts pratiques de l'humanité.

Richard Evans Schultes

Albert Hofmann

QU'EST-CE QU'UN HALLUCINOGÈNE D'ORIGINE VÉGÉTALE ?

De nombreuses plantes sont toxiques. Il ne faut pas s'étonner si le mot *toxique* vient du nom grec τοξικόυ, « arc » : l'usage était d'empoisonner la pointe des flèches.

C'est parce qu'elles sont toxiques que les plantes médicinales peuvent guérir ou soulager. Le plus souvent, on prête au mot *toxique* le sens de poison mortel. Or, comme l'écrivait Paraselce au XVIe siècle : « il y a du poison dans toute chose et il n'est rien sans poison. Qu'un poison le devienne ou pas, ne dépend que de la dose ».

La différence entre un poison, un médicament et un narcotique est une simple question de dosage. La digitale par exemple, en quantité appropriée, est un des remèdes cardiaques les plus efficaces et les plus employés, mais à fortes doses, elle devient un poison mortel.

Convenons d'appeler toxiques les substances végétales, animales ou chimiques qui, ingérées pour des raisons non alimentaires, ont sur l'organisme des effets biodynamiques. Il s'agit là bien entendu d'une définition très large puisqu'elle inclut par exemple la caféine qui, employée normalement, est un stimulant et ne provoque pas d'intoxication ; à fortes doses cependant, elle devient dangereuse.

Tous les hallucinogènes ont des effets toxiques. Au sens large, on peut aussi les qualifier de *narcotiques*. Ce mot, du grec ναρκούν, « engourdir », désigne étymologiquement toute substance qui, aussi stimulante soit-elle dans ses phases actives, finit par provoquer un état dépressif du système nerveux central ; ainsi le tabac et l'alcool sont des narcotiques. Les stimulants comme la caféine, bien qu'exerçant une action psychotrope, ne peuvent entrer dans cette catégorie puisqu'à doses normales ils ne provoquent pas cette dépression. Le terme allemand *Genussmittel* (moyen de plaisir) désignant à la fois les narcotiques et les stimulants n'a aucun équivalent en français ou en anglais.

Dans le langage courant, cependant, on qualifie de *narcotiques* les produits provoquant une accoutumance dangereuse, comme la cocaïne ou l'opium et ses dérivés (morphine, codéine, héroïne).

Au sens large cité plus haut, tous les hallucinogènes sont narcotiques bien que l'on n'en connaisse

En Inde, le *Datura* a été depuis longtemps associé au culte de Çiva, dieu de la Création et de la Destruction. Ce très beau bronze du XIe ou du XIIe siècle le représente en train de danser l'Anandatàndàva, dernière de ses sept danses, où se fondent toutes les facettes de son caractère. De son pied gauche Çiva écrase Apasmàrapurusa, démon de l'ignorance. Dans sa plus haute main droite, le dieu tient un petit tambour symbolisant le Temps, rythme de sa danse cosmique de la vie et de la création. Son autre main droite est dans la position de l'abhayamudra, exprimant son rôle protecteur de l'univers. Dans sa plus haute main gauche se trouve la flamme qui brûle les voiles de l'illusion. Son autre main gauche, tenue en gajahasta, montre son pied gauche levé, libre dans l'espace, et symbole de la libération de l'esprit. Ses cheveux sont retenus par un bandeau dont l'ornement central représente deux serpents tenant un crâne et illustre les aspects destructeurs de ce dieu du Temps et de la Mort. A droite on peut voir une fleur de *Datura*, d'autres sont mêlées aux longues mèches de ses cheveux.

L'utilisation de plantes hallucinogènes en sorcellerie atteignit sans doute son plus haut degré de complexité dans l'Europe du Moyen Age. Les apparitions et les visions les plus diverses y accompagnaient l'ivresse magique. Cette gravure sur cuir d'Adrien Hubertus montre l'impressionnante variété des hallucinations provoquées par ces breuvages : vol dans l'espace, inversion d'éléments chrétiens, diverses implications sexuelles, y compris le bouc volant, scatologie et mort.

aucun qui produise un phénomène d'accoutumance.

Il existe plusieurs types d'hallucinations. Les plus communes sont visuelles et souvent colorées, mais tous les sens peuvent être affectés : l'ouïe, l'odorat, le toucher et le goût. Souvent, diverses formes d'hallucinations sont provoquées par une seule plante, comme le Peyotl ou la Marijuana. Les substances hallucinogènes peuvent aussi causer des psychoses artificielles, on les qualifie alors de *psychomimétiques* (qui provoquent des états psychotiques).

Des recherches récentes ont démontré l'extrême complexité des effets psychophysiologiques, et le simple terme *hallucinogène* ne peut recouvrir la totalité des réactions possibles. Une nomenclature assez déroutante est apparue sans qu'aucun des termes désigne à lui tout seul l'ensemble des phénomènes connus. On y rencontre entre autres : *psychostimulant, délirogène, psychodysleptique, hallucinogène, stupéfiant, enivrant, hypnotique, psychomimétique, schizogène*, etc. En Europe, on regroupe parfois ces effets sous le nom de *phantastica*. Aux États-Unis, le terme *psychédélique* est le plus répandu, mais il est impropre étymologiquement et s'est chargé de significations secondaires à la suite de son utilisation dans le monde de la drogue.

En réalité, il n'existe aucun terme recouvrant d'une façon satisfaisante un groupe aussi varié que celui des plantes psychotropes. Le toxicologue allemand Louis Lewin, le premier à avoir employé

donnent rarement lieu à la confusion mentale ou à des pertes de la mémoire, de l'identité ou du sens de l'orientation dans le temps et l'espace ». Hoffmann, en se fondant sur la classification de Lewin, divise les drogues psychotropes en analgé-siques et euphorisants (opium, coca), sédatifs et tranquillisants (réserpine), hypnotiques (kawa) et hallucinogènes ou psychomimétiques (peyotl, marijuana, etc.). La plupart d'entre elles ne font que modifier l'humeur, la stimulant ou la cal-mant. Le dernier groupe cité provoque cependant de profonds changements au niveau des sensa-tions, de la perception du réel, de l'espace ou du temps, et de la perception du soi, suscitant même, parfois, un phénomène de dépersonnali-sation. Sans perdre connaissance, l'individu pénè-tre dans un monde onirique qui lui paraît souvent

le terme *phantastica*, admet que le mot ne recou-vre pas tout ce qu'il voudrait lui faire signifier. *Hallucinogène*, facile à comprendre et à pronon-cer, n'est pas entièrement satisfaisant puisque les plantes dont il est question ne provoquent pas toutes des hallucinations. *Psychomimétique*, bien que souvent employé, n'est pas accepté par les spécialistes, les plantes concernées ne causant pas toutes, nécessairement, des états psychotiques. Néanmoins, comme les termes *hallucinogène* et *psychomimétique* sont très usités et faciles à com-prendre, nous les emploierons dans cet ouvrage. Parmi les nombreuses définitions proposées, celle de Hoffer et Osmond paraît assez générale pour être acceptée par une majorité : « Les hallucinogè-nes sont... des substances chimiques qui, à des doses non toxiques, provoquent des changements dans les perceptions, la pensée et l'humeur, mais

plus réel que le monde normal. Les couleurs sont fréquemment perçues avec une intensité et une luminosité indescriptibles ; les objets peuvent per-dre leur caractère symbolique, apparaître comme détachés de tout contexte. Comme chargés d'un sens nouveau et plus important puisqu'ils sem-blent acquérir une existence propre.

Les changements psychiques et les modifications de la conscience provoqués par les hallucinogènes sont si éloignés de la vie ordinaire qu'il est impossible de les décrire dans un langage quotidien. Un individu sous hallucinogène abandonne son univers familier et fonctionne selon d'autres critères, dans une dimension étrange et un temps différent.

Si la plupart de ces substances sont d'origine végétale, certaines nous viennent du monde animal et d'autres sont des produits de synthèse. Leur usage remonte si loin dans la préhistoire que, selon certains auteurs, l'idée de Dieu aurait pu apparaître sous l'effet d'hallucinogènes révélant l'existence d'un autre monde.

Dans l'ensemble, les cultures primitives ne conçoivent pas la maladie et la mort comme des phénomènes physiologiques et organiques, mais comme le résultat d'interférences avec le domaine des esprits. Comme les hallucinogènes permettent au guérisseur, et parfois même au malade, de communiquer avec cet univers surnaturel, ils sont les remèdes les plus importants de la pharmacopée traditionnelle, le médicament par excellence. Leur rôle est beaucoup plus important que celui des remèdes qui exercent une action physique directe. Ils sont devenus petit à petit le fondement de la thérapeutique dans la plupart, sinon dans la totalité, des sociétés primitives.

Ces plantes doivent leurs propriétés à un certain type de corps chimiques agissant spécifiquement sur des parties bien déterminées du système nerveux central. L'état hallucinatoire est généralement de courte durée, ne dépassant pas le temps de métabolisation du principe actif ou de son élimination. Il semble qu'il y ait une différence entre les véritables hallucinations et ce que l'on pourrait qualifier de pseudo-hallucinations. De nombreux végétaux peuvent affecter si fortement le métabolisme, qu'ils provoquent un état mental anormal proche de l'hallucination. De nombreuses plantes expérimentées par le milieu de la drogue et qui ont fait croire à de nouvelles découvertes appartiennent à cette dernière catégorie. Ces états pseudo-hallucinatoires peuvent avoir lieu sans l'ingestion de substances toxiques ; de fortes fièvres, par exemple, arrivent à provoquer ce même genre de réaction. Les fanatiques religieux du Moyen Age qui jeûnaient pendant de longues périodes arrivaient à perturber leur métabolisme de telle manière qu'ils étaient véritablement sujets à des visions et entendaient des voix, subissant sans le savoir des effets pseudo-hallucinogènes.

LE RÈGNE VÉGÉTAL

Lis blanc
Lilium candidum

Acore
Acorus corlamus

MONOCOTYLÉDONES

Avant le XVIII° siècle, il n'existait en botanique ni classification logique généralement acceptée ni nomenclature. Dans les divers pays d'Europe, on connaissait les plantes sous leur nom populaire ; les clercs utilisaient dans leurs ouvrages des périphrases latines lourdes et peu rigoureuses.

Vers le milieu du XV° siècle, l'invention de l'imprimerie permit la publication d'un certain nombre de livres de botanique dont la plupart étaient consacrés aux plantes médicinales. Entre 1470 et 1670 la botanique et la médecine se libérèrent enfin des anciens principes de Dioscoride et des autres naturalistes de l'Antiquité, qui avaient régi la science européenne pendant près de mille six cents ans. En deux cents ans, la botanique fit alors plus de progrès qu'elle n'en avait fait durant les seize siècles précédents.

Mais il fallut attendre le XVIII° siècle pour que Carl von Linné, naturaliste suédois, professeur à l'université d'Uppsala, mît au point le premier système de classification scientifique et de nomenclature des plantes, dans son monumental *Species Plantarum* publié en 1753.

Il groupa celles-ci suivant un système sexuel comprenant vingt-quatre catégories, fondé sur le nombre et les caractéristiques des étamines. Il donna à chaque plante un genre et un nom spécifique, réalisant ainsi une classification binominale. D'autres botanistes avaient déjà utilisé cette méthode, mais Linné fut le premier à l'employer de façon cohérente. Son système, artificiel et inadéquat pour comprendre l'évolution des végétaux (qui fut étudiée plus tard), n'est plus en usage de nos jours, mais sa nomenclature est universellement acceptée et, pour les botanistes, l'année 1753 en marque le début.

A cette époque, croyant avoir classifié la presque totalité de la flore mondiale, Linné calcula qu'elle comprenait à peu près 10 000 espèces. Mais ses travaux et l'influence qu'il exerça sur ses élèves stimulèrent de nouvelles recherches sur la flore des pays nouvellement colonisés ou explorés. En 1847, près de cent ans plus tard, le botaniste anglais John Lindley estimait la flore mondiale à 100 000 espèces réparties en 8 900 genres.

La botanique moderne n'a que deux siècles d'existence, mais cette estimation s'est encore lar-

Les espèces hallucinogènes se trouvent parmi les plantes à fleurs les plus évoluées (angiospermes), et chez les champignons. Les angiospermes sont divisés en monocotylédones (une feuille primordiale par graine) et dicotylédones (deux feuilles primordiales par graine).
L'Acore, le Chanvre et la Belladone (*ci-dessus*) ainsi que l'Amanite tue-mouches (*en bas à droite*) sont des espèces psychotropes.

Fougère mâle
Dryopteris filix-mas

PTÉRIDOPHYTES

BRYOPHYTES

Mousse
Polytrichum commune

Rose d'Écosse
Rosa spinosissima

Chanvre ; Marijuana
Cannabis sativa

Tabac
Nicotiana tabacum

Belladone
Atropa

Archichlamydées

Métachlamydées

DICOTYLÉDONES

Angiospermes

Les dicotylédones (plantes à deux feuilles primordiales par graine) sont divisées en Archichlamydées (sans pétales ou à pétales séparés) et Métachlamydées (pétales soudés).

Les Spermatophytes, ou plantes à graines, sont divisées en conifères (gymnospermes) et plantes à fleurs (angiospermes).

Gymnospermes

Pin blanc
Pinus strobus

SPERMATOPHYTES

Algues
Algae

Champignon des prés
Agaricus campestris

Amanite tue-mouches
Amanita muscaria

ALGUES

CHAMPIGNONS

THALLOPHYTES

Les champignons et les moisissures (fungi), les algues (algae), les mousses et lichens (bryophytes), et les fougères (pteridophytes), sont des plantes plus simples.

17

gement accrue. On compte aujourd'hui entre 280 000 et 700 000 espèces, le chiffre le plus haut étant généralement accepté par les botanistes qui travaillent sur la flore relativement mal connue des régions tropicales.

Les seuls Champignons compteraient de nos jours entre 30 000 et 100 000 espèces. La disparité entre ces chiffres est due en partie au manque d'études d'ensemble et aux difficultés qu'il y a à définir certains types unicellulaires. Un mycologue contemporain, tenant compte du fait que les champignons sont peu collectés sous les tropiques où ils sont pourtant si nombreux, a suggéré que le nombre total d'espèces pourrait bien se situer autour de 200 000.

Les Algues sont toutes aquatiques et plus de la moitié d'entre elles vivent dans la mer. On pense aujourd'hui que ce groupe très varié comprend entre 19 000 et 32 000 espèces. Certaines, trouvées dans des fossiles précambriens, remontent à plus de trois millions d'années. Elles représentent la plus ancienne forme de vie connue sur terre.

Les Lichens, organismes symbiotiques constitués par l'association d'une algue et d'un champignon, comptent entre 16 000 et 20 000 espèces réparties en 450 genres.

Les Bryophytes se divisent en deux groupes : les Mousses et les Hépatiques. La plupart sont tropicales et l'on s'attend à découvrir de nombreuses espèces nouvelles. Le manque d'importance économique de ce groupe de plantes explique le peu de connaissances que nous possédons à son sujet.

D'après des estimations récentes, il y aurait entre 12 000 et 15 000 espèces de Ptéridophytes (fougères et plantes apparentées). Ces végétaux très anciens sont aujourd'hui particulièrement nombreux dans les régions tropicales. Numériquement, la flore est dominée par les Spermatophytes ou plantes porteuses de graines. Les Gymnospermes (conifères) constituent un petit groupe de 675 espèces, remontant au Carbonifère et apparemment en voie de disparition.

Le groupe végétal dominant qui s'est diversifié dans le plus grand nombre d'espèces est celui des Angiospermes. Dans l'esprit populaire il représente la totalité du monde végétal. Composé de plantes dont les graines sont couvertes ou protégées par le tissu ovarien il diffère des Gymospermes

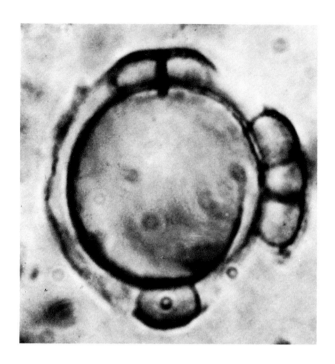

mes dont les graines sont nues. On les appelle communément les plantes à fleur. Elles revêtent une très grande importance économique et ont prédominé dans les divers environnements végétaux de la terre. On peut donc les qualifier de plantes « les plus importantes ».

Leur nombre varie selon les estimations. La plupart des botanistes pensent qu'il existe de 200 000 à 250 000 espèces réparties en 300 familles. D'autres calculs, vraisemblablement plus réalistes, permettent de les estimer à 500 000.

Les Angiospermes sont divisées en deux groupes principaux : les Monocotylédones, ou plantes à une feuille par graine, et les plantes à deux feuilles par graine ou Dicotylédones. Les premières représentent le quart de la totalité des plantes à fleur.

Certaines familles du règne végétal sont particulièrement importantes, leurs espèces possédant des substances aux propriétés médicinales ou hallucinogènes. Les Champignons, par exemple, éveillent de plus en plus d'intérêt : pratiquement tous les antibiotiques connus en sont dérivés. On les utilise également dans l'industrie pharmaceutique pour synthétiser les stéroïdes. Un grand nombre d'espèces de ce groupe végétal possèdent sans doute des composants hallucinogènes, mais seuls des Ascomycètes (Ergot de seigle) et des Basidiomycètes (divers champignons comprenant les Vesses de loup) ont joué un rôle dans l'histoire des sociétés humaines. Leur importance comme source d'aflotoxine dans les aliments n'a été reconnue que récemment.

Page de gauche : Cette plante très simple ressemblant un peu à une algue est un fossile vieux de trois milliards deux cents millions d'années. Il représente l'un des plus anciens spécimens connus d'organisme vivant. Il existe encore dans les océans des formes végétales apparentées.

Ci-contre : Datura metel, qui appartient à une des familles les plus évoluées des plantes à fleurs, a des propriétés hallucinogènes.

On n'a pas encore découvert d'espèce hallucinogène parmi les Algues et les Lichens. Mais un nombre impressionnant de nouveaux composants biodynamiques, certains d'entre eux fort précieux pour la médecine, ont été isolés à partir d'algues.

Des recherches récentes ont permis d'espérer qu'il sera bientôt possible d'isoler des substances actives à partir de lichens : on s'est en effet aperçu qu'ils contenaient un grand nombre de composants antibactériens. L'emploi de lichens hallucinogènes a été souvent signalé dans l'extrême nord-ouest de l'Amérique, mais nous n'avons pas encore obtenu de spécimens identifiables ou d'informations vérifiées. Les Bryophytes ont été négligés sur le plan phytochimique, et les rares types étudiés n'ont pas donné grand espoir d'y découvrir des substances médicalement actives. Leur usage en ethnomédecine n'a pas non plus été signalé.

Les Ptéritophytes aussi semblent pauvres en composants biodynamiques, bien que plusieurs d'entre eux soient officiellement employés comme drogues. Les recherches phytochimiques qui les concernent n'ont pas été très poussées. Des recherches très récentes indiquent pourtant la présence de composés biodynamiques jusqu'alors insoupçonnés et susceptibles d'exploitation médicale et commerciale ; il s'agit de lactones sesquiterpinoïdes, d'ecdyosones, d'alcaloïdes et de glycosides cyanogéniques. Des travaux ont été entrepris récemment pour rechercher des agents antibactériels à partir d'extraits de quarante-quatre fougères de Trinidad, et 77 % de ces extraits ont donné des résultats positifs. On n'y a cependant trouvé aucun constituant hallucinogène et la tradition indigène n'en mentionne pas l'existence, bien que plusieurs fougères soient utilisées en Amérique du Sud comme additifs à une boisson hallucinogène à base de *Banistériopsis.*

Parmi les Spermatophytes, les Gymnospermes semblent dépourvus de substances biodynamiques actives. On les connaît surtout comme source de l'éphédrine et de la taxine, autre alcaloïde très toxique. En outre leur résine et leur bois ont une grande importance économique. Ce groupe de plantes à graine est aussi très riche en stilbines et autres composants qui protègent le bois de la pourriture.

Les Angiospermes sont particulièrement importantes, d'abord parce que ce groupe comporte le plus grand nombre d'espèces et ensuite parce qu'il est à la base de l'évolution sociale et matérielle de l'humanité. Ces plantes fournissent la majeure partie de nos remèdes d'origine végétale. La plupart des espèces toxiques, dont une grande partie des hallucinogènes et des narcotiques utilisés par l'homme, appartiennent à ce groupe. On comprend alors pourquoi les chimistes s'y sont particulièrement intéressés. La connaissance que nous en avons reste pourtant superficielle et le règne végétal représente un capital immense de principes actifs encore peu étudiés. Chaque espèce est une véritable petite usine chimique. Si les sociétés primitives ont découvert dans leur végétation ambiante de nombreuses plantes aux propriétés médicinales, narcotiques ou toxiques, il n'y a pas lieu de supposer qu'elles ont fait usage de la totalité des principes psychotropes de ces végétaux.

Il est certain que le monde végétal recèle de nombreux autres hallucinogènes et que la connaissance de leurs composants serait d'un très grand intérêt pour la médecine moderne.

RECHERCHES PHYTOCHIMIQUES
SUR LES PLANTES SACRÉES

Ces plantes intéressent diverses disciplines : l'ethnologie, l'étude des religions, l'histoire et le folklore. Mais elles concernent aussi, du point de vue scientifique, la botanique et la chimie. Ce chapitre est consacré aux travaux des chimistes qui analysent les composants des plantes utilisées pour des rites religieux ou des pratiques magiques et à l'exposé des bénéfices qu'on peut en espérer. La tâche du botaniste consiste à identifier les végétaux qui furent ou sont encore utilisés comme drogues sacrées. C'est au chimiste qu'il revient de déterminer ensuite la substance provoquant les effets qui sont à l'origine de leur usage magique ou religieux et d'en découvrir les principes actifs, la quintessence, comme aurait dit Paracelse.

Parmi les centaines de substances chimiques composant une plante, une ou deux, tout au plus une demi-douzaine, sont à l'origine de ses effets psychotropes.

Le poids de ces substances représente moins d'un centième et même souvent moins d'un millième de celui de la plante. Les principaux composants de cette dernière, soit quatre-vingt-dix pour cent

Portrait de Paracelse tiré des *Astronomica et Astrologica Opuscula* publiés à Cologne en 1567.

Theophrastus Bombastus von Hohenheim, dit Paracelse (v. 1494-1541), fut à la fois médecin et philosophe. Pour lui, la médecine englobait toutes les connaissances, y compris la chimie, la physique et la physiologie, ainsi que la philosophie et la théologie.

de son poids, sont la cellulose (qui constitue son support) et l'eau (diluant et véhiculant des éléments nutritifs et des produits métaboliques). Les hydrates de carbone comme l'amidon et les sucres, les protéines, les graisses, les sels minéraux et les pigments représentent encore un certain

pourcentage de son poids. Tous ces composants forment la quasi-totalité de la plante et on les retrouve dans tous les végétaux supérieurs. Les substances ayant des effets physiologiques ou psychiques inhabituels ne se trouvent que dans certains d'entre eux. En général, ces substances ont des structures chimiques très différentes des composants habituels ou des produits métaboliques.

On ne connaît pas encore la fonction spéciale qu'elles occupent dans la vie de la plante et il existe plusieurs théories à ce sujet : la plupart des principes psychotropes propres à ces végétaux contiennent de l'azote et l'on a pensé qu'il s'agissait peut-être de déchets du métabolisme — comme l'acide urique dans les organismes animaux — destinés à éliminer l'excédent d'azote. Si cette théorie était exacte, toutes les plantes contiendraient de tels composants azotés, or ce n'est pas le cas. Bien des substances psychotropes sont toxiques à haute dose et l'on a donc suggéré qu'elles servent à protéger les plantes des animaux. Cette théorie n'est pas plus convaincante, car de nombreuses espèces toxiques sont en fait consommées par des animaux insensibles à ces poisons.

Nous nous trouvons donc devant une des énigmes non résolues de la nature. On ne sait pas pourquoi certaines plantes produisent des substances ayant des effets spécifiques sur les fonctions mentales et émotives de l'homme, sur ses perceptions et sur son état de conscience.

Les phytochimistes chargés du travail fascinant d'isoler les principes actifs de la plante arrivent à les obtenir sous leur forme la plus pure. Il est possible alors de les analyser pour en déterminer les composants, à savoir les proportions relatives de carbone, d'hydrogène, d'oxygène, d'azote, etc., et d'établir la structure moléculaire selon laquelle s'organisent ces divers éléments. L'étape suivante consiste à synthétiser les principes actifs, c'est-à-dire à les reconstituer en laboratoire, dans des conditions artificielles.

Avec ces composants purs, isolés à partir de la matière végétale ou produits par synthèse, on peut alors faire des expérimentations pharmacologiques impossibles à réaliser à partir du végétal lui-même dont la teneur en principes actifs est

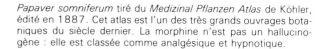

Papaver somniferum tiré du *Medizinal Pflanzen Atlas* de Köhler, édité en 1887. Cet atlas est l'un des très grands ouvrages botaniques du siècle dernier. La morphine n'est pas un hallucinogène : elle est classée comme analgésique et hypnotique.

cien Friedrich Sertürner. En raison de ses propriétés somnifères, ce nouveau composé chimique fut baptisé morphine, d'après le nom de Morphée, dieu du sommeil chez les Grecs. D'immenses progrès ont été réalisés depuis et de nouvelles méthodes ont été mises au point pour séparer et purifier plus efficacement les principes actifs. Les techniques les plus intéressantes ont vu le jour au cours des dernières décennies ; elles comprennent la chromatographie, qui est une méthode de séparation reposant sur la capacité d'adhésion relative de diverses substances à des matériaux absorbants ou la possibilité d'absorption de ces substances par des solvant non miscibles. Les méthodes d'analyse quantitative, ou celles qui permettent d'établir la structure chimique des composants, ont aussi beaucoup changé. Autrefois, il aurait fallu plusieurs générations de chimistes pour élucider les structures complexes des composés naturels. Aujourd'hui, grâce à la spectroanalyse ou aux rayons X, on arrive à les déterminer en quelques semaines ou quelques jours. En même temps, des méthodes de synthèse nouvelles et plus efficaces

Le pharmacien Friederich Wilhelm Adam Sertürner (1783-1841) fut le premier à découvrir un alcaloïde. Il réussit à isoler la morphine en 1806. Onze ans plus tard il en décrivit les caractéristiques alcalines. C'est à la suite de sa découverte que ces substances furent nommées alcaloïdes.

variable et dont les autres composants créent des interférences avec les premiers.

La première substance psychotrope obtenue sous forme pure à partir d'une plante fut la morphine, alcaloïde présent dans le Pavot blanc. Elle fut isolée pour la première fois en 1806 par le pharma-

se sont développées. Grâce aux progrès de la chimie et aux nouveaux moyens dont ils disposent, les phytochimistes sont arrivés à élargir considérablement notre connaissance des plantes psychotropes et de leurs principes actifs.

Les champignons sacrés du Mexique en sont un

bon exemple. Dans le sud de ce pays, des ethnologues avaient découvert des tribus où l'on consommait des champignons au cours de cérémonies religieuses. Ces champignons furent identifiés par des mycologues et, à l'analyse, il s'avéra sans aucun doute possible que ces espèces étaient hallucinogènes. A partir d'un de ces champignons, que les chercheurs avaient expérimentés sur eux-mêmes et qu'il était possible de cultiver en laboratoire, les chimistes isolèrent deux substances actives. La pureté et l'homogénéité chimique d'un composant se manifestent dans sa capacité de cristallisation, à moins bien entendu qu'il ne s'agisse d'un liquide. Les deux principes hallucinogènes aujourd'hui connus sous le nom de psilocybine et psilocine, provenant du champignon mexicain *Psilocybe Mexicana*, furent obtenus sous forme de cristaux incolores.

De même, on isola la Mescaline, principe actif du cactus mexicain *Lophophora Williamsii*. Elle se présente sous forme de sel après cristallisation à l'acide chlorhydrique.

Ces composants chimiques une fois cristallisés, il était possible de poursuivre des recherches sur divers terrains, en psychiatrie par exemple, où l'on obtint des résultats positifs.

Puisque l'on pouvait maintenant déceler la présence ou l'absence de Psilocybine et de Psilocine il devint facile de distinguer les vrais champignons hallucinogènes des faux.

On détermina ensuite la structure chimique des principes psychotropes de ces végétaux (les formules sont données dans le dernier chapitre) et on découvrit que ces composés étaient chimiquement très proches de substances naturellement produites par le cerveau qui jouent un rôle important dans la régulation des fonctions psychiques.

Les composés purs pouvant être exactement dosés, on étudia sur des animaux de laboratoire leur action pharmacologique, et on détermina l'étendue de leur action psychotrope sur l'homme. Ces expériences auraient été impossibles à réaliser avec les champignons eux-mêmes, car leur teneur en substances actives varie entre 0,1 et 0,6 % du poids du tissu végétal. La majeure partie du principe actif est composée de psilocybine, la psilocine ne s'y trouvant qu'à l'état de traces. La dose efficace moyenne pour les humains est de 4 à 8 milli-grammes : au lieu d'avaler 2 grammes de champignons séchés qui ont par ailleurs fort mauvais goût, il suffit d'absorber 0,008 gramme de psilocybine pour ressentir des effets hallucinogènes analogues durant plusieurs heures.

Les composants une fois purifiés, on put étudier leur application en médecine. Ils se montrèrent particulièrement utiles en psychiatrie expérimentale, apportant une aide précieuse à la psychanalyse et à la psychothérapie.

MESCALINE-HCL
(hydrochloride de mescaline cristallisé à l'alcool)

Beaucoup d'alcaloïdes cristallisent mal en tant que bases libres. Ils se transforment cependant en sels cristallisés, quand ils sont neutralisés par un acide, soit par refroidissement de la solution saturée, soit par évaporation du solvant. La cristallisation des substances en solution a pour but l'obtention d'un produit pur. Étant donné que chaque substance a une forme de cristaux caractéristique, on peut ainsi l'identifier. L'analyse des structures aux rayons X est une méthode moderne d'élucidation des compositions chimiques. Pour l'appliquer, il faut que les alcaloïdes ou autres substances soient sous forme de cristaux.

Psilocybe mexicana
Heim
Oaxaca, Mexique.

Les principes actifs psilocybine et psilocine représentent environ 0,03 % du champignon frais et 0,3 % du champignon sec. Les champignons sont composés de chitine, d'hydrates de carbone, de matière protéique, de sels minéraux et de divers autres constituants ; ils contiennent environ 90 % d'eau lorsqu'ils sont frais.

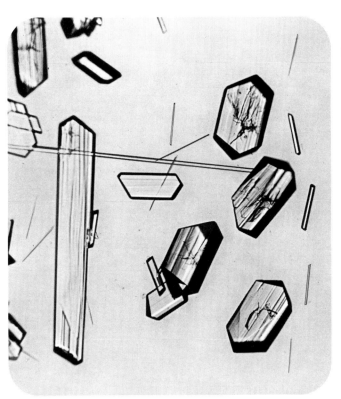

PSILOCYBINE
(cristallisée au méthanol)

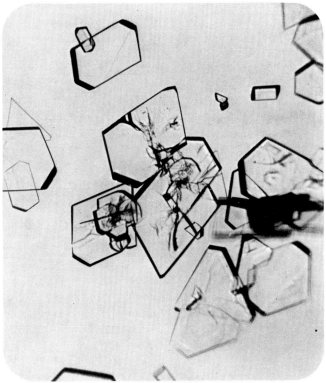

PSILOCINE
(cristallisée au méthanol)

La psilocybine et la psilocine une fois isolées, analysées et synthétisées, on aurait pu penser que les champignons mexicains avaient perdu toute leur magie : les substances hallucinogènes qui firent croire aux Indiens pendant des millénaires qu'un dieu habitait ces champignons, se fabriquent aujourd'hui en laboratoire. Mais souvenons-nous que les recherches phytochimiques ont simplement démontré que les propriétés magiques de ces champignons sont dues à deux composants cristallins. Leur effet sur l'être humain reste inexpliqué et toujours aussi mystérieux, aussi magique que les champignons eux-mêmes. Il en est de même pour toutes les autres substances actives isolées et purifiées à partir de nombreuses plantes des dieux.

23

Le plus grand fleuve du monde
coule à travers la plus grande forêt... Peu à peu,
je commence à comprendre
que dans une forêt pratiquement sans limites
— près de sept millions de kilomètres carrés
couverte d'arbres et presque seulement d'arbres —
et où les indigènes
ne s'inquiètent pas plus de détruire le plus imposant
des arbres, quand il les gêne,
que nous la plus vulgaire mauvaise herbe,
un arbre abattu
ne laisse pas plus de vide, n'est pas plus regretté
qu'une tige de séneçon ou un coquelicot
arrachés d'un champ de blé anglais.

Richard Spruce

Vue aérienne du Kuluene, affluent du Xingú, lui-même l'un des affluents principaux de l'Amazone.

A droite : « Il y avait des arbres énormes couronnés de feuillage splendide, ornés de fantastiques parasites et couverts de lianes qui pouvaient être fines comme des fils ou grosses comme des pythons, tantôt rondes, tantôt aplaties, tantôt nouées, ou parfois encore torsadées avec la régularité d'un câble. Entre les arbres, et souvent presque aussi hauts qu'eux, poussaient d'imposants palmiers ; beaucoup plus jolies, d'autres espèces de la même famille, dont le tronc annelé ne dépassait pas, parfois, l'épaisseur d'un doigt, mais portait au sommet un panache plumeux et de longues grappes de baies noires ou rouges semblables à celles des plus grands palmiers formaient, avec toutes sortes d'arbustes, un taillis qui n'était ni très dense à l'œil ni très difficile à pénétrer... Il est curieux de noter que plus la forêt est haute, plus elle est facile à traverser : les lianes et les parasites... étant dans l'ensemble trop haut perchés pour gêner le passage. » *Richard Spruce*

RÉPARTITION GÉOGRAPHIQUE
ET BOTANIQUE

Il existe de très nombreuses plantes hallucinogènes et cependant l'homme n'en a utilisé qu'un nombre relativement restreint. La flore du monde doit comprendre environ un demi-million d'espèces, dont cent cinquante seulement sont connues et utilisées pour leurs propriétés hallucinogènes. Rares sont les régions du globe où l'on n'en rencontre pas au moins une qui ait quelque importance culturelle.

Malgré sa taille et sa végétation très variée, l'Afrique semble assez pauvre en végétaux de ce type. Le plus connu est l'Iboga, plante de la famille de l'Aconit, dont la racine est utilisée au Gabon et dans certaines régions du Congo au cours de cérémonies du culte bwiti. Les Bushmen du Botswana emploient le Kashi, bulbe de la famille des *Amaryllis*. Ils le coupent en tranches dont ils se frottent le crâne préalablement scarifié de manière que les principes actifs du jus pénètrent dans le sang. Le Kanna, assez mystérieux, n'est probablement plus utilisé de nos jours. Les Hottentots mâchaient autrefois ce végétal qui provoquait l'euphorie, le rire et des visions. Il doit s'agir en fait de deux espèces de la famille du Ficoïde glaciaire. Ailleurs en Afrique, des espèces apparentées au *Datura* et à la Jusquiame étaient consommées pour leurs propriétés hallucinogènes.

Ces espèces végétales ne sont pas non plus très fréquentes en Asie, bien que ce continent soit le berceau de la drogue la plus employée de nos jours : le Chanvre, connu également sous les noms de Marijuana, Maconha, Dagga, Ganja, Charas, etc. Son usage s'est répandu pratiquement dans le monde entier. Le plus curieux des hallucinogènes asiatiques est sans conteste l'Amanite Tue-Mouches consommée par plusieurs tribus sibériennes. Ce champignon servait probablement à la confection du soma, narcotique sacré de l'Inde ancienne. Plusieurs régions de ce continent connaissaient également le *Datura*. En Asie du Sud-Est, plus particulièrement en Papouasie et en Nouvelle-Guinée, il existe des hallucinogènes encore mal connus. Le rhizome de Maraba, une Zingibéracée, est consommé en Nouvelle-Guinée. Lorsqu'ils veulent provoquer un sommeil visionnaire, les indigènes de Papouasie ingèrent un mélange de feuilles provenant d'une Aracée, l'Ereriba, et d'écorce d'un grand arbre, l'Agara.

Quant à la Noix de muscade, elle a probablement été utilisée en Inde et en Asie du Sud pour ses effets narcotiques. Les tribus du Turkestan font une infusion hallucinogène avec les feuilles séchées d'une menthe arbustive, le *Lagochilus*.

C'est principalement au Moyen Age, et uniquement pour des pratiques de sorcellerie ou dans des buts maléfiques, que les Européens ont employé des hallucinogènes. La plupart des plantes utilisées étaient des Solanacées : Stramoine, Mandragore, Belladonne et Jusquiame. L'Ergot de Seigle, champignon parasite qui se développe dans le grain de cette céréale, empoisonnait fréquemment des régions entières lorsqu'il était par mégarde moulu avec la farine. Les victimes étaient prises d'hallucinations et pouvaient devenir folles. Ce mal, caractérisé en outre par la gangrène, était connu sous le nom de feu Saint-Antoine. Il était souvent mortel. Il ne semble pas que l'Ergot de Seigle ait été utilisé pour ses propriétés hallucinogènes dans l'Europe médiévale. Certains indices portent à croire qu'il en était fait usage en Grèce, dans l'Antiquité, lors des Mystères d'Eleusis.

Curieusement, on n'a signalé aucune utilisation de telles plantes par les aborigènes d'Australie ou les populations de Nouvelle-Zélande. La célèbre Kawa n'est pas hallucinogène, mais hypnotique et narcotique. C'est dans le Nouveau Monde que les plantes hallucinogènes sont les plus abondantes ; elles ont une grande importance culturelle et jouent un rôle primordial dans la vie des peuples aborigènes.

Pourtant, on en trouve peu d'espèces aux Antilles. Les anciennes populations autochtones n'en auraient utilisé qu'une seule, le Cohoba, qui était prisé comme le tabac. Il est d'ailleurs fort probable que cette coutume a été introduite par des envahisseurs indiens venus de l'Orénoque.

Sur le continent américain, au nord du Mexique, le nombre de ces plantes est également assez restreint. On y consomma autrefois plusieurs sortes de *Datura,* particulièrement dans les régions du sud-ouest. Au cours de cérémonies destinées à provoquer des visions, les Indiens du Texas et des régions avoisinantes mangeaient le Haricot rouge ou Haricot à mescal. Certains indices archéologiques tendraient à indiquer que les fruits d'un marronnier mexicain furent autrefois utilisés dans

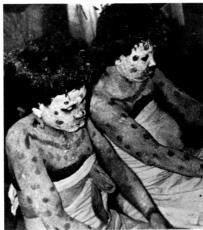
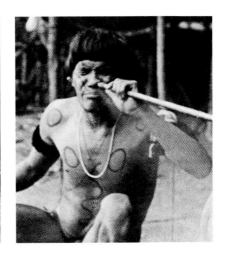

Bien que les deux hémisphères possèdent une quantité à peu près égale de plantes à propriétés hallucinogènes, le nombre d'espèces utilisées par l'homme est bien plus grand dans le Nouveau Monde.

Ci-dessus : Un vieux *sadhu* Indien fume du haschisch dans le *chillum* traditionnel.

Au centre : Au Gabon, deux fidèles du culte bwiti attendent la venue des ancêtres après avoir absorbé une forte dose d'Iboga.

A droite : Au Brésil, un chamane waiká prise de l'Epéna, poudre hallucinogène préparée à partir d'un arbre, le *Virola.*

le même but. Au nord du Canada, les Indiens mâchaient des racines d'Acore pour des raisons thérapeutiques et peut-être aussi pour leurs propriétés hallucinogènes.

De toutes les populations du monde c'est sans aucun doute les sociétés indigènes du Mexique qui firent le plus grand usage d'une très grande variété de ces plantes. Ce phénomène est d'ailleurs assez difficilement explicable, étant donné le nombre restreint d'espèces végétales de la flore du pays. Le cactus Peyotl est sans aucun doute le plus important des hallucinogènes sacrés. Au nord du Mexique, d'autres cactus de moindre importance sont utilisés au cours de pratiques magiques. Dans le Mexique ancien, les champignons que les Aztèques appelaient Teonanacatl étaient presque aussi importants que le Peyotl, et ils sont encore consommés de nos jours au cours de rites magiques ou religieux. Au sud du Mexique on en utilise au moins vingt-quatre espèces différentes. Les graines d'une Convolvulacée ou Ololiuqui, autre important hallucinogène de la religion aztèque, sont encore consommées dans ces mêmes régions. On y trouve également des plantes psychotropes d'importance secondaire comme le Toloache et d'autres *Daturas*, le Haricot à mescal ou Frijolillo plus au nord ; le Pipiltzintzintli aztèque ; une Menthe : la Hierba de la Pastora ; la Genista des Indiens Yaqui ; la Piule, le Sinicui-

chi, le Zactechichi, les petits champignons que les Mixtèques appellent Gi'-i-wa et d'autres encore… Par le nombre, la variété et la profonde signification religieuse de ses hallucinogènes, l'Amérique du Sud suit de près le Mexique. Les cultures andines connaissaient une bonne demi-douzaine d'espèces de *Brugmansia* qu'ils appelaient Borrachero, Campanilla, Floripondio, Huanto, Haucacachu, Maicoa, Toé, Tongo, etc. D'une famille assez voisine, la Culebra Borracchero ou *Methysticodendron* est un puissant hallucinogène utilisé par les Indiens Kamsa de Colombie. Au Pérou et en Bolivie, au cours de cérémonies où les participants cherchent à avoir des visions, on consomme la cimora, boisson dont l'ingrédient principal est un cactus, le San Pedro ou Aguacola. Au Chili, les sorciers Mapuche se servaient d'un arbre de la famille des Solanacées, le Latué ou Arbol de los Brujos. Des recherches récentes ont permis de signaler, dans ces régions andines, l'usage d'un arbuste assez rare, le Taipe, appartenant à une espèce de *Desfontainia* ainsi que du Shansi très toxique et de deux Éricacées : le Taglli et la Hierba Loca dont on consomme les fruits.

En Équateur on emploie le Pétunia pour ses effets hallucinogènes, tandis qu'au Pérou et au Chili on pense qu'une grande Lobélia, la Tupa ou Tabaco de Diablo, ainsi que les fruits du Keula, auraient des propriétés identiques.

Dans l'Orénoque et quelques autres régions d'Amazonie on prise le Yopo ou Niopo, drogue très puissante, fabriquée avec les graines d'un arbre de la famille du Pulse grillées et réduites en poudre. Dans le nord de l'Argentine, les Indiens prisent le Cébil ou Vilca, très proche du Yopo. L'hallucinogène le plus important des plaines de l'Amérique du Sud est l'Ayahuasca, connu aussi sous le nom de Caapi, Natema, Pindé ou Yajé. A base d'un mélange de plusieurs espèces de lianes de la famille du Malpighia, il est consommé au cours de cérémonies en Amazonie de l'ouest et sur

USAGE INDIGÈNE DES PRINCIPAUX HALLUCINOGÈNES

En dépit de la plus grande ancienneté des cultures de l'hémisphère oriental et de l'usage assez généralisé qu'elles ont fait de diverses plantes hallucinogènes, le nombre des espèces ainsi utilisées est bien supérieur dans l'hémisphère occidental. Les ethnologues expliquent cette disparité par des différences culturelles. En tout cas, le nombre d'espèces psychotropes est à peu près équivalent dans ces deux parties du monde.

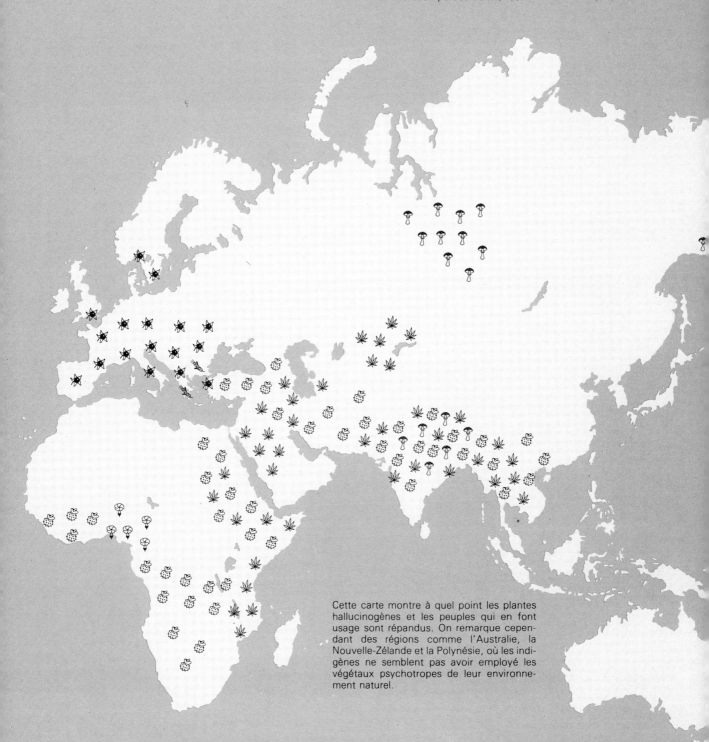

Cette carte montre à quel point les plantes hallucinogènes et les peuples qui en font usage sont répandus. On remarque cependant des régions comme l'Australie, la Nouvelle-Zélande et la Polynésie, où les indigènes ne semblent pas avoir employé les végétaux psychotropes de leur environnement naturel.

Dans l'hémisphère occidental, les cultures qui n'utilisèrent pas au moins un hallucinogène dans leurs cérémonies magico-religieuses sont rares. Certaines en possédaient même plusieurs. Outre les hallucinogènes, d'autres plantes psychoactives jouaient un rôle important : le Tabac, la Coca, la Guayusa, le Yoco, le Guaraná. Certaines, en particulier le Tabac et la Coca, occupent une position de premier plan dans les pharmacopées indigènes. Sur la carte, les symboles indiquent les régions où les hallucinogènes culturellement les plus importants sont employés.

Amanita muscaria

Atropa belladonna

Cannabis sativa

Claviceps purpurea

Datura spp.

Tabernanthe iboga

Anadenanthera peregrina

Banisteriopsis caapi

Brugmansia spp.

Lophophora williamsii

Psilocybe spp.

Turbina corymbosa et Ipomoea violacea

Virola spp.

Les Indiens Mapuche du Chili utilisaient plusieurs plantes psychotropes : *Datura, Brugmansia, Anadenanthera* et autres. Cette chamane mapuche, qui s'est élevée jusqu'au septième et dernier niveau de l'Arbre du monde, peut avoir été aidée dans son ascension par l'absorption de plantes hallucinogènes qui lui ont permis de communiquer avec le monde des esprits.

la côte pacifique de la Colombie et de l'Équateur. Un arbuste de la famille de la Belladonne, le Chiricaspi, était utilisé dans l'ouest de l'Amazonie. De nombreuses autres plantes de ce type ont été employées à travers le monde. L'hémisphère occidental en compte près de 130 espèces, tandis que dans l'hémisphère oriental on en connaît à peine une vingtaine. Or il n'y a aucune raison de penser que la flore du Nouveau Monde est plus riche en plantes psychotropes que celle des autres parties du globe. On s'attendrait plutôt à ce que le Vieux Monde, avec ses cultures très anciennes et la grande diversité de ses peuples, ait surpassé l'Amérique dans la connaissance et l'usage de telles plantes. Les sociétés humaines, s'y étant développées depuis longtemps, auraient pu connaître un plus grand nombre de ces végétaux et les utiliser au cours de leurs pratiques religieuses.

C'est cependant sur un autre terrain qu'il nous faut chercher la raison de cette disparité. Elle s'explique en tant que phénomène culturel. Toutes les sociétés indiennes d'Amérique, même si quelques-unes ont atteint un haut niveau d'agriculture, sont essentiellement des sociétés de chasseurs. Elles reposent sur l'habileté d'un individu à nourrir les siens du produit de sa chasse. Les futures prouesses de chasseur d'un jeune garçon dépendent de dons ou de pouvoirs magiques octroyés par les puissances surnaturelles. D'où l'importance fondamentale d'une quête de la vision, primordiale dans bien des cultures américaines. Les religions indiennes de ce continent, fondées sur un chamanisme de chasseurs, exigent une expérience mystique personnelle, activement recherchée. C'est à travers l'usage de plantes psychotropes aux pouvoirs surnaturels que l'on y parvient de la manière la plus simple.

La plupart des peuples asiatiques sont passés du stade de la chasse à celui de l'élevage et de l'agriculture, ce qui a provoqué une perte de la connaissance profonde des plantes psychotropes et de leur emploi religieux. Ces peuples ont peut-être connu jadis bien d'autres plantes hallucinogènes, comme le soma, mais ils les ont oubliées depuis longtemps. Le « complexe narcotique », préservé dans le Nouveau Monde grâce à l'importance de la quête de la vision, est un prolongement du chamanisme néolithique d'Eurasie.

Il est donc vraisemblable que la disparité dans le nombre et l'usage de plantes hallucinogènes entre le Vieux Monde et le Nouveau est due à des phénomènes culturels.

Lexique

Au cours des âges, la recherche sur les plantes médicinales est devenue de plus en plus exacte et de plus en plus complexe. En 1543, Leonard Fuchs, auteur d'un des plus beaux herbiers illustrés, publia ce dessin très précis de la Stramoine (*à gauche*). Trois cents ans plus tard Köhler, dans son « Medizinal Pflanzen », en fit une description

Ce lexique comprend une description générale, principalement botanique, de 91 plantes hallucinogènes ou soupçonnées de l'être.

Nous avons traité de végétaux dont on sait, par la littérature, les recherches de terrain ou les analyses de laboratoire, qu'ils ont des effets psychotropes. Nous y avons ajouté de nombreuses espèces classées comme « nar-

culaires dans les très nombreuses langues indigènes. Lorsqu'un nom particulier n'est pas mentionné on peut le retrouver dans l'index en fin d'ouvrage.

Ce livre ayant été écrit par des non-spécialistes les descriptions botaniques sont délibérément courtes et insistent sur les caractéristiques les plus évidentes de la plante. Là où la mise en page nous l'a per-

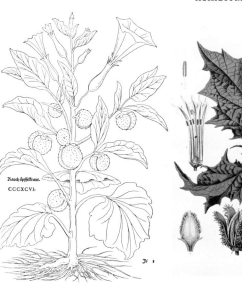   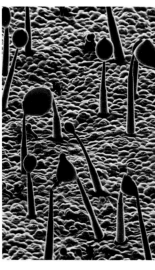

beaucoup plus détaillée (*au milieu*). Au cours des années écoulées depuis la classification de Linné et sa nomenclature binominale, nos herbiers, enrichis de spécimens rapportés des quatre coins du monde, ont beaucoup aidé à la compréhension des variantes morphologiques des diverses espèces végétales. La troisième illustration, une page d'herbier moderne présentant un spécimen de Stramoine, est typique du type de matériau à partir duquel on réalise aujourd'hui une identification botanique. La technologie contemporaine (entre autres le microscope électronique) permet de mettre en évidence des détails morphologiques comme ces poils à la surface des feuilles de Stramoine, assurant ainsi une très grande précision dans l'identification des végétaux.

cotiques » ou « enivrantes » et dont certaines, à en juger par leur famille botanique, comportent certainement des principes actifs. D'autres, par contre, appartiennent à des groupes dont les composants chimiques nous sont totalement inconnus. Enfin, nous avons inclus quelques plantes dont on a de bonnes raisons de croire qu'elles ont été utilisées comme inébriants. Grâce aux nouvelles méthodes de la chimie moderne, nous obtiendrons sans doute de nouvelles informations sur ces végétaux et leurs composants, ouvrant ainsi de nouvelles voies de recherche.

Les plantes sont traitées par ordre alphabétique d'après leur nom de genre latin. Nous avons choisi cette présentation, étant donné la grande diversité des noms verna-

mis, nous avons donné un surcroît d'information historique, ethnologique, phytochimique et plus rarement pharmaceutique, essayant de présenter un point de vue interdisciplinaire aussi vaste que possible. La plupart des illustrations ont été réalisées à l'aquarelle à partir de spécimens vivants ou provenant d'herbiers ; d'autres sont des tirages de photos en couleur. Un certain nombre de plantes sont illustrées ici pour la première fois.

Ce lexique devrait aider le lecteur à s'y retrouver dans un nombre de faits et d'informations assez complexes, et qui ne représentent d'ailleurs qu'une petite partie de ce que nous savons sur ces plantes considérées par tant de groupes humains comme « plantes des dieux ».

CLEF DE L'INDEX ET DU LEXIQUE

Le lexique suit un ordre alphabétique par genre. Chaque en-tête indique :

• Le genre de la plante, l'auteur, et entre parenthèses le nombre d'espèces connues.

• Le nom botanique de l'espèce. On trouvera par ailleurs, dans le « Tableau récapitulatif des plantes et de leur usage », une liste complète de toutes les espèces hallucinogènes ou employées comme telles.

• La famille de la plante.

• Le numéro de référence.

• La distribution géographique du genre.

Le texte accompagnant l'illustration ne contient que des informations botaniques.

Dans le « Tableau récapitulatif des plantes et de leur usage » on retrouvera les noms vernaculaire et botanique, ainsi qu'une description historique et ethnographique, les raisons de l'emploi, la préparation, les composants chimiques et leurs effets.

91 plantes hallucinogènes sont décrites et illustrées dans les pages suivantes. Un éventail aussi complet n'a pu être obtenu que grâce à la coopération de nombreuses institutions scientifiques. Un grand nombre d'illustrations ont été réalisées spécialement pour cet ouvrage ; dans certains cas des spécimens provenant d'herbiers ont servi de modèles.

En face : Le chamane péruvien Eduardo Caldéron Palomino ramasse des fleurs de *Brugmansia sanguinea*.
Les genres *Datura* et *Brugmansia* (p. 31 et 33) sont apparentés mais on les a récemment séparés pour des raisons morphologiques et biologiques.

Acore	1
Agara	32
Aguacolla	87
Ajuca	55
Amanite Tue-Mouches	2
Arbol de Campanilla	41
Arbol de los Brujos	46
Axocatzin	78
Ayahuasca	6
Badoh	88
Badoh Negro	42
Bakana	22
Bakana	76
Belladone	5
Bhang	14
Borrachero	8
Borrachero	28
Borrachero	41
Caapi	6
Caapi-Pinima	86
Cawe	61
Cebolleta	60
Chanvre	14
Charas	14
Chautle	4
Chichipe	78
Chilicote	31
Chiricaspi	9
Chiric-Sanango	9
Cohoba	3
Colorines	31
Colorine	81
Copelandia	20
Culebra Borrachero	54
Dagga	14
Dama da Noite	16
Datura	25, 26, 27
Dhatura	25, 26, 27
Dutra	27
El Ahijado	18
El Macho	18
El Nene	18
Epenà	90
Ereriba	39
Ergot	17
Esakuna	23
Fang-K'uei	69
Feng-feng	79
Floripondio	8
Frijol de Playa	13
Frijoles	81
Galanga	44
Genista	24
Gi'-i-sa-wa	49
Gi'-i-wa	49
Haricots Corail	81
Haricot à Mescal	81

Haricot Rouge	81
Hashish	14
Hierba de la Pastora	75
Hierba de la Virgen	75
Hierba Loca	67
Hikuli	22
Hikuli	48
Hikuli Mulato	30
Hikuli Rosapara	30
Hikuli Rosapara	50
Hikuli Sunamé	4
Hikuri	29
Hikuri	50
Hongo de San Isidro	82
Huacacachu	8
Huanto	8
Hueipatl	80
Huilca	3
Iboga	83
Immortelle	37
Jurema	55
Jusquiame	40
Kanna	53
Keule	34
Kieli	80
Kif	14
Koribo	85
Kwashi	63
Latué	46
Lung-li	58
Macis	57
Maconha Brava	91
Maicoa	8
Malva Colorada	78
Mandragore	51
Maraba	44
Marijuana	14
Marronnier Mexicain	89
Marronnier du Texas	89
Mashi-hiri	43
Matwù	10
Menthe du Turkestan	45
Mescal (Bouton à)	48
Mucune	56
Muscade	57
Nénuphar Bleu	59
Ninfa	59
Nonda	7
Nonda Mbolbe	36
Nonda-mos	74
Nyakwana	90
Ololiuqui	88
Paguando	41
Palo Bobo	77
Palo Loco	77
Pandanus	64
Peyotl	48

Peyote Cimarron	4
Peyote de San Pedro	50
Peyotillo	66
Pipiltzintzintli	75
Pitallito	29
Piule	42
Piule	73
Quantlapatziinzintli	77
Quetzaloxochiacatl	59
Rapé dos Indios	52
Rue de Syrie	65
Saguaro	15
San Pedro	87
Sebil	3
Shang-la	70
Shanin	68
Shanshi	21
She-to	62
Shiu-lang	72
Sinicuichi	35
Stramoine	25, 26
Tabaco del Diablo	47
Taglli	67
Taique	28
Takini	38
Ta-ma	14
Tecomaxochitl	80
Teonanacatl	19
Teonanacatl	62
Teonanacatl	71
Thle-pelakano	12
Tlililtzin	42
Toa	8
Toloache	26
Toloatzin	26
Tonga	8
Torna Loco	25
To-shka	62
Totubjansush	41
Tsuwiri	4
Tupa	47
Uva Camarona	33
Vilca	3
Wichowaka	61
Wichuri	22
Wichuriki	50
Yahutli	84
Yajé	6
Yakee	90
Yopo	3
Yün-shih	11
Zacatechichi	12

ACORUS L. (2)

A. calamus L.

Aracées

1 Régions chaudes et tempérées des deux hémisphères

AMANITA L. (50-60)

A. muscaria (L. ex Fr.) Pers.

Amanitacées

2 Eurasie, Afrique, Asie, Amérique

ANADENANTHERA (2) Speg.

A. peregrina (L.) Speg.

Légumineuses

3 Régions tropicales de l'Amérique du Sud, Antilles

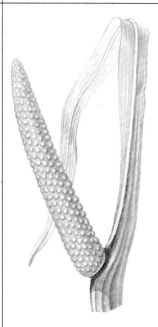

L'*Anadenanthera peregrina* est un arbre ressemblant au mimosa, poussant principalement dans les grandes étendues de prairie. Haut de 20 m, son tronc a un diamètre de 60 cm. Son écorce noirâtre est couverte d'épines grossièrement coniques. Les feuilles composées ont entre quinze et trente paires de folioles. Les minuscules fleurs blanches sont groupées en sphères et composent de petits bouquets axillaires ou terminaux. Les gousses ligneuses contiennent trois à quinze graines minces, plates et d'un noir brillant.
Dans le bassin de l'Orénoque, cette plante sert à fabriquer une poudre fortement hallucinogène, le Yopo, que l'on prise comme le tabac. Connue autrefois aux Antilles sous le nom de Cohoba, on en signalait déjà l'usage en 1496. Les manières de préparer cette drogue sont assez variées.
Anadenanthera colubrina est une espèce voisine assez répandue en Amérique du Sud. Sous le nom de Vilca ou Sebil, les Indiens du Pérou méridional l'auraient utilisée à l'époque précolombienne. Au nord de l'Argentine, les Indiens Mashco préparent encore parfois une poudre à priser avec de l'*A. Colubrina*.

D'après quelques vagues indices, il se pourrait que les Indiens Cree chiquent le rhizome d'Acore pour ses propriétés hallucinogènes. A haute dose, celui-ci provoque des hallucinations visuelles et des effets semblables à ceux du LSD.
Cette plante semi-aquatique possède un rhizome aromatique. Ses longues feuilles lancéolées peuvent atteindre jusqu'à 2 m. Ses fleurs, minuscules, sont portées sur un spadice vert jaune. La tige souterraine ou rhizome contient une huile essentielle qui aurait, semble-t-il, des propriétés médicinales.
On pense que ses principes actifs sont l'asarone α et l'asarone β dont la structure est proche de celle de la mescaline, autre alcaloïde psychotrope. Il n'est pas encore prouvé que l'asarone ait une action psychomimétique.

L'*Amanita muscaria* est un joli champignon qui pousse en forêt claire, généralement sous les bouleaux, les pins ou les mélèzes. Il peut mesurer de 20 à 23 cm de haut. Le chapeau, de 8 à 20 cm de diamètre, d'abord ovoïde, puis hémisphérique, devient presque plat à maturité. Il en existe plusieurs variétés : l'Amanite au chapeau rouge sang couvert de verrues blanches est fréquente en Europe et en Amérique du Nord. En Amérique centrale on en trouve au chapeau jaune ou orangé, avec des verrues jaunâtres. Le pied cylindrique, épais de 1 à 2 cm, est renflé à la base, blanc et creux. Les lamelles blanches, crème ou jaune citron recouvrent le col d'un grand anneau sous le chapeau. Une volve blanche adhère à la base du pied.
Ce champignon, sans doute le plus ancien hallucinogène utilisé par l'homme, servait peut-être à la préparation du soma de l'Inde ancienne.

ARIOCARPUS Scheidw. (5)

A. retusus Scheiwd.

Cactées

4 Mexique, Texas

Ces petits cactus de 10 à 15 cm de diamètre, dépassant à peine du sol, ont une couleur allant du gris vert au violacé en passant par le brun. Souvent appelés « pierres vivantes », ils se confondent avec ces dernières dans les déserts caillouteux qu'ils affectionnent. Leurs petites excroissances charnues ou cornées, à trois pointes, caractéristiques du genre, s'imbriquent les unes dans les autres. Les aréoles sont souvent garnies d'épaisses touffes de poils. Les fleurs blanches, roses ou violettes mesurent, une fois épanouies, environ 6 cm de long sur 4 de large. Les Indiens du centre et du nord du Mexique considèrent l'*A. fissuratus* et l'*A. retusus* comme des « faux Peyotl ». Ces espèces de cactus, proches des Lophophora, poussant de préférence au soleil sur le sable et les rochers, sont caractéristiques des plantes du désert.
A partir de ces deux espèces on a isolé plusieurs types d'alcaloïdes phényléthylaminés.

ATROPA L. (4)

A. belladonna L.

Solanacées

5 Europe, Afrique du N. Asie

Cette plante vivace très ramifiée, haute de 90 cm peut être glabre ou velue. Ses feuilles ovales sont longues de 20 cm. Les fleurs en clochettes, solitaires, retombantes, longues de 3 cm donnent naissance à des baies noires et brillantes de 3 à 4 cm de diamètre. Toute la plante est toxique. On la trouve dans les bois et les fourrés ; affectionnant les sols calcaires, elle s'est naturalisée tout particulièrement près des vieilles maisons, des ruines, et le long des haies.

La Belladone fut un ingrédient important des boissons de sorcière durant le Moyen Age. On connaît de nombreux cas d'empoisonnements accidentels ou volontaires à partir de cette plante. Elle joua un rôle important en 1035, lors de la guerre des Écossais, sous Duncan 1er, contre le roi norvégien Sven Canute. Les Écossais détruisirent l'armée ennemie en envoyant aux soldats un repas copieusement assaisonné de Belladone.
Sa principale substance psychotrope est la hyoscyamine mais on y trouve aussi, en moindre quantité, de la scopolamine et des traces d'autres alcaloïdes de type tropanol. L'ensemble du contenu alcaloïde représente 0,4 % dans les feuilles, 0,5 % dans les racines et 0,8 % dans les graines.

BANISTERIOPSIS (120)
C.B. Robinson et Small
B. caapi
(Spruce ex Griseb.) Morton

Malpighiacées

6 Régions tropicales au nord de l'Amérique du S., Antilles

Ces lianes géantes de la forêt vierge sont l'ingrédient principal d'une importante boisson hallucinogène consommée dans l'ouest de la vallée de l'Amazone et par des tribus isolées du versant pacifique de la Colombie et de l'Équateur. La décoction d'écorce de *Banisteriopsis caapi* et de *B. inebrians*, faite à l'eau froide ou par longue ébullition, peut se boire telle quelle, mais on y rajoute souvent divers additifs, entre autres des feuilles de *B. rusbyana* ou Oco-Yajé, et de *Psychotria viridis*, afin d'en modifier les effets.
Les deux espèces sont des lianes à écorce lisse et brune.
Les feuilles lancéolées et vert foncé sont longues de 18 cm et larges de 5 à 8 cm. L'inflorescence se compose de plusieurs petites fleurs allant du rose pâle au rose foncé. Le fruit est un samare long de 3 à 5 cm. Le *B. inebrians* se distingue du *B. caapi* par ses feuilles plus épaisses et ovales et par la forme du samare.

B. manicus Heim

Bolétacées

7 Cosmopolite

B. aurea Lagerth

Solanacées

8 Ouest de l'Amérique du S.

B. grandiflora D. Don

Solanacées

9 Régions tropicales au nord de l'Amérique du S., Antilles

On retrouve diverses espèces de bolets dans la curieuse « folie par les champignons » des Kuma de Nouvelle-Guinée. Entre autres, le *Boletus Reayi* caractérisé par un chapeau hémisphérique de 2 à 4 cm de diamètre, dur, d'un brun rougeâtre et jaune crème sur son pourtour. La chair est jaune citron. Le pied, orange vers le haut, devient vert marbré et gris rose sur le milieu puis vert à la base. Les spores ovales, vert olive à l'intérieur, ont une membrane jaune.

Le *B. manicus* est une espèce bien connue qui, comme son nom l'indique, a des propriétés toxiques.

Très proches des *Datura*, les *Brugmansias* sont des plantes arborescentes cultivées, inconnues à l'état sauvage. Biologiquement très complexes, toutes les espèces sont utilisées comme hallucinogènes depuis des millénaires. Les *Brugmansia suaveolens* et *B. insignis* probablement d'origine hybride, se trouvent dans les régions les plus chaudes de l'Amérique du Sud, particulièrement dans l'ouest de l'Amazonie où, connues sous le nom de Toa, elles sont consommées seules ou mêlées à d'autres végétaux. La plupart des espèces cependant préfèrent le climat frais des montagnes, au-dessus de 1 800 m. La plus répandue dans les Andes est la *Brugmansia aurea* aux fleurs jaunes et blanches. En horticulture on l'a souvent confondue avec le *Brugmansias* (ou *Datura*) *arborea* qui est un arbre bien moins répandu.

Le *B. aurea* est un arbuste pouvant atteindre 9 m de haut. Ses feuilles ovales, longues de 10 à 40 cm et larges de 5 à 16 cm sont souvent très finement velues. Leur pétiole peut atteindre 13 cm de long. Les fleurs légèrement penchées, longues de 18 à 23 cm sont très parfumées, particulièrement dans la soirée. Leur corolle en trompette largement ouverte est blanche ou jaune doré, sa base très fine est entièrement recouverte par le calice ; la pointe des pétales, longue de 4 à 6 cm, se recourbe vers l'extérieur. Le fruit, de couleur verte, d'un ovale allongé et lisse, est de taille variable et reste toujours charnu. Les graines, anguleuses, brunes ou noirâtres sont assez grosses (environ 12 cm sur 9). Ces espèces ont joué un rôle important dans la pharmacopée, soignant toutes sortes de maladies, entre autres les rhumatismes. Leur efficacité est amplement justifiée par leurs composants chimiques.

Il semble que plusieurs espèces de *Brunfelsia* aient été utilisées comme hallucinogènes dans l'Amazonie colombienne, péruvienne et équatorienne. On y a détecté de la scopolétine mais on ne connaît pas d'action psychotrope à ce composant.

B. chiricaspi et *B. grandiflora* sont des arbustes ou des petits arbres d'environ 3 m de haut. Les feuilles ovales ou lancéolées, longues de 6 à 30 cm, sont réparties sur des petits rameaux. Les fleurs à corolle tubulaire, de 10 à 12 cm de diamètre, plus longues que le calice en clochette, varient du bleu au violet et blanchissent en vieillissant. *B. chiricaspi* diffère de *B. grandiflora* par ses feuilles beaucoup plus grandes, ses pétioles beaucoup plus longs, des inflorescences moins fournies et les lobes de la corolle infléchis.

B. chiricaspi couvre l'Amazonie, de la Colombie à l'Équateur et au Pérou. *B. grandiflora* est commun au Venezuela et en Bolivie.

CACALIA L. (50)	CAESALPINIA L. (100)	CALEA L. (95)	CANAVALIA Adans. (50)
C. cordiflora L. fil.	*C. sepiaria* Roxb.	*C. zacatechichi* Schlecht.	*C. maritima* (Aubl.) Thouars
Composées	Légumineuses	Composées	Légumineuses
10 Extrême-Orient, Amérique du N. Mexique	**11** Régions chaudes et tropicales des deux hémisphères	**12** Régions tropicales du nord de l'Amérique du S. et du Mexique	**13** Régions tropicales, particulièrement d'Afrique et du N. de l'Amérique du S.

Cacalia cordiflora, petite plante grimpante, présente une tige hexagonale très finement velue. Les feuilles ovales, longues de 4 à 9 cm, sont nervurées et cordées à la base. L'inflorescence portée sur un pédicelle est composée de fleurs longues de 1 cm.
Plusieurs espèces de *Cacalia* sont connues au Mexique sous le nom de Peyotl et il est possible qu'à une certaine époque elles aient été utilisées comme hallucinogènes. Dans cette même région, on attribue à *C. cordiflora* un pouvoir aphrodisiaque et l'on pense qu'il guérit la stérilité. Un alcaloïde y a été découvert, mais cette plante ne paraît pas renfermer de composants chimiques aux propriétés psychotropes.

La *Caesalpinia sepiaria* ou Yün-Shih, est une liane épineuse considérée en Chine comme hallucinogène. Ses racines, ses fleurs et ses graines ont été utilisées dans la pharmacopée populaire. Le Pen-ts'-ao-ching, premier livre chinois sur les plantes, dit que « les fleurs vous permettent de voir des esprits et, si elles sont prises à trop hautes doses, font tituber violemment ». Consommées sur une longue période elles provoquent une impression de lévitation et permettent « de communiquer avec les esprits ». Les feuilles de cette plante grimpante, longues de 23 à 28 cm, portent douze paires de folioles. La grande inflorescence, toute droite, longue de 50 cm, est composée de fleurs jaune canari. Le fruit lisse, à l'ovale pointu contient 4 à 8 graines longues de 1 cm, brunes et tachées de noir. On a décelé dans cette plante un alcaloïde de structure inconnue.

Ce modeste arbuste répandu du Mexique au Costa Rica et connu sous le nom de zacatechichi ou « herbe amère » a tenu une place très importante dans la pharmacopée indigène. On l'a aussi utilisé comme insecticide.
Selon des informations récentes il semblerait que les Indiens Chontal d'Oaxaca fassent une infusion hallucinogène avec les feuilles séchées de cette plante. Croyant aux visions apparues dans les rêves, les guérisseurs Chontal, qui affirment que le zacatechichi éclaircit les sens, nomment cette plante Thlepelakano ou « Feuille de Dieu ». L'intoxication s'accompagnerait d'hallucinations auditives.
Cet arbuste aux branches très fournies a des feuilles ovales et grossièrement dentées, longues de 2 à 6,50 cm. L'inflorescence, très dense, comprend une douzaine de fleurs. On n'a pas encore isolé de substances hallucinogènes à partir de *C. zacatechichi*.

Canavalia maritima est une plante fibreuse caractéristique de l'Amérique, répandue du Mexique au Brésil. Cet arbuste à port étalé, aux longues tiges dépassant parfois 9 m, a de jolies fleurs roses et de très grands folioles, épais, arrondis, légèrement échancrés à leur extrémité. Les gousses plates, pouvant mesurer jusqu'à 10 cm de long sur 4 cm de large, contiennent des graines brunes.
On a signalé que sur les régions côtières du Golfe du Mexique, on fume cette plante en guise de Marijuana.
Son emploi comme hallucinogène sacré par des sociétés primitives n'a cependant jamais été mentionné, bien qu'on ait trouvé des graines dans les sépultures à Oaxaca, au Yucatan et au Pérou, sur des sites couvrant une période allant de l'an 300 avant J. C. jusqu'à l'an 900 de notre ère.
On a isolé dans cette espèce de la L-betonicine.

CANNABIS L. (3)

C. sativa L.

Cannabiacées

14 Régions chaudes et tempérées

CARNEGIA (1)
Britt. et Rose

C. gigantea
(Engelm.) Britt. et Rose

Cactées

15 S.-O. de l'Amérique du N., Mexique

CESTRUM L. (160)

C. laevigatum Schlecht.

Solanacées

16 Régions tempérées-chaudes de l'Amérique, Antilles

Cannabis sativa est devenu très polymorphe.
Il s'agit généralement d'une plante herbacée, annuelle, robuste et dressée, aux branches souples, pouvant atteindre une hauteur de 5,50 m. Chez cette espèce dioïque le pied mâle meurt après avoir libéré son pollen. Le pied femelle, plus résistant, est aussi plus épais et touffu. Les feuilles digitées comprennent entre 3 et 15 (7 à 9 en moyenne) folioles lancéolés et dentés, longs de 6 à 10 cm, larges de 1,5 cm. Les fleurs simples, vert foncé, parfois vert jaunâtre ou brun pourpre, sont portées par les branches axillaires ou terminales. Le fruit ovoïde et légèrement aplati est un akène couvert d'un calice persistant. Enveloppé par une bractée il s'attache à la tige sans aucune articulation. La graine ovale mesure 4 x 2 mm et parfois plus.
Cannabis indica a une silhouette pyramidale ou conique et ne dépasse pas 1,50 m. Le petit *Cannabis ruderalis*, pour sa part, n'est jamais cultivé. Toutes les espèces portent sur les feuilles des poils cystolithiques caractéristiques du genre.

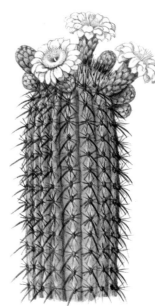

Le Saguaro est le plus grand des cactus à colonnes. Pouvant atteindre 12 m de haut, il ressemble à un grand candélabre. Les branches et les tiges à plusieurs côtes ont un diamètre de 30 à 75 cm. Les épines près du sommet de la plante sont jaunâtres. Les fleurs blanches en forme d'entonnoir, longues de 10 à 13 cm, s'ouvrent pendant la journée. Le fruit ovoïde, long de 6 à 9 cm, fendu en trois sections, est violet ou rouge. Les nombreuses graines sont noires, petites et brillantes. Bien que l'on n'ait pas signalé l'usage du Saguaro comme hallucinogène, la plante contient des alcaloïdes à effets psychotropes.
On en a isolé de la Carnégine, de 1 à 5-hydroxycarnégine de la norcarnégine et quelques traces de 3-méthoxytyramine ainsi qu'un nouvel alcaloïde, l'arizonine (base tétrahydroquinoline).

Le long des régions côtières au sud du Brésil, les populations de pêcheurs fument les feuilles d'une espèce de *Cestrum*, probablement le très parfumé *C. laevigatum* ou Dama da Noite (Dame de la Nuit), en guise de Marijuana ou Maconha. Il n'est pas encore certain que ses effets soient véritablement hallucinogènes.
Le *Cestrum laevigatum* est un arbuste très fourni, de 3 m de haut. Ses feuilles lancéolées sont longues de 19 cm et larges de 6 cm. Les fleurs en bouquets, longues de 2 à 3 cm, sont d'un blanc verdâtre, et le fruit ovale a 1 cm de diamètre.
Le fruit vert contient de la saponine qui, après hydrolyse, produit la gitogénine et la digitogénine, deux composants sans propriétés hallucinogènes.

C. purpurea (Fr.) Tulasne

Hypocracées

17 Régions tempérées
d'Europe, d'Afrique
du N., d'Asie
et d'Amérique du N.

L'Ergot est une maladie
cryptogamique de certaines
herbes et roseaux, et particulièrement du Seigle
(Secale cereale). L'Ergot
proprement dit est le sclérote d'un champignon
Ascomycète. D'une couleur
vineuse ou noirâtre il se présente sous la forme d'un
petit ergot long de 1 à 6 cm
qui prend la place de
l'endosperme du grain
parasité. Ce champignon se
développe en deux temps :
son cycle actif est suivi d'un
cycle de dormance. Lors-
que l'Ergot tombe sur le sol
il développe de petites
excroissances globulaires
appelées ascocarpes, sur
lesquelles poussent des
pédicelles portant des spores qui sont ensuite dissé-
minés par le vent.
Dans l'Europe du Moyen
Age, là où le pain se faisait à
base de seigle, des régions
entières étaient souvent
intoxiquées par des grains
parasités moulus avec la
farine.

COLEUS Lour. (150)	CONOCYBE Fayod (40)	COPELANDIA (1-3) Bresadola	CORIARIA L. (15)
C. Blumei Benth.	*C. siligineoides* Heim	*C. cyanescens* (Berk. et Br.) Singer	*C. thymifolia* HBK ex Willd.
Labiacées	Agaricacées (Bolbitiacées)	Coprinacées	Coriariacées
18 Régions chaudes et tropicales d'Europe, d'Afrique et d'Asie	**19** Cosmopolite	**20** Régions chaudes des deux hémisphères	**21** S. de l'Europe, Afrique du N., Asie, Nouvelle-Zélande et du Chili au Mexique

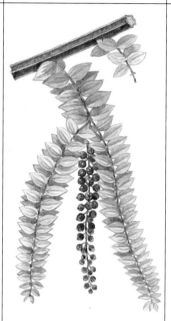

Deux espèces de *Coleus* sont importantes au Mexique : La Hembra (la femelle), apparentée à la *Salvia divinorum* et El Macho (le mâle) ou *C. pumilus*. On y utilise aussi deux formes de *C. blumei,* El Nene (l'enfant) et El Ahijado (le filleul). Ces dernières sont des plantes hautes de 1 m dont les feuilles, ovales et légèrement dentées, peuvent atteindre 15 cm. Leur surface inférieure est velue et leur surface supérieure couverte de grosses taches rouges. Les fleurs en clochettes, bleues ou violacées, longues de 1 cm, forment des grappes souples de 30 cm. *C. pumilus* est une plante herbacée souple, s'étalant sur un rayon de 30 à 75 cm. Ses tiges charnues et verdâtres peuvent produire des racines à chaque nœud. Ses feuilles ovales, longues de 2 à 4 cm sont dentées. Les fleurs velues, d'un bleu pourpré, longues de 1 cm, sont portées sur des hampes de 8 à 20 cm.

Le *Conocybe siligineoides* a été signalé au nombre des champignons sacrés du Mexique. On n'en a pas encore isolé de psilocybine mais on trouve cet alcaloïde psychotrope dans le *Conocybe cyanopus* des États-Unis.
Ce très joli champignon haut de 8 cm vit sur le bois pourri. Son chapeau de 2,5 cm de diamètre est rouge teinté de beige et d'un orange plus foncé vers le centre. Les lamelles couleur safran ou brun orangé abritent des spores jaune chrome.

Copelandia cyanescens est un petit champignon charnu ou presque membraneux, au chapeau en clochette. Le pied est fragile et les lamelles tachetées portent sur les bords des cystides pointues. Les spores sont noirs et la chair bleuit avec l'âge ou après une meurtrissure.
On a récemment signalé qu'à Bali, ce champignon était cultivé sur des bouses de vache et utilisé au cours de cérémonies religieuses. Il est vendu comme hallucinogène aux voyageurs de passage.
Cette espèce est surtout tropicale, mais le spécimen à partir duquel on isola de la psilocybine provenait d'un jardin en France. Il contient 1,2 % de psilocine et 0,6 % de psilocybine. Certains mycologues le considèrent comme une espèce de *Panaeolus*.

Dans les hautes Andes entre la Colombie et le Chili, *Coriaria thymifolia* décore les chemins de ses feuilles qui ressemblent aux frondes des fougères. Dans les pays andins elle est considérée comme toxique pour les animaux. Chez les hommes on a signalé plusieurs morts dues à l'ingestion de son fruit. Cependant, il semble qu'en Équateur ce dernier serait consommé pour provoquer une intoxication caractérisée par la sensation de voler dans les airs. Cet arbuste haut de 1,80 m a des feuilles ovales longues de 1 à 2 cm, portées sur des branches latérales fines et souples. Les petites fleurs violet foncé sont groupées en longues grappes pendantes. Le fruit rond, d'un noir violacé comprend 5 à 8 carpelles.

CORYPHANTHA (64) (Engelm.) Britt. et Rose	CYMBOPOGON (60) Sprengel	CYTISUS L. (30)	DATURA L. (10-12)
C. compacta (Engelm.) Britt. et Rose	*C. densiflorus* Stapf	*C. Canariensis* (L.) O.Kuntze	*D. ceratocaula* Ort.
Cactées	Graminées	Légumineuses	Solanacées
22 S.-O. de l'Amérique du N., Mexique et Cuba	23 Régions chaudes de l'Afrique et de l'Asie	24 Europe du S., Afrique du N., Proche-Orient, Iles de l'Atlantique et Mexique	25 Régions tropicales et tempérées-chaudes des deux hémisphères

Ce petit cactus solitaire en forme de sphère un peu aplatie mesure 8 cm de diamètre. *Coryphantha compacta* se plaît dans les régions vallonnées et dans les montagnes. On le remarque à peine sur le sol sablonneux où il pousse. Ses épines, blanches, longues de 1 à 2 cm, sont généralement absentes du centre de la plante. Les aréoles très rapprochées sont disposées en 13 rangées. Les fleurs jaunes, longues de 2,5 cm, solitaires ou par paires, apparaissent au centre de la couronne.
Les Tarahumara du Mexique considèrent *Coryphantha compacta* comme une sorte de Peyotl. Cette plante, crainte et respectée, est consommée par les chamanes.
Coryphanta palmierii a été aussi signalé comme hallucinogène au Mexique. On en a isolé divers alcaloïdes, y compris des phényléthylamines. Ce genre laisserait prévoir d'autres résultats intéressants.

En Tanzanie, les guérisseurs indigènes fument les fleurs de *Cymbopogon densiflorus*, seules ou avec du tabac, afin de provoquer des rêves prémonitoires. Les feuilles et les rhizomes, d'une odeur agréablement citronnée, sont utilisés dans cette même région comme tonique et astringent:
Cette herbe vivace à tige droite a des feuilles lancéolées et longilignes, longues de 30 cm et larges de 2,5 cm, plus évasées à la base et se terminant en pointe. Les épis floraux sont minces, vert olive ou brunâtres. On retrouve cette espèce au Gabon, au Congo et au Malawi. Ses propriétés ne sont pas encore bien connues. Le genre est riche en huiles essentielles et dans certaines espèces on a trouvé des stéroïdes.

Il est rare que des plantes étrangères soient utilisées dans les cérémonies des sociétés arborigènes d'Amérique. Originaire des Canaries, le Cytise fut importé de l'Ancien Monde, où son emploi comme hallucinogène n'est pas mentionné, au Mexique où il est utilisé comme tel par les Indiens Yaqui. Leurs guérisseurs prisent la graine pour ses propriétés psychotropes.
Cytisus Canariensis est un arbuste très fourni, de 1,80 m de haut, aux feuilles composées de folioles ovales longs de 0,5 à 1 cm. Les fleurs de 1 cm, parfumées, d'un jaune canari, sont portées en grappes denses. Les gousses, longues de 1 à 2 cm sont velues. Le Cytise est riche en cystine, alcaloïde très commun chez les légumineuses. On n'a pas encore reconnu à cette substance des propriétés hallucinogènes.

Dans le Nouveau Monde, les espèces de *Datura* sont plus nombreuses que dans l'Ancien et leur usage à titre d'hallucinogène sacré y est beaucoup plus répandu. On est loin d'être d'accord sur l'origine de la *Datura stramonium* : vient-elle de l'Ancien ou du Nouveau Monde ? Les avis les plus récents donneraient à ce dernier la primauté. Elle est aujourd'hui très répandue et employée dans les deux hémisphères pour ses propriétés psychotropes. Une espèce aquatique, originaire du Mexique, la *Datura ceratocaula*, est particulièrement intéressante.
Cette plante charnue à tige épaisse pousse dans les marécages et en eau peu profonde. Elle possède de très fortes propriétés narcotiques. Les Aztèques l'appelaient « Sœur de l'Ololiuqui » (la puissante *Turbina corymbosa*).
Toutes les espèces de *Datura* sont chimiquement analogues. Leurs principes actifs se composent d'alcaloïdes de type tropanol, en particulier d'atropine, d'hyoscyamine et de scopolamine.

DATURA L. (10-12)	DATURA L. (10-12)	DESFONTAINIA (3) R. et P.	ECHINOCEREUS (75) Engelm.
D. inoxia Mill. (D. meteloides)	*D. metel* L.	*D. spinosa* R. et P.	*E. triglochidiatus* Engelm.
Solanacées	Solanacées	Desfontainiacées	Cactées
26 Régions chaudes et tropicales des deux hémisphères	27 Régions tropicales chaudes et tempérées des deux hémisphères	28 Régions montagneuses d'Amérique centrale et d'Amérique du S.	29 S.-O. de l'Amérique du N. et Mexique

C'est au Mexique et dans le sud-ouest des États-Unis que la *Datura* est le plus employée, en particulier la *Datura inoxia* qui semble en représenter l'espèce la plus importante. Il s'agit en fait du célèbre Toloache des Mexicains, une des « plantes des dieux » aztèques. Les Tarahumara ajoutent des racines, des graines et des feuilles de *D. inoxia* à une boisson cérémonielle préparée avec du maïs. Les Indiens du Mexique croient que contrairement au Peyotl, le Toloache est habité par un mauvais génie.
Datura inoxia est une plante herbacée vivace, de 1 m de haut, aux feuilles grises et velues, irrégulièrement ovales, longues de 5 cm. Les fleurs dressées, au parfum suave, sont longues de 14 à 23 cm. D'un blanc légèrement teinté de rose ou de violet, leur corolle comporte dix pointes. Le fruit presque rond, de 5 cm de diamètre, est couvert d'épines.

De tous les *Datura*, c'est *D. metel* qui est le plus utilisé dans l'Ancien Monde, à la fois comme remède et comme hallucinogène. Il en existe une espèce asiatique, *D. ferox*, qui est moins employée.
Datura metel, vraisemblablement originaire des régions montagneuses du Pakistan ou de l'ouest de l'Afghanistan, est une plante herbacée pouvant devenir arbustive, de 1 m à 2 m de haut. Les feuilles légèrement triangulaires et profondément dentées sont longues de 14 à 22 cm et larges de 8 à 11 cm. Les fleurs solitaires, violettes, jaunâtres ou blanches, en forme d'entonnoir ou de trompette, presque rondes une fois épanouies, peuvent mesurer jusqu'à 17 cm de long. Le fruit rond, d'un diamètre qui peut atteindre 6 cm, est recouvert de verrues. Les graines sont plates et brun clair.

Desfontainia spinosa est une des plantes andines les moins connues, et on la classe souvent dans une autre famille, les Longaniacées ou les Potaliacées. Les botanistes ne sont pas d'accord sur le nombre d'espèces appartenant à ce genre.
Ce bel arbuste de 1,80 m de haut, a des feuilles brillantes et vert foncé, un peu comme celles du houx. Ses fleurs tubulaires sont rouges à extrémité jaune. La baie blanche ou jaune verdâtre contient plusieurs graines d'aspect satiné. On l'a signalé comme hallucinogène au Chili sous le nom de Taique et en Colombie du Sud sous celui de Borrachero (litt. « celui qui rend ivre »). Les chamanes colombiens de la tribu Kamsa boivent une infusion de ses feuilles pour diagnostiquer une maladie ou pour « rêver ». Quelques guérisseurs affirment qu'ils « deviennent fous » sous l'influence de cette drogue. On ne sait encore rien des composants chimiques des Desfontainia.

Les Indiens Tarahumara de Chihuahua considèrent deux espèces de cactus des régions montagneuses comme des faux Peyotl ou Hikuri. Ils ne sont pas aussi puissants qu'*Ariocarpus, Coryphantha, Epithelantha, Mammillaria* ou *Lophophora*. *Echinocereus salmdyckianus* est un cactus de petite taille aux branches rampantes d'un vert jaunâtre, de 2 à 4 cm de diamètre, comportant de 7 à 9 côtes. Les épines radiales longues de 1 cm sont jaunes, l'épine centrale est solitaire et plus longue. Les fleurs orange, de 8 à 10 cm, ont un périanthe spatulé ou lancéolé. Cette espèce est originaire de Chihuahua et Durango au Mexique. *Echinocereus triglochidiatus* a des branches vert foncé, des épines radiales en moins grand nombre et qui deviennent grises en vieillissant et il porte des fleurs écarlates de 5 à 7 cm de long.
On a trouvé dans *Echinocereus triglochidiatus* un dérivé de la tryptamine.

EPITHELANTHA (3) Weber ex Britt. et Rose	ERYTHRINA L. (110)	GALBULIMIMA (3) F. M. Bailey.	GAULTHERIA (200) Kalm. ex L.
E. micromeris (Engelm.) Weber ex Britt. et Rose	*E. Americana* Mill.	*G. Belgraveana* (F. Muell.) Sprague	*G. procumbens* L.
Cactées	Légumineuses	Himantandracées	Éricacées
30 S.-O. de l'Amérique du N. et Mexique	31 Régions chaudes et tropicales des deux hémisphères	32 N.-E. de l'Australie, Malaisie	33 Asie, est de l'Amérique du N., Amérique centrale et Amérique du S.

Ce cactus très épineux est un des « faux Peyotl » des Indiens Tarahumara du Mexique. Ses fruits acides et comestibles portent le nom de Chilitos. Les guérisseurs en absorbent pour rendre leurs visions plus claires et pour communiquer avec les sorciers. Les coureurs le prennent comme stimulant et « protecteur ». Les Indiens pensent qu'il prolonge la vie et qu'il rend fou les gens malveillants, ou bien les précipite du haut des falaises.
On a trouvé dans *Epithelantha micromeris* des alcaloïdes et des triterpènes.
Ce tout petit cactus sphérique de 6 cm de diamètre a des aréoles longues de 2 mm disposées en spirale.

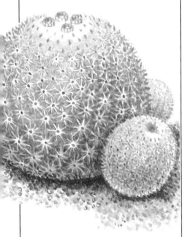

Ses nombreuses épines blanches cachent presque entièrement les parties charnues. Les épines radiales les plus basses sont longues de 2 mm, les supérieures d'environ 1 cm. Les petites fleurs de 5 mm de diamètre apparaissent au centre de la plante dans une masse cotonneuse de fibres et d'épines. Elles sont roses ou blanches. Les fruits longs de 9 à 13 cm portent des graines luisantes et noires de 2 mm de diamètre.

Le Tzompanquahuitl des anciens Aztèques était peut-être *Erythrina coralliodes*, dont on pense que les graines étaient utilisées comme remède et comme hallucinogène.
Les graines en forme de haricot d'*Erythrina flabelliformis* font partie de la pharmacopée des Indiens Tarahumara ; elles furent peut-être employées aussi pour leurs propriétés psychotropes. Au Guatemala, elles servent à la divination.
Erythrina flabelliformis est un arbuste ou un petit arbre aux branches épineuses. Les folioles longs de 6 à 9 cm sont généralement plus larges que longs. Les fleurs rouges, longues de 3 à 6 cm, forment des grappes très denses. Les gousses, pouvant atteindre 30 cm, comportent des étranglements entre chaque graine. Cette espèce est commune dans les régions chaudes et sèches au centre et au nord du Mexique, ainsi que dans le sud-ouest des États-Unis.

En Papouasie, les indigènes font bouillir l'écorce et les feuilles de cet arbre avec une espèce d'*Homalomena*. Cette décoction provoque un sommeil profond peuplé de visions.
Cet arbre, répandu dans le nord-ouest de l'Australie, la Papouasie et les Moluques, présente un tronc tout droit et peut atteindre 27 m de haut. Son écorce écailleuse d'un gris brun, épaisse de 1 cm, est très aromatique. Les feuilles ovales et brillantes, longues de 11 à 15 cm et larges de 5 à 7 cm, sont d'un vert métallique sur le dessus et brunes en dessous. Les fleurs, jaune pâle, sans sépales ni pétales, sont formées de stigmates très apparents et ont un calice brun rouille. Le fruit ovale ou rond, d'un diamètre de 2 cm, est rougeâtre, charnu et fibreux à la fois. On a isolé 28 alcaloïdes à partir de cette espèce, sans y trouver encore de principes psychotropes.

Une espèce non identifiée de *Gaultheria* a été signalée comme hallucinogène dans les Andes péruviennes. Les espèces andines sont des arbustes à feuillage persistant, souvent petits et rampants, parfois grimpants. Les feuilles souvent coriaces sont légèrement dentées. Les petites fleurs, solitaires ou en corymbe, vont du blanc au rouge. La baie est souvent comestible. Ce genre est assez proche des *Pernettya*, dont on pense que plusieurs espèces sont hallucinogènes. On n'a cependant pas encore trouvé de composants psychotropes dans les *Gaultheria*, bien que certaines espèces soient réputées toxiques et que d'autres fassent partie de la pharmacopée indigène.

GOMORTEGA R. et P. (1)	HEIMIA Link et Otto (3)	HEIMIELLA Boedijn (2-3)	HELICHRYSUM (500) Mill.
G. keule (Mol.) I.M. Johnston	*H. salicifolia* (HBK) Link et Otto	*H. angrieformis* Heim	*H. foetidum* (L.) Moench
Gomortégacées	Lythracées	Bolétacées	Composées
34 Andes du Sud	**35** Du S. de l'Amérique du N. à l'Argentine, Antilles	**36** Asie	**37** Europe, Asie, Afrique, Australie

  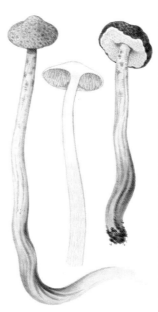 

Autrefois, les Indiens Mapuche du Chili utilisaient le fruit de *G. keule* comme narcotique. Ce petit arbre que l'on ne trouve que dans le centre du Chili appartient à une famille voisine des Lauracées.

L'unique espèce de cette famille est un arbre de forêt au feuillage persistant dont toutes les parties sont aromatiques. Le bois est lourd, solide et durable. Son écorce est grisâtre et ses jeunes branches légèrement velues. Les feuilles ovales et étroites sont brillantes sur le dessus et vert vif en dessous. Les inflorescences axillaires ou terminales sont plus courtes que les feuilles. Les fleurs blanches ont des sépales disposés en spirale, de 2 à 10 étamines et pas de pétales. Le fruit ovoïde est formé d'un exocarpe charnu et d'un endocarpe très dur. Cette drupe contient une graine ovale dans laquelle un gros embryon est enrobé d'un endosperme huileux.

On n'a pas fait de recherches chimiques sur *Gomortega* mais son fruit est très riche en huiles essentielles.

Ce genre très intéressant comprend trois espèces similaires qui jouent toutes un rôle important dans la médecine populaire. Plusieurs noms vernaculaires signalés au Brésil semblent indiquer des propriétés psychotropes : Abre-o-sol (qui ouvre le soleil) et Erva da Vida (herbe de vie).

Heimia salicifolia ou Sinicuichi, mesure entre 60 cm et 1,80 m de haut. Ses feuilles lancéolées sont longues de 2 à 9 cm. Les fleurs jaunes, axillaires et solitaires ont un calice en clochette muni d'appendices cornus. Ce buisson est abondant dans les endroits humides et le long des ruisseaux de montagne.

Dans les régions montagneuses du Mexique, on fait avec cette plante une boisson enivrante à partir des feuilles légèrement fanées, écrasées dans de l'eau puis fermentées. Un usage prolongé de *Sinicuichi* peut être dangereux paraît-il, mais absorbé normalement il ne comporte pas d'effets secondaires désagréables.

Heimiella angrieformis mesure généralement de 10 à 20 cm. Son petit chapeau de 4 à 6 cm de diamètre est brun ou jaune orangé. Les spores en paquets sont jaune brun.

Il est fort possible que ce champignon, tout comme son proche parent *Heimiella restipora* joue un rôle dans la « folie par les champignons » des Kuma de Nouvelle-Guinée.

On ne sait encore rien de la composition chimique de ce genre.

Les guérisseurs Zoulous en utilisent deux espèces qu'ils « inhalent pour provoquer des transes ». On présume que les plantes sont fumées pour parvenir à cette fin. *Helichrysum foetidum* est une plante herbacée haute de 25 à 30 cm. Légèrement ligneuse à la base, elle dégage une odeur très forte. Les feuilles engainantes, ovales ou lancéolées sont longues de 9 cm et larges de 2 cm. Velues et grises sur le dessous, elles sont glandulaires sur le dessus. Les fleurs en corymbe ont un diamètre de 2 à 4 cm et les bractées sont crème ou jaune doré. Ces espèces d'*Helichrysum* font partie des plantes dites « immortelles ». Dans ce genre on a trouvé de la coumarine et du diterpène, mais aucun composant aux propriétés hallucinogènes.

HELICOSTYLIS (12) Trécul	HOMALOMENA (142) Schott	HYOSCYAMUS L. (20)
H. pedonculata Benoist	*H. Lauterbachii* Engl.	*H. niger* L.
Moracées	Aracées	Solanacées
38 Amérique Centrale, régions tropicales de l'Amérique du S.	**39** Amérique du S., régions tropicales d'Asie	**40** Europe, Asie Centrale et du S.-O., Afrique du N.

La jusquiame est une plante annuelle ou bisannuelle, visqueuse, velue, à odeur fétide, haute de 75 cm. Ses feuilles ovales, longues de 15 à 20 cm, sont parfois très largement dentées. Celles de la base, fixées directement sur la tige, sont engainantes, plus petites et plus allongées. Les fleurs jaunes ou vert jaunâtre, longues de 4 cm sont veinées de pourpre et fixées sur un cyme scorpioïde. Le fruit est une capsule remplie de graines, enfermée dans un calice persistant à cinq pointes rigides.
Hyoscyamus niger etait utilisé dans l'Europe du Moyen Age comme ingrédient des boissons et baumes préparés par les sorcières. Cette plante, ou tout au moins une espèce voisine, était connue des Égyptiens qui mentionnent la Jusquiame dans le papyrus d'Ebers, datant de 1 500 avant J.-C. Dans la Grèce antique et à Rome, elle était également un ingrédient des « boissons magiques ». Au Moyen Age on l'appréciait surtout pour ses vertus analgésiques : elle calmait la douleur et provoquait l'oubli. Les principes actifs de ce genre de Solanacées sont des alcaloïdes de type tropanol, dont l'atropine et la scopolamine. Cette dernière est hallucinogène lorsqu'elle est absorbée à fortes doses.

En Guyane, le Takini est un arbre sacré. Avec la « sève » rouge de son écorce, on prépare une boisson enivrante. Des extraits de l'aubier provoquent sur le système nerveux central des effets dépressifs semblables à ceux de *Cannabis sativa*.
Les deux espèces reconnues comme hallucinogènes sont *H. pedunculata* et *H. tomentosa*, mais des genres apparentés, *Brosimum* et *Piratinera*, sont peut-être aussi des formes de Takini. Les deux se ressemblent. Ce sont des arbres au tronc cylindrique, des géants de la forêt hauts de 23 m, à l'écorce grisbrun et au latex jaune pâle ou crème. Les feuilles, épaisses et lancéolées, longues de 18 cm et larges de 8 cm ont la consistance du cuir. Les fleurs charnues, au pistil très développé sont groupées en têtes sphériques.

Il est rapporté que les indigènes de Papouasie mangent les feuilles d'une espèce d'*Homalomena* mélangées à des feuilles et de l'écorce de *Galbulimima belgraveana* pour provoquer un état agité suivi d'un sommeil peuplé de visions. Les rhizomes sont très utilisés en médecine populaire, particulièrement pour le traitement d'affections cutanées. En Malaisie, une partie non spécifiée de la plante était utilisée comme poison pour les flèches.
Les *Homalomena* sont des plantes herbacées, petites ou grandes, aux rhizomes aromatiques. Les feuilles lancéolées, à base cordée, ont de courts pétioles et dépassent rarement 15 cm. La spathe persiste jusqu'à maturité du fruit. Les fleurs mâles et femelles sont très serrées sur un même spadice. Les petites baies renferment un nombre variable de graines.
A l'analyse chimique on n'a pas encore découvert dans ces plantes de principes hallucinogènes.

I. Fuchsioides (Benth.) Miers

Solanacées

41 Régions tropicales de l'Amérique du S.

I. violacea L.

Convolvulacées

42 Régions chaudes tempérées et tropicales

J. pectoralis Jacq. var. stenophylla Leonard

Acanthacées

43 Régions chaudes et tropicales

En cas de diagnostic difficile, les guérisseurs indiens Kamsa de Colombie absorbent de l'*I. Fuchsioides*. L'ivresse n'est pas agréable, ses effets déplaisants peuvent se prolonger plusieurs jours. Cette plante est aussi utilisée pour le traitement de problèmes digestifs ou intestinaux, et en cas d'accouchement difficile.

C'est dans les Andes colombiennes ou équatoriennes, à 2 200 m d'altitude environ, que l'on trouve cet arbuste ou petit arbre haut de 3 à 5 m, ou plus. Ses branches sont brun rougeâtre et ses feuilles ovales et lancéolées longues de 10 à 15 cm. Les fleurs rouges, tubulaires ou en clochettes, longues de 2,5 à 4 cm, se présentent en cymes. Le fruit rouge, ovoïde ou piriforme, de 2 cm de diamètre est partiellement enserré dans un calice persistant.

On n'a pas encore fait d'analyse chimique des diverses espèces de ce genre.

Dans le sud du Mexique, à Oaxaca, les graines de cette plante fournissent aux indigènes un des principaux hallucinogènes. Ceux-ci les utilisent à des fins divinatoires et au cours de rituels religieux ou thérapeutiques. Elles sont appelées Piule par les Indiens Chinantèques et Mazatèques, et Badoh negro par les Zapotèques. C'est le Tlililtzin des Aztèques de l'époque précolombienne, qui en faisaient le même usage que de l'Ololiuqui, graines d'un autre type de Volubilis, *Turbina corymbosa*.

Ipomoea violacea, appelée aussi *I. rubrocaerulea* est une plante grimpante, annuelle, aux feuilles ovales, entières et profondément cordées, longues de 6 à 10 cm et larges de 2 à 8 cm. L'inflorescence se compose de 3 ou 4 fleurs. Ces dernières varient du blanc au rouge en passant par le violet, le bleu ou le bleu violacé. Elles ont un diamètre de 5 à 7 cm et une corolle en trompette de 5 à 7 cm de long. Le fruit ovale, long de 1 cm, porte des graines allongées et angulaires.

Cette espèce assez variée est répandue de l'ouest et du sud du Mexique jusqu'au Guatemala et aux Antilles. On la trouve dans les régions tropicales de l'Amérique du Sud. Elle est très utilisée en horticulture.

Justicia pectoralis var. *stenophylla* diffère de la très commune *J. pectoralis* par sa taille plus petite, ses feuilles étroites et lancéolées et son inflorescence plus courte. Cette plante herbacée haute de 30 cm, a des tiges droites, produisant parfois des racines aux nœuds inférieurs. L'intervalle entre les nœuds est d'environ 2 cm. Les feuilles, très nombreuses, sont longues de 2 à 5 cm et larges de 1 à 2 cm. L'inflorescence très dense et velue peut atteindre 10 cm. Les fleurs assez discrètes, longues de 5 mm, sont blanches ou violettes, souvent tachetées de pourpre. Le fruit, long de 5 mm, porte des graines plates d'un rouge brun.

L'examen chimique de cette plante n'a pas été concluant. Il semblerait qu'en première analyse les feuilles de *J. pectoralis* var. *stepnophylla* contiennent des tryptamines.

KAEMPFERIA L. (70)	LAGOCHILUS Bunge (35)	LATUA Phil. (1)	LOBELIA L. (250)
K. galanga L.	*L. inebrians* Bunge	*L. pubiflora* (Griseb.) Baill.	*L. tupa* L.
Zingibéracées	Labiacées	Solanacées	Campanulacées
44 Régions tropicales de l'Afrique et de l'Asie du S.-E.	**45** Asie Centrale	**46** Chili	**47** Régions chaudes et tropicales

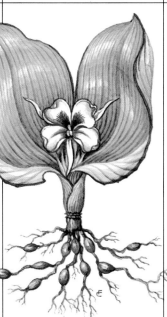   

Kaempferia galanga est utilisée en Nouvelle-Guinée pour ses propriétés hallucinogènes. Son rhizome aromatique très apprécié pour parfumer le riz, est également utilisé en médecine traditionnelle comme carminatif et expectorant. Une infusion de ses feuilles soigne les maux de gorge, les rhumatismes et les infections oculaires. En Malaisie, la plante était utilisée dans la préparation d'un poison à flèches à base d'*Antiaris toxicaria*.

Cette plante herbacée à courte tige a des feuilles étalées, vertes et rondes, larges de 8 à 15 cm. Les fleurs blanches tachées de pourpre vers la lèvre, longues de 2,5 cm, sont fugaces et n'apparaissent qu'au centre de la touffe de feuilles. En dehors de la haute teneur en huiles essentielles de son rhizome, on ne sait pas grand-chose de la composition chimique de la plante. Ses propriétés hallucinogènes pourraient être dues à certains composants de ses huiles essentielles.

Les Tadjiks, Tartares, Turkmènes et Uzbeks des steppes du Turkestan faisaient une infusion enivrante avec les feuilles séchées de *Lagochilus inebrians*. Les feuilles sont souvent mélangées aux tiges, aux fruits et aux inflorescences. On ajoute fréquemment du sucre ou du miel à cette boisson, pour en atténuer la forte amertume. *L. inebrians* a fait l'objet d'études pharmacologiques très poussées en URSS. Elle est recommandée pour ses effets hémostatiques et antihémorragiques, car elle réduit la perméabilité des vaisseaux et aide à la coagulation du sang. On s'en sert aussi pour le traitement de certaines allergies et problèmes cutanés. Elle a des propriétés sédatives.

Les examens phytochimiques ont signalé la présence d'un composant cristallin, la lagochiline ; il s'agit d'un diterpène de type grindelien et on ne lui connaît pas d'effets hallucinogènes.

Haute de 2 à 9 m, *Latua* peut avoir un ou plusieurs troncs principaux. Son écorce varie du rougeâtre au brun-gris. Des épines rigides, longues de 2,5 cm se dressent à l'aisselle des feuilles. Ces dernières, étroites et ovales, vert foncé ou vert clair au-dessus, plus pâles en dessous, sont entières ou légèrement dentées et mesurent de 3,5 à 4,5 cm sur 1,5 à 4 cm. Les fleurs ont un calice persistant, en clochette, variant du vert au pourpre, et une corolle velue, en grelot, allant du bordeaux au rouge violacé, longue de 3,5 cm et large de 1 cm. Le fruit est une baie ronde de 2,5 cm de diamètre, contenant de nombreuses petites graines en forme de haricots. Les feuilles et le fruit du *L. pubiflora* contiennent 0,15 % d'hyscyamine et 0,08 % de scopolamine.

Lobélia est une plante herbacée aux fleurs rouges ou violacées, très polymorphe, haute de 1,80 m et connue dans les Andes comme toxique. Il est répandu du sud du Pérou au nord du Chili où on l'appelle Tupa ou Tabaco del Diablo (Tabac du Diable). Il aime les sols secs et ses racines contiennent un latex blanc irritant pour la peau.

Son feuillage luxuriant composé de feuilles ovées, finement velues, longues de 10 à 23 cm et larges de 3 à 8 cm, recouvre pratiquement toute la plante. Les fleurs rouge carmin ou pourpres, longues de 4 cm, sont très denses au long d'une tige haute de 30 cm. Leur corolle est recourbée vers l'extérieur, les lobes parfois réunis à leur extrémité. Les feuilles de Tupa contiennent un alcaloïde pipéridine, la lobéline, stimulant respiratoire, ainsi que de la lobélamidine et de la nor-lobédamine.

Ces composants n'ont, semble-t-il, aucune propriété hallucinogène.

LOPHOPHORA Coult. (2)

L. Villiamsii (Lem.) Coult.

Cactées

48 Mexique et Texas

LYCOPERDON L. (50-100)

L. mixtecorum Heim,
   L. marginatum Vitt.

Lycoperdacées

49 Régions tempérées du Mexique

MAMMILLARIA (250) Haw.

M. senilis Lodd.

Cactées

50 S.-O. de l'Amérique du N., Amérique Centrale

Deux espèces de *Lophophora* se différencient par leur morphologie et leur composition chimique. Dans les deux cas, il s'agit d'une petite plante sans épines, en forme de toupie, vert grisâtre ou bleuté. Leur tête succulente et porteuse de chlorophylle, de 8 cm de diamètre, comporte 5 à 13 côtes arrondies. Chaque mamelon porte une petite aréole plate au sommet hérissé de poils longs de 2 cm. La fleur en clochette, généralement solitaire, longue de 2,5 cm, apparaît au centre de la couronne.

Les Indiens coupent cette couronne et la font sécher pour l'utiliser comme hallucinogène. Une fois sèche elle se présente comme un petit disque rigide, d'où son nom « bouton à mescal » ou « bouton de Peyotl ». *Lophophora Williamsii*, généralement bleu-vert, a des côtes aux sillons assez profonds et contient près d'une trentaine d'alcaloïdes (dont la mescaline), pour la plupart des phényléthylamines et des isoquinolines. *L. dif-*

fusa a une couronne gris-vert, parfois gris-jaune, ses côtes aux sillons sinueux sont peu définies. Les fleurs sont généralement plus grandes que celles de *L. Williamsii*. Sa composition chimique est bien plus simple. Les deux espèces poussent aux endroits les plus secs et les plus caillouteux des régions désertiques, affectionnant un sol calcaire. Lorsqu'on retire la couronne, le cactus en produit de nouvelles et l'on peut ainsi voir assez souvent des Peyotl à plusieurs têtes. Les effets hallucinogènes du Peyotl sont très forts, provoquant des visions kaléidoscopiques brillamment colorées. Les autres sens, ouïe, toucher et goût, peuvent également être affectés. Il y a semble-t-il deux stades successifs. Tout d'abord, survient une période de contentement et de sensibilité aiguë. La deuxième phase apporte un grand calme et une paresse musculaire, l'attention se détachant des stimulations extérieures pour devenir introspective et méditative.

Au nord du Mexique, chez les Tarahumara de Chihuahua, les sorciers absorbent une espèce de *Lycoperdon*, le Kalamoto, pour approcher des gens sans être vus ou pour leur jeter un sort et les rendre malades. Dans le sud du Mexique, les Mixtèques d'Oaxaca utilisent deux espèces de ces champignons pour provoquer un état de demi-sommeil pendant lequel ils disent entendre des voix et des échos. *Lycoperdon mixtecorum* que l'on ne trouve, semble-t-il, qu'à Oaxaca, est un petit champignon de 3 cm de diamètre. Il est presque arrondi, légèrement aplati et brusquement étranglé sur un pédoncule long de 3 mm. Sa surface extérieure d'un beige-brun est entièrement recouverte d'excroissances pustuliformes. L'intérieur est couleur paille. Les spores sphériques, brunâtres, peuvent mesurer jusqu'à 10 microns. Cette espèce pousse dans les forêts claires et les pâturages.

Parmi les plus importants « faux Peyotl » des Indiens Tarahumara on trouve plusieurs espèces de *Mammilliaria*, toutes rondes et très épineuses.
On a isolé du N-méthyl-3, 4-diméthoxyphényléthylamine à partir de *M. Heyderii*, espèce proche de *M. Craigii*.
Ce dernier est un cactus sphérique, légèrement aplati au sommet, aux mamelons coniques longs de 1 cm, aux aréoles velues. Les épines centrales sont longues de 5 mm et les fleurs roses peuvent atteindre 1,5 cm.
Le *M. Grahamii*, sphérique ou cylindrique, atteint 6 cm de diamètre. Les mamelons sont petits ; les épines centrales mesurent au plus 2 cm. Les fleurs, longues de 2,5 cm, ont des corolles pourpres ou violettes, parfois bordées de blanc.

MANDRAGORA L. (6)	MAQUIRA Aubl. (2)	MESEMBRYAN- (1000) THEMUM L.
M. officinarum L.	*M. sclerophylla* (Ducke) C.C. Berg	*M. tortuosum* L.
Solanacées	Moracées	Aizoacées
51 Europe du S.; Afrique du N., Asie occidentale jusqu'à l'Himalaya	52 Régions tropicales de l'Amérique du S.	53 Afrique du Sud

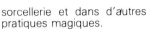

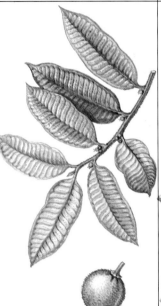

Aucune plante n'a une histoire plus fantastique que la Mandragore. Elle occupe une place sans égale comme plante magique et hallucinogène dans le folklore européen. Connue pour ses propriétés toxiques et des vertus médicinales réelles ou supposées, la Mandragore fut crainte et respectée dans toute l'Europe du Moyen Age. Son usage traditionnel et ses attributs sont, à cause de sa racine anthropomorphique, étroitement liés à la théorie des « signatures ».
Il existe six espèces de Mandragore, mais c'est la *M. officinarum* qui fut la plus importante en Europe et au Moyen-Orient où on l'utilisa comme hallucinogène en

sorcellerie et dans d'autres pratiques magiques.
Cette plante herbacée, sans tige, est haute de 30 cm. Sa racine est épaisse et fourchue. Ses grandes feuilles ovales, veinées et froissées, entières ou parfois légèrement dentées, peuvent atteindre 11 cm. Les fleurs blanc verdâtre, pourpres ou bleuâtres, longues de 3 cm, se présentent en grappe au milieu de la touffe de feuilles. La baie jaune, ronde ou ovale, est très aromatique. La racine contient 0,4 % d'alcaloïdes de type tropanol dont la hyoscyamine et la scopolamine. On y trouve également de l'atropine et de la cuscohygrine ou mandragorine.

Dans la région de Pariana en Amazonie brésilienne les Indiens préparaient autrefois une puissante poudre à priser aux effets hallucinogènes. Son usage a aujourd'hui disparu, mais elle est encore connue sous le nom de Rapé dos Indios (Tabac à priser des Indiens). On pense qu'elle était préparée avec le fruit d'un arbre géant de la forêt, *Maquira sclerophylla* (ou *Olmedioperbea sclerophylla*) qui atteint une hauteur de 25 à 30 m et produit un latex blanc. Ses feuilles oblongues, plus ou moins lancéolées, légèrement retournées sur les bords, sont longues de 20 à 30 cm et larges de 8 à 16 cm. L'inflorescence mâle est ronde, de 1 cm de diamètre. L'inflorescence femelle se trouve dans l'aisselle des feuilles et elle comprend une ou deux fleurs. La drupe ronde, couleur cannelle, mesure 2,5 cm de diamètre. Le fruit de cet arbre n'a pas encore été soumis à un examen phytochimique.

Il y a deux siècles, des explorateurs hollandais rapportaient que les Hottentots mâchaient la racine d'une plante, appelée Kanna ou Channa, pour ses propriétés hallucinogènes. Ce nom recouvre aujourd'hui plusieurs espèces de *Mesembryanthemum* contenant des alcaloïdes — mesembrine et mesembrenine — dont les propriétés sédatives rappellent celles de la cocaïne et provoquent une torpeur. *Mesembryanthemum expansum* est un arbuste de 30 cm de haut, aux tiges lisses et charnues, tombantes et étalées. Les feuilles lancéolées, lisses et inégales, longues de 4 cm et larges de 1 cm, sont d'un vert frais et très brillantes. Les fleurs, apparaissant en groupes qui comprennent jusqu'à cinq unités sur des branches solitaires, sont blanches ou jaune pâle et mesurent de 4 à 5 cm de diamètre. Le fruit est anguleux. *M. expansum* et *M. tortuosum* sont maintenant communément groupés sous le genre *Sceletium*.

METHYSTICODEN-DRON R.E. Schult (1)	MIMOSA L. (500)	MUCUNA Adans. (120)	MYRISTICA Gronov. (120)
M. amesianum R.E. Schult	*M. hostilis* (Mart.) Benth.	*M. pruriens* (L.) DC.	*M. fragrans* Houtt.
Solanacées	Légumineuses	Légumineuses	Myristicacées
54 Andes colombiennes	55 Régions chaudes et tropicales des deux hémisphères	56 Régions chaudes et tropicales des deux hémisphères	57 Régions tropicales et chaudes d'Europe, d'Afrique et d'Asie

Les Indiens Ingano et Kamsá de la vallée du Sibundoy cultivent le Culebra Borrachero pour ses propriétés médicinales et hallucinogènes. La plante se reproduit par bouturage. On a décrit cet arbre, proche parent des *Brugmansia*, comme appartenant à un genre différent, *Methysticodendron*. Il se pourrait cependant qu'il représente un clone très atrophié d'une espèce de *Brugmansia*, mais si tel est le cas, tellement modifié, qu'on ne peut avec certitude le situer dans une espèce.
Methysticodendron mesianum est un arbre au feuillage dense qui atteint 7,50 m de hauteur. Les feuilles étroites (de 1 à 2 cm) et très longues (de 20 à 27 cm) sont membranées. Les fleurs pendantes, blanches, longues de 28 cm sont très parfumées. La corolle, fendue sur 4/5 de sa longueur, a des lobes spatulés ou rhomboïdes, elle est entourée sur 3/5 de sa longueur par un calice tubulaire de couleur verte.

Cet arbrisseau assez fourni et légèrement épineux abonde dans les régions sèches (caatingas) du Nordeste brésilien. Ses épines longues de 3 mm sont renflées à la base. Les feuilles, finement pennées, sont longues de 3 à 5 cm. Les fleurs, en épis souples et cylindriques, sont blanches et parfumées. La gousse longue de 2,5 à 3 cm comporte 4 à 6 sections. Un alcaloïde, la nigérine, a été isolé à partir de sa racine. On a découvert ensuite qu'il s'agissait de l'hallucinogène N, N-diméthyltryptamine, alcaloïde présent dans le genre *Anadenanthera*, légumineuse d'un genre voisin dont on prépare une poudre à priser. Dans le Nordeste du Brésil, plusieurs espèces de Mimosa portent le nom de Jurema. *M. hostilis* est souvent appelé Jurema Prêta (Jurema noir). Un proche parent, *M. verrucosa*, dont l'écorce servirait à préparer un stupéfiant, se nomme Jurema Branca (Jurema blanc).

On n'a pas signalé l'emploi de *M. pruriens* comme hallucinogène, mais à l'analyse chimique elle s'est révélée très riche en composants psychomimétiques. Cette robuste plante herbacée a des tiges angulaires et des feuilles à trois folioles. Ces derniers, oblongs et plus ou moins lancéolés, sont velus sur toute leur surface. Les fleurs, violet foncé ou bleuâtres, longues de 2 à 3 cm, sont rassemblées en courtes grappes. Les gousses, couvertes de poils très raides et piquants, sont longues de 4 à 9 cm et épaisses de 1 cm.
L'indole alkylamine de cette plante a été étudié du point de vue de son pouvoir hallucinogène. On a constaté qu'il provoquait des changements très marqués du comportement. Il est possible que les Indiens aient découvert et utilisé certaines propriétés psychotropes de *M. pruriens*. En Inde, les graines réduites en poudre sont réputées aphrodisiaques.

A hautes doses, la noix de muscade et le macis peuvent provoquer une intoxication plus ou moins forte caractérisée par une distorsion du temps et de l'espace, un détachement de la réalité et des hallucinations visuelles et auditives. Elle est suivie d'effets secondaires déplaisants : migraines, vertiges, nausées et tachycardie.
Myristica fragrans est un bel arbre, inconnu à l'état sauvage, cultivé pour sa graine, la noix de muscade, le macis étant l'arille rouge qui l'entoure. Ces deux épices ont des goûts différents, les concentrations des divers composants de leur huile essentielle n'étant pas les mêmes. La partie aromatique de l'huile de muscade comprend 9 composants qui font tous partie des terpènes, et divers éthers aromatiques. La myristicine, composant principal, est un terpène mais son action biologique est plutôt celle d'un irritant. L'activité psychotrope est due principalement aux éthers aromatiques.

NEPHELIUM L. (36)	NYMPHAEA L. (50)	ONCIDIUM Sw. (350)	PACHYCEREUS (5) (A. Berger) Britt. et Rose
N. topengii (Merr.) H.S. Lo	N. ampla (Salisb.) DC.	O. cebolleta (Jacq.) Sw.	P. pecten-aboriginum (Engelm.) Britt. et Rose
Sapindacées	Nymphéacées	Orchidacées	Cactées
58 Asie du Sud-Est	59 Régions chaudes et tempérées des deux hémisphères	60 Amérique Centrale, Amérique du S., Floride	61 Mexique

Dans la littérature chinoise, on mentionne parfois le Lung-li comme hallucinogène. D'après le Fang-Cheng-ta, de 1175, « ...le Lung-li pousse au Ling-nan... le fruit ressemble à un petit litchi dont la chair aurait un goût de longane. Le tronc et le feuillage de cet arbre ressemblent à ceux de ces deux arbres fruitiers. Il fleurit au troisième mois et ses fleurs sont blanches. Le fruit mûrit en même temps que les litchis mais il ne peut se manger cru, il faut le cuire à la vapeur. Le goût en est sucré et sa nature est chaude. Lorsqu'on le mange cru il vous rend fou ou vous fait voir des démons. ». Bien que le Lung-li n'ait pas été identifié avec certitude, il semblerait qu'il s'agisse d'un *Nephelium*. Il en existe deux espèces dans le sud de la Chine, dont *Nephelium topengii*. Son fruit est comestible mais la graine, toxique, est sans doute identifiable au Lung-li en question. Certaines espèces contiennent des glycosides cyanogènes et autres composants toxiques.

Tout porte à croire que le Nymphea a été utilisé comme hallucinogène dans les deux hémisphères, L'analyse chimique a en effet permis d'en isoler de l'apomorphine aux propriétés psychotropes. La nuciférine et la nornuciférine ont aussi été isolées à partir de feuilles de *N. ampla*. Les feuilles de *N. caerulea,* à l'ovale arrondi, d'un diamètre de 12 à 15 cm, sont tachées de pourpre en dessous. Les fleurs bleu pâle, et blanches au centre, ont de 7,5 à 15 cm de diamètre et s'ouvrent le matin pendant trois jours. Elles ont entre 14 et 20 pétales très lancéolés et plus de 50 étamines.
Nymphaea ampla a des feuilles épaisses et dentées, rougeâtres en dessous, de 14 à 28 cm de diamètre. Les très belles fleurs blanches de 7 à 13 cm de diamètre ont entre 30 et 190 étamines jaunes.

Oncidium cebolleta est une orchidée épiphyte poussant sur des falaises abruptes ou sur de grands arbres du pays Tarahumara au nord du Mexique. On pense qu'il s'agit d'un hallucinogène utilisé occasionnellement pour remplacer le Peyotl, ou Hikuri, (Lophophora Williamsii). On ne connaît pas grand-chose de son emploi. Cette orchidée tropicale est très répandue dans le Nouveau Monde. Le bulbe apparaît comme un petit renflement à la base des feuilles droites, charnues et arrondies, d'un gris verdâtre souvent tacheté de pourpre. L'épi floral, souvent penché, a une tige verte tachetée de brun violacé. Les fleurs aux sépales jaune-brun ont des pétales tachés de brun foncé, leur lèvre à trois lobes, longue de 2 cm et large de 3 cm, est d'un jaune vif marqué de rouge-brun. On a trouvé un alcaloïde dans cette orchidée.

Très utilisé par les Indiens, ce grand cactus ressemble un peu à un arbre. Partant d'un tronc de 1,80 m, ses branches en candélabre peuvent atteindre 10 m. Ses très courtes épines d'un gris caractéristique ont la pointe noire. Les fleurs de 5 à 8 cm ont les pétales extérieurs violacés et les pétales centraux blancs. Le fruit globuleux, de 6 à 8 cm de diamètre, est couvert d'une matière cotonneuse de couleur jaune et de longues épines, jaunes également.
Les Tarahumara qui appellent cette plante Cawe ou Wichawoka, préparent une boisson narcotique avec le jus de ses jeunes branches. Celle-ci cause des vertiges et des hallucinations visuelles (en tarahumara, wichawoka signifie également folie). Ce cactus a plusieurs propriétés médicinales. On y a récemment isolé des alcaloïdes : 4-hydroxy-3-méthoxyphénylenthylamine et quatre tétrahydroisoquinolines.

51

PANAEOLUS   (20)
(Fr.) Quélet

P. sphinctrinus (Fr.) Quélet

Agaricacées (Coprinacées ;
62 Strophoriacées)

Cosmopolite

PANCRATIUM L.   (15)

P. trianthum Herbert

Amaryllidacées
63 Régions chaudes
et tropicales
d'Afrique et d'Asie

PANDANUS L. fil.   (600)

Pandanus sp.

Pandanacées
64 Régions chaudes
et tropicales d'Europe,
d'Afrique et d'Asie

C'est un des champignons sacrés utilisés au Mexique par les Maztèques et les Chinantèques d'Oaxaca, pour la divination et autres cérémonies.

Ce membre du genre assez restreint *Panaeolus* porte les noms de T-ha-na-sa, She-to et To-shka. She-to signifie « champignon des prés » et To-shka « champignon enivrant ». Bien qu'il ne soit pas aussi important que les diverses espèces de *Psilocybe* et *Strophoria*, *P. sphinctrinus* est employé parfois par des chamanes. Cette espèce ainsi que d'autres du même genre contient un alcaloïde hallucinogène, la psilocybine.

Il pousse en forêt sur des bouses de vache, dans les champs et le long des routes. Ce petit champignon fragile d'un brun jaunâtre mesure 10 cm de haut. Son chapeau ovale en forme de clochette à pointe arrondie est gris-beige et mesure 3 cm de diamètre. Le pied est gris foncé. Les lamelles brun foncé portent des spores de taille variée pouvant atteindre 12 à 15 microns sur 7,5 à 8,3 microns. La chair est mince, de même couleur que la surface et pratiquement sans odeur. Plusieurs chercheurs ont soutenu que ce champignon n'était pas utilisé par les chamanes d'Oaxaca, ce qui est contredit par les faits. Cette espèce est hautement hallucinogène et son emploi par les Indiens d'Oaxaca, qui connaissent aussi d'autres champignons psychotropes, prouve que les chamanes disposent d'une large gamme de ces végétaux qu'ils choisissent selon les saisons, les conditions météorologiques et les buts poursuivis. Plusieurs chercheurs pensent que les Indiens du Mexique connaissent encore bien d'autres genres de champignons psychotropes, encore non identifiés ou recensés.

La psilocybine a également été isolée dans une espèce voisine, *Panaeolus foenisecii*.

Plusieurs des quinze espèces de Pancratium sont des poisons cardiaques, d'autres sont émétiques ; l'une d'elles est censée provoquer la mort par paralysie du système nerveux central. Il semble que *Pancratium trianthum* soit l'une des plus toxiques.

On ne sait pas grand-chose de son usage. A Dobe au Botswana, les Bushmen utilisent cette plante comme hallucinogène, frottant des tranches de son bulbe sur des entailles pratiquées sur le cuir chevelu. En Afrique occidentale, *P. trianthum* aurait une importance religieuse. Toutes les espèces de *Pancratium* ont un bulbe tuniqué et des feuilles longi-lignes, apparaissant en même temps que les fleurs. Ces dernières, blanches ou blanc verdâtre, portées sur une hampe droite et solide, présentent un périanthe en forme d'entonnoir avec un long tube à segments étroits. Les étamines situées au bord du périanthe sont soudées à la base en une sorte de coupelle. Les graines sont anguleuses et noires.

Les indigènes de Nouvelle-Guinée utilisent le fruit d'une espèce de *Pandanus* pour ses propriétés hallucinogènes, mais on ne sait pas grand-chose sur la manière dont ils l'emploient.

On a isolé et identifié dans des noix de *Pandanus* de la diméthyltryptamine. Ce genre très vaste est répandu sous les tropiques dans l'Ancien Monde. Cette plante parfois grimpante, ressemble un peu à un arbre avec de grandes racines proéminentes pareilles à des échasses. Les feuilles de certaines espèces, pouvant atteindre 4,50 m, sont utilisées en vannerie. Elles sont longues, rigides, en forme de lance et dotées d'épines retournées à la fois vers l'intérieur et vers l'extérieur. Les fleurs nues se présentent en grandes inflorescences entourées de spathes. Le fruit ou synacarpe est grand, lourd et dur. La plupart des espèces de *Pandanus* se trouvent sur les bords de mer ou les marécages d'eau saumâtre. En Asie du Sud-Est, les fruits de certaines de celles-ci sont comestibles.

PEGANUM L. (6)	PELECYPHORA (2) Ehrenb.	PERNETTYA (20) Gaud.-Beaup.	PETUNIA Juss. (40)
P. harmala L.	*P. aselliformis* Ehrenb.	*P. furens* (Hook. ex DC.) Klotzch	*P. violacea* Lindl.
Zygophyllacées	Cactées	Éricacées	Solanacées
65 Du Proche-Orient à l'Inde du N., Mongolie, Mandchourie	66 Mexique	67 Du Mexique aux Andes, Iles Galapagos et Falkland, Nouvelle-Zélande	68 Régions chaudes de l'Amérique du N. et de l'Amérique du S.

Originaire de régions désertiques, cet arbuste très fourni peut atteindre 1 m de haut. Les feuilles sont découpées en segments longilignes et les petites fleurs blanches apparaissent à l'aisselle des branches. Le fruit globuleux, à lobes profonds, contient plusieurs graines plates, anguleuses, de couleur brune, au goût amer et à l'odeur narcotique. La plante contient des principes hallucinogènes : alcaloïdes de type ß-carboline comme l'harmine, l'harmaline, la tétrahydroharmine et des bases qui leur sont apparentées, présentes dans huit familles au moins de végétaux supérieurs. Tous ces composants se trouvent dans les graines. Que cette plante soit tenue en si haute estime dans la pharmacopée indigène indique peut-être son ancien usage comme hallucinogène semi-sacré. On a récemment émis l'hypothèse que *P. harmala* pourrait avoir servi à la préparation du soma, ou huoma, des anciens peuples de la Perse et de l'Inde.

Bien que la preuve définitive n'en soit pas encore faite, il semblerait que ce cactus rond soit considéré au Mexique comme « faux Peyotl ». On le connaît localement sous le nom de *Peyote* ou *Peyotillo*.
P. aselliformis est un beau cactus solitaire, aigretté, conico-cylindrique, d'un gris verdâtre, de 2,5 à 6,5 cm de diamètre (il peut parfois atteindre 10 cm). Ses parties charnues sont disposées en spirale et non pas en côtes, et portent de toutes petites épines un peu comme des écailles. Les fleurs, apparaissant au sommet, larges de 3 cm, en forme de cloche évasée, sont blanches à l'extérieur et rouge violacé à l'intérieur. On y a récemment décelé la présence d'alcaloïdes.

Ces deux espèces de *Pernettya* sont de petits arbustes aux branches rampantes ou semi-dressées, au feuillage dense. Les fleurs sont d'un blanc rosé. La baie varie du blanc au violet. Ce genre est très proche des *Gaultheria*. On sait de plusieurs sources que le *Pernettya* est toxique. Le fruit de *P. furens,* que l'on appelle *Hued-Hued* ou *Yerba Loca* au Chili, provoque une confusion mentale et une folie qui peut devenir permanente. Ses effets ressemblent à ceux de *Datura*. Le fruit toxique du Taglli ou *P. parviflora* peut causer des hallucinations et d'autres troubles psychiques ou moteurs.
On pense que cet arbuste a pu être employé comme hallucinogène pour des motifs religieux ou magiques par des sociétés aborigènes.

Dans les montagnes de l'Équateur on a récemment signalé l'usage d'un Pétunia comme hallucinogène connu sous le nom de Shanin. On ignore encore quel groupe d'Indiens l'utilise, de quelle espèce il s'agit et de quelle manière on le prépare. Il provoquerait, dit-on, une sensation de lévitation ou l'impression de voler dans les airs, caractéristique de nombreux hallucinogènes.
La plupart des Pétunias cultivés sont des hybrides dérivés de *Petunia violacea* et de *Petunia axillaris*, aux fleurs pourpres, originaires d'Amérique du Sud.
On n'a encore fait aucune étude phytochimique de ce genre, mais comme il appartient à un groupe de Solanacées proche des *Nicotinia* (tabacs), il est fort possible qu'il contienne des principes biologiques actifs.

PEUCEDANUM L. (125)	PHYTOLACCA L. (36)	PSILOCYBE (40) (Fr.) Quélet	RANONCULUS L. (400)
P. Japonicum Thumb.	*P. acinosa* Roxb.	*P. caerulescens* Murr.	*R. acris* L.
Ombellifères	Phytolacacées	Agaricacées (Strophoriacées)	Renonculacées
69 Régions tempérées d'Europe, d'Afrique du S. et d'Asie	**70** Régions chaudes et tropicales des deux hémisphères	**71** Presque cosmopolite	**72** Régions tempérées des deux hémisphères

Peucedanum japonicum est une plante herbacée, robuste et vivace, d'un bleu-vert, aux racines épaisses et à court rhizome. Les grosses tiges fibreuses peuvent atteindre 1 m de haut. Les feuilles épaisses, longues de 20 à 60 cm, sont deux ou trois fois pennées. Les folioles ovales sont longs de 3 à 6 cm. Les fleurs forment des ombelles de 10 à 12 rayons, longs de 2 à 3 cm. Le fruit ovale, de 3 à 5 cm, est finement velu. Cette plante est très commune sur les sols sablonneux des bords de mer.
La racine de Fang-K'uei est utilisée dans la pharmacopée chinoise comme dépuratif, diurétique et sédatif. On pense généralement qu'elle est nuisible à la santé mais il semblerait que son usage prolongé ait des effets toniques. On y a trouvé divers composants alcaloïdes. La coumarine et la flurocoumarine sont très répandues dans le genre et on en trouve dans *P. japonicum*.

Phytolacca acinosa est une plante herbacée vivace, glabre, aux tiges robustes et branchues, de couleur verte, pouvant atteindre 90 cm. Les feuilles ovales sont généralement longues de 12 cm. Les fleurs blanches, de 1 cm de diamètre, sont portées en grappes denses, longues de 10 cm. Le fruit, une baie noir violacé, contient des petites graines en forme de haricots, longues de 3 mm.
Cette plante, connue dans la pharmacopée chinoise sous le nom de Shang-la, revêt deux formes : l'une à fleurs et racine blanches, et l'autre à fleurs rouges et racine violette. Cette dernière est considérée comme très toxique tandis que la première est un comestible cultivé. Les fleurs, Ch'ang-hau', sont utilisées dans le traitement de l'apoplexie. La racine est si vénéneuse qu'on ne l'emploie qu'en traitement externe.
Phytolacca acinosa a une haute teneur en saponines et la sève des feuilles fraîches possède, dit-on, des propriétés anti-virales.

Plusieurs espèces de *Psilocybe* sont utilisées au Mexique comme hallucinogènes sacrés. *P. mexicana* est l'un des plus employés et pousse sur des sols calcaires, entre 1 350 et 1 650 m d'altitude. On le trouve isolé, ou très éparpillé, dans la mousse, le long des sentiers ou des pistes, dans des champs ou des prairies très humides, dans des forêts de chênes ou de pins. C'est l'un des plus petits champignons hallucinogènes, il dépasse rarement 10 cm. Le chapeau conique ou en clochette, souvent hémisphérique, d'un diamètre de 0,5 à 3 cm, est d'une couleur paille claire ou paille verdâtre (parfois brun rougeâtre) lorsqu'il est frais, brun verdâtre ou jaune foncé une fois sec. Il est strié de brun et sa pointe est souvent rougeâtre. Sa chair bleuit si on la meurtrit. La tige creuse, d'un brun-rouge à la base, peut être jaune ou jaune rosé. Les spores vont du sépia foncé au brun violacé.

Cette plante vivace, herbacée, proche parente du bouton d'or, a des fleurs jaunes de 2 à 2,5 cm de diamètre. Les feuilles les plus basses, longues de 5 cm, sont nombreuses et plusieurs fois palmées. Les akènes, longs de 2 mm, forment des têtes rondes. On la trouve sur les pâturages des régions alpines.
On ne l'a pas encore identifié avec certitude, mais le Mao-Ken est généralement une espèce de *Ranunculus*. Une plante de ce genre, très courante le long des ruisseaux et petits cours d'eau, est signalée dans la littérature chinoise ancienne comme provoquant chez l'homme un état de délire. Li Shih-chen citant Kohung vers l'an 350 de notre ère, dit : « ...parmi les herbes il y a le Shui-lang (Lang d'eau, sorte de Mao-ken) qui est une plante aux feuilles arrondies, poussant le long des cours d'eau... C'est un poison et lorsqu'on en mange par mégarde elle provoque un délire. ». Dans la *Ranunculus acris* on a pu mettre en évidence un glycoside, la ranuncoside.

RHYNCHOSIA Lour. (300)	RUSSALA (200) Pers. ex S.F. Gray	SALVIA L. (700)	SCIRPUS L. (300)
R. phaseloides DC.	*R. agglutina* Heim	*S. divinorum* Epl. et Játiva-M.	*S. atrovirens* Willd.
Légumineuses	Russulacées	Labiacées	Cypéracées
73 Régions tropicales et chaudes des deux hémisphères	74 Presque cosmopolite	75 Régions tropicales et tempérées des deux hémisphères	76 Cosmopolite

 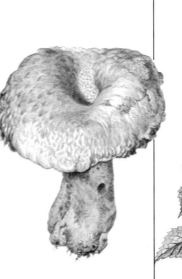  

Les jolies graines rouges et noires de plusieurs espèces de *Rhynchosia* auraient été utilisées comme hallucinogène dans le Mexique ancien. On peut en voir, représentées sur les fresques de Tepantitla, qui datent du IVe siècle de notre ère, ce qui laisse supposer leur caractère de plante sacrée.

Les deux espèces se ressemblent : ce sont des plantes grimpantes fleurissant en longues grappes. Les fleurs de *R. longeracema* sont jaunes et les graines tachetées de brun clair et brun foncé. *R. pyramidalis* a des fleurs verdâtres et de jolies graines mi-rouges mi-noires. Les recherches phytologiques sur les *Rhynchosia* en sont encore à un stade préliminaire. On a signalé dans l'une des espèces un alcaloïde présentant les effets du curare. Des expériences pharmacologiques à partir d'extraits de *R. phaseloides* ont provoqué chez des grenouilles un état semi-narcotique.

On pense que plusieurs espèces de *Russula* peuvent être à l'origine de « la folie par les champignons » des Kuma de Nouvelle-Guinée : des groupes entiers d'individus sont soudain pris de folie, et cet état de frénésie peut parfois donner lieu à des tueries. Les avis diffèrent sur l'origine de cette « folie ». Selon certains elle ne serait pas due à l'intoxication par des champignons. Les résultats de recherches sur le terrain, récemment menées par des botanistes, confirmeraient cette opinion. Deux espèces de Russules contiennent des acides stéariques. Plusieurs espèces pourraient provoquer un empoisonnement dû à l'acide iboténique (de même type que l'empoisonnement par l'*Amanita muscaria*). La *Russula agglutina* possède un chapeau concave, glutineux, crème foncé et brunâtre vers le centre. Il mesure entre 4 et 8 cm de diamètre. Le pied est court, large et tacheté d'orange à la base. La chair est blanche et sucrée.

Les Indiens Mazatèques d'Oaxaca, au Mexique, cultivent le *Salvia divinorum* qu'ils utilisent au cours de rituels de divination pour ses propriétés hallucinogènes. Ils en mâchent les feuilles fraîches ou bien les écrasent sur une pierre à moudre pour les délayer dans de l'eau et en faire une boisson. Connu sous le nom de *Hierba de la Pastora* (Herbe de la Bergère) ou *Hierba de la Virgen* (Herbe de la Vierge) il est cultivé sur des lopins cachés dans la forêt, loin des maisons et des routes.

C'est une plante herbacée vivace, d'environ 1 m de haut. Ses feuilles ovales, longues de 15 cm, sont finement dentées. Les fleurs bleues, en épis de 40 cm, sont longues de 1,5 cm. Certains auteurs pensent que le narcotique aztèque *Pipiltzintzintli* était le *Salvia divinorum*. Aujourd'hui, il n'est plus utilisé que par les Mazatèques. On n'y a pas encore isolé de substance psychotrope.

Une des herbes les plus puissantes des Tarahumara du Mexique est apparemment une espèce de *Scirpus*. Ces Indiens craignaient de cultiver la Bakana de peur de devenir fous. Quelques guérisseurs l'utilisent pour soulager la douleur. Le tubercule souterrain est censé guérir de la folie et toute la plante « protège » ceux qui souffrent de troubles mentaux. L'intoxication qu'elle provoque permet aux Indiens de voyager très loin, de parler avec leurs ancêtres défunts et d'avoir des visions aux couleurs lumineuses.

Dans les *Scirpus* et le genre voisin *Cyperus* on a trouvé des alcaloïdes. Les diverses espèces de *Scirpus* sont vivaces ou annuelles, il s'agit le plus souvent d'herbes aux petits épis floraux plus ou moins fournis, solitaires ou formant plusieurs inflorescences terminales. Le fruit est un akène à trois angles, muni parfois d'un petit bec. Ces plantes ont des habitats assez variés mais préfèrent en général des sols humides ou marécageux.

SENECIO L. (3 000)	SIDA L. (200)	SILER Mill. (1)	SOLANDRA Sw. (10)
S. praecox (Cav.) DC.	S. acuta Burm.	S. divaricatum (Turcz.) Benth. et Hook fil.	S. brevicalyx Standl.
Composées	Malvacées	Ombellifères	Solanacées
77 Cosmopolite	78 Régions chaudes des deux hémisphères	79 Europe, Asie septentrionale	80 Régions tropicales de l'Amérique du S. et du Mexique

Il existe au Mexique plus de 60 espèces de *Senecio*. Ce sont des plantes herbacées, des arbustes ou bien des plantes grimpantes et ligneuses, vivaces, dont quelques-unes ressemblent à des arbres. Elles sont réputées provoquer des intoxications ou des hallucinations. *Senecio praecox* est très commun au centre du Mexique. Cet arbuste ou petit arbre de 1,30 à 4,50 m de haut présente des tiges ligneuses et souples, ou charnues, dont le centre est traversé par des veines résineuses. Les feuilles longues de 6 à 18 cm, groupées en haut de la tige, sont ovées mais comprennent de 5 à 7 lobes en pointe. Les fleurs jaunes sont rassemblées en corymbes. L'infusion de ses feuilles est un remède domestique pour les blessures et les rhumatismes. On dit qu'elle provoque des hallucinations.
On a trouvé plusieurs alcaloïdes dans le *Senecio* : les pyrrolizidines sont particulièrement caractéristiques de ce genre.

Les deux espèces sont des plantes herbacées ou des arbustes pouvant atteindre 2,70 m de haut, aimant les terres chaudes et basses. Leurs branches rigides sont utilisées pour la confection de balais. Les feuilles, ovales ou lancéolées, ont 2,5 cm de large sur 10 cm de long. Battues dans de l'eau, elles produisent une mousse aux propriétés calmantes utilisée pour adoucir la peau. Les fleurs sont jaunes ou blanches. Sur les régions côtières du golfe du Mexique, les *Sida acuta* et *S. rhombifolia* sont fumées en guise de Marijuana. On n'a pas encore signalé d'effets hallucinogènes.
Dans ces deux espèces de *Sida* on a trouvé de l'éphédrine.

Le Feng-feng est une plante médicinale généralement identifiée comme le *Siler divaricatum*. Dans les livres de botanique chinois, sa racine est considérée comme antidote à l'empoisonnement par l'aconit et comme remède aux rhumatismes et à la faiblesse. Les fleurs, les feuilles et les graines font toutes partie de la pharmacopée chinoise. Le T'ao-Hung-Ching, écrit en 510 après J. C., signale que la sorte de racine « qui fourche à son extrémité provoque la folie. » On n'a pas encore pu déterminer si ses effets sont véritablement hallucinogènes.
Siler diviricatum est une plante herbacée vivace, très fournie, aux branches aphylles s'étalant à l'horizontale. Les feuilles deux ou trois fois composées ont des folioles très dentés. Les fleurs, en courtes ombelles, sont blanchés. Le fruit ressemble un peu à un tubercule. On trouve cette plante en Asie septentrionale et il semble qu'elle n'a pas encore fait l'objet d'examens phytochimiques.

Ces petits arbustes aux jolies fleurs ressemblant à celles des *Brugmansia* sont très estimés au Mexique pour leurs propriétés hallucinogènes. On sait qu'une boisson faite du jus des branches de *S. brevicalyx* et de *S. guerrensis* provoque une sorte d'ivresse. Hernandez en parle comme du *Tecomaxochitl* ou *Hueipatl* des Aztèques. *S. guerrensis* est utilisé comme drogue dans la région de Guerrero. Ces deux espèces de *Solandra* sont de beaux arbustes dressés, parfois grimpants, aux feuilles ovales longues de 18 cm, et aux grosses fleurs parfumées, longues de 25 cm, en forme d'entonnoir, très ouvertes à maturité, de couleur crème ou jaune. Étant donné sa proche parenté avec les *Datura*, le genre *Solandra* est riche en alcaloïdes de type tropanol : hyoscyamine, scopolamine, nortropine, tropine, cuscohygrine et autres bases.

SOPHORA L. (50)	STROPHARIA (9) (Fr.) Quélet	TABERNANTHE Baill. (7)	TAGETES L. (50)
S. secundiflora (Ort.) Lag. ex DC.	*S. cubensis* Earle	*T. iboga* Baill.	*T. lucida* Cav.
Légumineuses	Agaricacées (Strophariacées)	Apocynacées	Composées
81 S.-O. de l'Amérique du N., Mexique	**82** Presque cosmopolite	**83** Régions tropicales de l'Afrique de l'O.	**84** Régions chaudes d'Amérique

En Amérique du Nord, les belles graines rouges de cet arbuste étaient autrefois utilisées comme hallucinogène.

Les graines de *Sophora secundiflora* contiennent un alcaloïde très toxique, la cystine, classée en pharmacologie dans le même groupe que la nicotine. Elle provoque des nausées, des convulsions, et peut être mortelle à hautes doses en provoquant l'arrêt de la fonction respiratoire. On ne reconnaît pas à la cystine de véritables propriétés hallucinogènes mais il est probable que ses effets toxiques provoquent une sorte de délire déclenchant une transe visionnaire.

Sophora secundiflora est un arbuste ou un petit arbre pouvant atteindre 10 m de haut. Les feuilles persistantes ont de 7 à 10 folioles. Les grappes parfumées, longues de 10 cm, portent des fleurs d'un bleu violacé longues de 3 cm. La gousse ligneuse, étranglée entre chaque graine, en contient entre 2 et 8. En forme de haricot, elles ont une jolie couleur rouge vif.

Ce champignon, connu à Oaxaca sous le nom de Hongo de San Isidro, est un important hallucinogène quoiqu'il ne soit pas utilisé par tous les chamanes. Son nom aztèque, *Di-shi-tjo-le-rra-ja*, signifie « divin champignon du fumier ».

Haut de 4 à 8 cm, il peut, mais rarement, atteindre 15 cm. Le chapeau de 2 à 5 cm de diamètre (rarement plus grand) d'abord conique ou en cloche, devient convexe ou plat à maturité. Brun chocolat ou brun orangé, il est beige blanchâtre sur les bords. Il se cyanose avec l'âge ou après une meurtrissure. Le pied est creux, généralement plus épais à la base, blanc puis jaunâtre, ou bien rouge cendré et fortement veiné. Les lamelles vont du blanchâtre au gris violacé ou au brun violacé. Son principe actif est la psilocybine.

Cet arbuste haut de 1 à 1,50 m pousse sous le couvert de la forêt tropicale. Les indigènes le cultivent aussi autour de leurs maisons. Il contient un latex blanc, très abondant et d'une odeur fétide. Les feuilles ovales, longues de 9 à 10 cm et larges de 3 cm, (pouvant parfois atteindre 22 cm sur 7) sont jaune verdâtre sur la face inférieure. Les petites fleurs jaunes, rosées ou blanches, sont tachetées de rose ; au nombre de 5 à 12 par cyme, elles ont une corolle en forme de tube long et étroit qui s'élargit brusquement au sommet et des lobes tordus, longs de 1 cm. Les fruits à l'ovale pointu, d'un jaune orangé, se présentent par paires et atteignent la taille d'une olive.

On a décelé dans *Tabernanthe iboga*, la présence d'une douzaine d'alcaloïdes au moins, dont le plus actif est l'ibogaïne. A doses toxiques, il provoque des convulsions, la paralysie, l'arrêt de l'appareil respiratoire et des hallucinations.

Dans le but d'accéder à des états visionnaires les Indiens Huichol du Mexique fument un mélange de *Nicotiana rustica* et de *Tagetes lucida*. Tout en fumant, ils absorbent une boisson faite de maïs fermenté, le *Tesguino* ou *Cai*, « afin d'avoir une vision plus claire ». *Tagetes lucida* est parfois fumé seul pour ses effets hallucinogènes. Cette plante vivace, herbacée, est très odorante et peut atteindre 50 cm de haut. Les feuilles opposées sont ovales et lancéolées, dentées et ponctuées de petites glandes contenant une huile essentielle. Les inflorescences terminales sont denses, composées de fleurs de 1 cm de diamètre, généralement jaunes ou jaune orangé. Cette espèce originaire du Mexique est particulièrement répandue dans les régions de Nayarit et Jalisco. On n'a pas isolé d'alcaloïdes, mais tout le genre est très riche en huiles essentielles et en dérivés du thiofène : l-inositol, saponines, tannins, ainsi que des dérivés de la coumarine et des glycosides cyanogènes.

TANAECIUM Sw. (7)	TETRAPTERIS Cav. (80)	TRICHOCEREUS (A. Berger) Riccob.	TURBINA Raf. (10)
T. nocturnum (Barb.-Rodre.) Bur. et K. Schum.	*T. methystica* R.E. Schult.	*T. pachanoi* Britt. et Rose	*T. corymbosa* (L.) Raf.
Bignoniacées	Malpighiacées	Cactées	Convolvulacées
85 Régions tropicales de l'Amérique centrale et de l'Amérique du S., Antilles	**86** Régions tropicales de l'Amérique du S., Mexique, Antilles	**87** Régions tempérées et chaudes de l'Amérique du S.	**88** Régions tropicales de l'Amérique

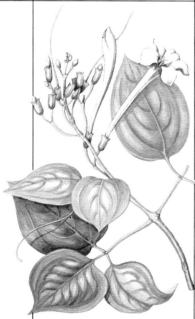

Les graines de *Turbina corymbosa*, plus connue sous le nom de *Rivea corymbosa*, représentent un des plus importants hallucinogènes sacrés pour les Indiens du sud du Mexique. Leur usage remonte aux périodes très anciennes où, sous le nom d'*Ololiuqui* elles jouaient un rôle de premier plan dans les cérémonies aztèques en raison de leurs propriétés analgésiques et de l'ivresse qu'elles provoquaient.

Turbina corymbosa est une plante grimpante ligneuse, aux feuilles en forme de cœur, longues de 5 à 9 cm et larges de 2,5 à 4,5 cm. Les cymes sont très fleuries. Les corolles en clo-

Tanaecium nocturnum est une plante grimpante très fournie, aux larges feuilles ovales longues de 13 cm et larges de 10 cm. Les fleurs blanches, longues de 16 cm, sont tubulaires et se présentent en grappes de 5 à 8 cm portées par la tige. Une fois coupée, cette tige dégage une odeur d'huile d'amandes. Pour soigner les diarrhées, les Indiens Karitiana du Rio Madeira en Amazonie, boivent une infusion de feuilles de *T. nocturnum* mélangées aux feuilles d'une légumineuse encore non identifiée. Les Indiens du Chocó de Colombie pensent que cette plante est aphrodisiaque. On y a trouvé des saponines et des tannins, et d'après certains botanistes il semblerait que cette espèce puisse former de l'acide cyanhydrique.

Les nomades Makú du Rio Tiké dans l'extrême nord-ouest de l'Amazonie brésilienne, préparent une boisson hallucinogène avec l'écorce de *Tetraptéris methystica*. Les effets de cette drogue indiquent la présence possible d'alcaloïdes de type ß-carboline. Cet arbuste grimpant à l'écorce noire a des feuilles ovales longues de 6 à 8 cm et larges de 2,5 à 5 cm, vert vif sur le dessus et gris verdâtre sur le dessous. L'inflorescence est fournie et plus courte que les feuilles. Les sépales sont épais, velus en dehors, lancéolés, contenant 8 glandes noires et ovales. Les pétales membranés, étalés, jaunes à l'extérieur et rouges ou bruns au centre, sont longs de 1 cm et larges de 2 mm. Le fruit est un samare ovale de 4 x 4 x 2 mm, dont les ailes brunâtres mesurent 10 x 12 mm.

Ce cactus à colonnes, branchu, souvent sans épines, est haut de 3 à 6 m. Ses branches, bleu-vert lorsqu'elles sont jeunes, deviennent vert foncé en vieillissant et comportent de 6 à 8 côtes. Des bourgeons pointus s'ouvrent la nuit, libérant de très grandes fleurs parfumées en forme d'entonnoir, longues de 19 à 24 cm, blanches à l'intérieur et brun rougeâtre à l'extérieur, aux étamines verdâtres. Le fruit, ainsi que les écailles du tube floral, sont couverts de longs poils noirs.
Trichocereus pachanoi est riche en mescaline : 2 % de la matière sèche ou 0,12 % de la plante fraîche. On y a trouvé d'autres alcaloïdes : 3,4-diméthoxyphényléthymamine, 3-méthoxy-tyramine et des traces de quelques autres bases. A partir d'une espèce voisine, *T. treschekii*, on a pu isoler de la N, N-diméthytryptamine.
T. pachanoi pousse entre 1 800 et 2 800 m d'altitude dans les Andes centrales.

UNGNADIA Endl. (1)	VIROLA Aubl. (60)	ZORNIA J.F. Gmel. (75)
U. speciosa Endl.	*V. theiodora* (Spr.) Warb.	*Z. latifolia* DC.
Sapindacées	Myristicacées	Légumineuses
89 S.-O. de l'Amérique du N. et Mexique	**90** Régions tropicales de l'Amérique centrale et de l'Amérique du S.	**91** Régions tropicales d'Amérique

chettes, blanches et striées de vert, sont longues de 2 à 4 cm. Le fruit sec, ovale, a des sépales persistants et porte une seule graine ronde, de 3 mm de diamètre, dure, finement velue et de couleur brune. La classification des genres dans la famille des Convolvulacées (ou Volubilis) a toujours été très difficile. Cette espèce a été diversement rangée dans les *Convolvulus*, les *Ipomoea*, les *Legendrea*, les *Rivea* et les *Turbina*. Dans la plupart des études chimiques ou ethnobotaniques elle porte le nom de *Rivea corymbosa*, mais une évaluation critique plus récente indique que le binôme le plus approprié est *Turbina corymbosa*.

Poussant sur des collines herbeuses, cet arbuste ou petit arbre d'environ 2 m de haut peut parfois atteindre 9 m. Son tronc mesure 20 cm de diamètre. Les feuilles pennées comportent 7 folioles irrégulièrement dentés. Les inflorescences latérales portent des fleurs très parfumées d'un rose violacé. Le fruit, long de 5 cm, contient des graines noires et lustrées, rondes, de 1,5 cm de diamètre. Au Texas et au Mexique ces dernières furent peut-être utilisées dans un contexte religieux, probablement comme hallucinogène. On en a retrouvé dans des strates couvrant 8 000 ans d'occupation humaine ininterrompue, en compagnie de Peyotl (Lophophora Williamsii) et de haricots rouges (Sophora secundiflora) tous deux hallucinogènes. D'après l'examen au carbone 14, leurs dates s'étageraient entre 7 500 avant J.C. et 1 000 après J.C.
Les graines d'*Ungnadia speciosa* contiennent des composés cyanogéniques.

L'aubier de la plupart, sinon de toutes les espèces de *Virola* contient une abondante « résine » rouge. A partir de certaines espèces on en prépare une poudre à priser ou des petites pastilles aux effets hallucinogènes. L'espèce la plus importante est la *Virola theiodora*, petit arbre élancé de 7,50 à 20 m de haut, originaire des forêts de l'ouest du bassin de l'Amazone. Le tronc cylindrique de 45 cm de diamètre a une écorce caractéristique très lisse, brun tacheté de gris. Les feuilles, qui une fois sèches dégagent une odeur de thé, sont ovales, lancéolées, longues de 9 à 33 cm et larges de 4 à 11 cm. Les inflorescences mâles très fournies sont velues, brunes ou jaune doré, plus courtes que les feuilles. Les fleurs elles-mêmes, toutes petites, en groupes de 2 à 10, sont très odorantes. Le fruit est presque rond, mesurant 1 à 2 cm sur 0,5 à 1,5 cm. La graine est à moitié recouverte par une arille rouge orangé.

Au Brésil on en fume les feuilles sèchées en guise de *Cannabis*. Son nom vernaculaire, Maconha Brava, signifie « fausse marijuana ». Au San Salvador cette plante est réputée comme remède contre la dysenterie. *Zornia diphylla* est une plante herbacée semi-rampante de 30 cm de haut, dont les tiges peuvent atteindre 40 cm. Les folioles, longs de 3 mm à 3 cm se présentent par paires. Les fleurs, chacune enserrée dans deux bractées, sont petites et en épi. Le calice est large de 2 à 3 mm. Les pétales sont jaunes, plus rarement violacés. Le fruit épineux se compose de plusieurs petits segments compressés, non déhiscents.
Très répandue en Amérique centrale, cette plante pousse dans les prairies. On n'a pas encore signalé de composants biodynamiques chez les *Zornia*.

LES PLANTES HALLUCINOGÈNES
ET LEURS USAGERS

On décèle, dans nos sociétés occidentales contemporaines, un usage croissant de substances psychotropes. Nous n'avons cependant pas traité ce phénomène. La quasi-totalité de cet ouvrage est consacrée au rôle des hallucinogènes dans les sociétés aborigènes. Utilisés dans un but magique, religieux ou thérapeutique, ces végétaux y ont toujours été considérés comme un don des dieux, parfois même comme la représentation de la divinité. Dans ces sociétés, les croyances attachées à l'origine de ces plantes divergent donc fondamentalement des conceptions de la culture occidentale.

Parmi les nombreux exemples de plantes révérées comme des dieux, il faut citer le célèbre Soma de l'Inde ancienne. Car si la plupart des hallucinogènes ne représentent que des médiateurs entre l'homme et le surnaturel, celui-ci a joué le rôle d'une véritable divinité. A tel point que, selon certains, ses effets surnaturels étaient le fait même de sa divinité. Les champignons sacrés du Mexique ont une longue histoire. Les Aztèques les nommaient *Teonancatl* (chair divine), les consommaient en grande cérémonie. Les Mayas pratiquaient, il y a plus de trois mille ans, une religion très complexe où la consommation de champignons jouait un rôle important. Le plus célèbre hallucinogène du Nouveau Monde est le Peyotl, que les Huichols du Mexique identifient au cerf (animal sacré) et au maïs (plante sacrée et source de vie). La première cueillette de ce cactus fut conduite par le shamane originel, le Tatewari. Aujourd'hui encore, la collecte de cette plante donne lieu à un pélerinage sacré dans le pays des ancêtres. Pour les Indiens d'Amérique du Sud, l'Ayahuasca révèle le vrai visage du monde, la vie quotidienne n'étant qu'un faux semblant, un état phantasmatique. Ayahuasca signifie en Kechua « liane de l'âme » ; ce nom provient sans doute de la sensation — très fréquente durant l'intoxication — du dédoublement de l'âme et du corps, permettant ainsi la communication avec les ancêtres et les forces du monde des esprits. En buvant du Caapi, on « retourne à l'utérus maternel, source et origine de toutes choses », et les participants voient « toutes les divinités de la tribu, la création de l'univers, les premiers êtres humains, les premiers animaux et même l'établissement de l'ordre social ».

Ce n'est pas toujours le shamane ou le guérisseur qui administrent les plantes sacrées. La population peut également avoir l'usage de ces substances. Il est cependant très strictement contrôlé par des interdits et des règles cérémonielles. Dans la majorité des cas, ces drogues sont réservées aux hommes. Toutefois chez les Koryak de Sibérie, hommes comme femmes, peuvent

En Grèce, un lécythe était un récipient sacré rempli d'huiles aromatiques que l'on plaçait près du mort, soit à côté de son lit, soit dans sa tombe. Sur ce vase (450-425 av. J.-C.) Triptolème couronné tient le grain d'Eleusis, une graminée vraisemblablement parasitée par l'Ergot du Seigle. Demeter ou Persephone verse une libation sacrée, préparée sans doute avec le grain infecté. Les deux personnages séparés par le bâton de Triptolème se rejoignent cependant en deux endroits par l'intermédiaire du grain et de la libation.

Dans le Rig Veda de l'Inde ancienne, le Soma ou Amanite tue-mouches occupe une place de premier plan. Diverses métaphores décrivent ce champignon divin, entre autres : « Soutien des Cieux » et « Pilier du Ciel », rappelant la colonne pure et blanche formée par la tige de ce végétal.

Que ce soit le shamane lui-même, ou le shamane et les participants,
ou les participants tout seuls qui ingèrent des boissons d'Ilex, des infusions de *Datura*, du Tabac...
du Peyotl, des graines d'Ololiuqui, des champignons, de la menthe narcotique ou de l'Ayahuasca,
le principe ethnographique reste le même : ces plantes contiennent le pouvoir des esprits.
Weston La Baree.

consommer l'amanite et, dans le Sud du Mexique, tous les champignons sacrés ; d'ailleurs le shamane y est souvent une femme. De même l'Iboga peut être utilisée par les deux sexes. Il y a peut-être une raison objective à l'interdiction faite aux femmes d'absorber des narcotiques. Ce n'est là qu'une hypothèse, mais il me semble que ces substances sont suffisamment toxiques pour avoir des effets abortifs. Or, dans les sociétés aborigènes les femmes sont très souvent enceintes durant leurs années de fécondité ; la nécessité d'éviter l'avortement peut donc être à l'origine de cet interdit. Ces végétaux sont très rarement administrés aux enfants. Néanmoins, chez les Jivaros, on donne du Brugmansia aux jeunes garçons qui, durant la période d'intoxication, se font dûment sermonner par leurs ancêtres. C'est en général au cours d'un rite de puberté qu'un individu absorbe pour la première fois un hallucinogène. Presque toutes les cultures aborigènes ont leur narcotique, le plus souvent une plante aux effets psychotropes. Même le tabac ou la coca, pris à hautes doses, peuvent provoquer des visions. Les Waraos du Venezuela fument du tabac pour se mettre dans un état de transe accompagné de ce que l'on pourrait qualifier de « visions ».

répertoriées par les scientifiques. Il semble certain que par le passé, dans la presque totalité de ce continent, les populations connaissaient et utilisaient au moins un de ces végétaux.

L'Asie a donné peu d'hallucinogènes majeurs, mais leur usage y est très ancien, très répandu et d'une grande importance culturelle. On ne saias grand-chose des végétaux psychotropes et autres plantes toxiques de l'Europe ancienne. Il est fort probable qu'on y a connu et utilisé les propriétés inébriantes des solanées, si importantes en sorcellerie au Moyen Age.

Le grand toxicologue allemand Louis Lewin affirmait l'universalité des hallucinogènes lorsqu'il écrivait : « Ces substances forment un lien entre les hommes des deux hémisphères, le civilisé et le sauvage ».

Cette statue aztèque du début du XVIe siècle représente le Prince des fleurs en extase. Elle fut découverte récemment à Tlamanalco, sur les pentes de Popocatepetl. Les motifs stylisés représentent diverses plantes halluci-nogènes. De droite à gauche : un chapeau de champignon, une vrille de Volubilis, une fleur de Tabac, une fleur de Volubilis, un bouton de Sini-cuiche et sur le socle des chapeaux stylisés de *Psilocybe aztecorum*.

Les populations du Nouveau Monde connaissent et utilisent bien plus d'espèces psychotropes que celles des autres continents, mais il y a peu de régions du globe où ce type de végétal soit demeuré totalement inconnu. Les Esquimaux n'en possèdent pas, les peuples d'Australie et de Nouvelle-Zélande n'en comptent apparemment pas dans leur pharmacopée traditionnelle, tout comme les habitants des îles du Pacifique dont la célèbre Kava *(Piper methysticum)* n'est pas hallucinogène mais hypnotique.

Les hallucinogènes d'Afrique restent mal connus. Il se peut que l'on y découvre bien des espèces non encore

Dans leur art populaire sacré, les Huichol ont une manière remarquable de donner vie aux symboles de leur mythologie. La beauté de ces formes a son origine dans l'usage cérémoniel du Peyotl. La tapisserie ci-dessus raconte la création du monde. Les dieux surgirent du monde souterrain pour apparaître sur la Terre-Mère, grâce à Kauyumari (Notre-Frère-Aîné-le-Cerf) qui découvrit la *nierika* ou porte (en haut au milieu) qui unifie l'esprit de toutes les choses et de tous les mondes. C'est par là que vint toute vie. Au-dessous de la *nierika* de Kauyumari, Notre-Mère-Aigle (au centre) baisse la tête pour écouter Kauyumari, assis sur un rocher en bas à droite. Ses paroles

sacrées descendent par un fil dans un bol à prière et se transforment en énergie vitale représentée par une fleur blanche. Au-dessus de Kauyumari, l'Esprit de la pluie, sous la forme d'un serpent, donne la vie aux dieux. A gauche de ce dernier, Tatewari, premier chamane et Esprit du feu se penche vers Kauyumari pour écouter son chant. Tous deux sont reliés à un panier à remèdes (au centre à droite) qui les unit en tant qu'alliés chamaniques. Notre-Père-le-Soleil que l'on voit sur la gauche en face de Tatewari est relié à l'Esprit de l'aube, personnage orange qui se trouve juste au-dessous de lui. Le Soleil et l'Esprit de l'aube sont tous les deux à Wirikuta, terre sacrée du

Peyotl. C'est là aussi que se situent la *nierika* de Kauyumari et le temple de Frère-Aîné-Queue-de-Cerf, représenté par l'espace noir en bas au milieu. Queue-de-Cerf a les bois rouges ; il est surmonté de sa forme humaine. Derrière lui on voit Notre-Mère-la-Mer. Une grue lui apporte une gourde à prières contenant les paroles de Kauyumari. Au milieu à gauche, Cerf-Bleu donne la vie aux offrandes sacrées. Un rayon d'énergie le relie à la gourde de Notre-Mère-la-Mer. Il offre son sang au maïs qui pousse, tige de Vie qui germe au-dessous de lui. Surmontant Cerf-Bleu, on peut voir Premier-Homme, celui qui inventa l'agriculture, face à un mouton sacrifié.

Tableau récapitulatif des plantes et leur usage

Au siècle dernier, le botaniste anglais Richard Spruce passa quatorze ans sur le terrain en Amérique du Sud. Explorateur insatiable, il fut le prototype des ethnobotanistes de l'Amérique tropicale. Ses travaux (*à droite*) furent le point de départ de toutes les recherches sur les hallucinogènes Yopo et Caapi.

Page précédente : Ces énigmatiques plaques pectorales ont été découvertes en Colombie. Elles appartiennent à la culture Sinú (1200 à 1600) et représentent peut-être des champignons. Elles témoignent vraisemblablement de l'existence d'un ancien culte employant des champignons hallucinogènes courants dans cette région. Plusieurs de ces bijoux ont des « ailes » qui symbolisent peut-être le « vol magique » caractéristique de l'état hallucinatoire.

Après avoir réalisé ce tableau récapitulatif de tous les matériaux présentés en détail plus loin dans cet ouvrage, il nous est paru évident que : 1. les informations sont toutes de nature interdisciplinaire ; et 2. qu'il y a un besoin urgent d'études plus approfondies, car, dans bien des cas, les détails sont insuffisants ou imprécis.

Pour pouvoir progresser, nous devons tenir compte de toutes les informations provenant de diverses disciplines (anthropologie, botanique, histoire, chimie, médecine, philosophie, religion, etc.) et, pour s'y retrouver dans une documentation aussi riche, il faut de la patience et une grande compréhension des faits. La présentation de tous ces matériaux sous une forme claire et facilement assimilable est primordiale. C'est ce que nous avons tenté de faire dans ce tableau récapitulatif.

Ce sont les hommes des sociétés dites primitives qui, par une connaissance intime de leur environnement végétal, ont découvert les hallucinogènes et les ont pliés à leur usage. La progression inéluctable de la civilisation, de plus en plus rapide, touche aujourd'hui les peuples les plus reculés et les mieux cachés. L'acculturation condamne irrémédiablement à la disparition les traditions et les connaissances acquises au cours des âges. Il est donc urgent d'accélérer le rythme de nos recherches avant que ces savoirs ne disparaissent avec les cultures qui leur ont donné le jour. Une identification botanique très précise est nécessaire à une bonne compréhension des hallucinogènes. Malheureusement, elle n'est pas toujours réalisable. Idéalement, elle devrait se faire à partir d'un spécimen type : c'est la seule manière d'être précis. Mais on est parfois obligé de la faire d'après un nom vernaculaire ou une description, auquel cas il y a toujours un doute. Il est primordial que les analyses chimiques se fassent à partir de matériaux bien déterminés et identifiés. Trop souvent, une brillante recherche phytochimique ne sert à rien, simple-

ment parce que l'identification du végétal traité est douteuse.

D'ailleurs ce genre de lacune nous empêche de bien saisir d'autres phénomènes : on n'a pas encore bien compris toute la signification culturelle des plantes psychotropes. Il n'y a pas longtemps que les ethnologues ont commencé à comprendre la très grande importance des hallucinogènes dans l'histoire, la mythologie et la philosophie des sociétés aborigènes. Mieux on la comprendra, plus l'anthropologie

NOTES OF A BOTANIST

ON THE

AMAZON & ANDES

BEING RECORDS OF TRAVEL ON THE AMAZON AND
ITS TRIBUTARIES, THE TROMBETAS, RIO NEGRO,
UAUPÉS, CASIQUIARI, PACIMONI, HUALLAGA,
AND PASTASA ; AS ALSO TO THE CATAR-
ACTS OF THE ORINOCO, ALONG THE
EASTERN SIDE OF THE ANDES OF
PERU AND ECUADOR, AND THE
SHORES OF THE PACIFIC,
DURING THE YEARS
1849-1864

BY RICHARD SPRUCE, PH.D.

EDITED AND CONDENSED BY
ALFRED RUSSEL WALLACE, O.M., F.R.S.

WITH A
BIOGRAPHICAL INTRODUCTION
PORTRAIT, SEVENTY-ONE ILLUSTRATIONS
AND
SEVEN MAPS

IN TWO VOLUMES—VOL. I

MACMILLAN AND CO., LIMITED
ST. MARTIN'S STREET, LONDON
1908

pourra progresser dans son explication des éléments fondamentaux de la culture humaine.

Les matériaux présentés dans ce livre traitent surtout des détails. Mais ils sont parfois de type plus général. Réalisant la nécessité d'un système de référence rapide et facile, nous avons essayé de rassembler les faits les plus importants en les présentant schématiquement dans ce tableau récapitulatif.

N°RÉF	NOM VERNACULAIRE	TYPE DE PLANTE	NOM BOTANIQUE	HISTOIRE ET ETNOGRAPHIE
1	Acore		*Acorus calamus* L.	Indiens Cree du nord-ouest du Canada.
32	Agara		*Galbulimima belgraveana* (F. Muell.) Sprague	Indigènes de Papouasie.
2	Amanite-tue-Mouches (voir p. 82-85)		*Amanita muscaria* (L. ex Fr.) Pers.	Peuples finno-ougriens, Sibérie de l'est et de l'ouest. Plusieurs groupes Athabascan en Amérique du Nord. Il se pourrait bien que l'*A. muscaria* ait été le soma de l'Inde ancienne, consommé par les Aryens il y a 3 500 ans.
6	Ayahuasca Caapi Yagé (voir p. 120-127)		*Banisteriopsis caapi* (Spruce ex Griseb.) Morton ; *B. inebrians* Mortan ; *B. rusbyana* (Ndz.) Morton	Utilisé en Amazonie occidentale et par des tribus isolées du versant occidental des Andes en Colombie et en Équateur.
42	Badoh negro Piule Tlililtzin (voir p. 158-163)		*Ipomoea violacea* L.	Oaxaca, sud du Mexique Connue des Aztèques sous le nom de Tlililtzin, elle était utilisée comme l'Ololiuqui. Les Chinantèques et les Mazatèques l'appellent Piule et les Zapotèques Badoh Negro.
22	Bakana Hikuli Wichuri		*Coryphanta compacta* (Engelm) Britt. et Rose.	Les Tarahumara du Mexique considèrent *C. compacta* (Wichuri, appelé aussi Bakana ou Bakanawa) comme une sorte de Peyotl ou Hikuri (voir Peyolt).
76	Bakana		*Scirpus* sp.	Espèce de *Scirpus*, apparemment une des herbes les plus puissantes des Indiens Tarahumara du Mexique. Les Indiens la craignent, pensant qu'elle peut engendrer la folie.
5	Belladone Belle-Dame (voir p. 86-91)		*Atropa belladonna* L.	Europe et Proche-Orient. La belladone était un important ingrédient des « boissons de sorcières » au Moyen Age. Elle a joué un grand rôle dans la mythologie de la plupart des peuples européens.
86	Caapi-Pinima Caapi (voir Ayahuasca)		*Tetrapteris methustica* R.E. Schult. ; *T. mucronata* Cav.	Le Caapi-Pinima est utilisé par les Maku, Indiens nomades du Rio Tikié dans le nord-ouest de l'Amazonie brésilienne. Ils donnent le même nom (Caapi) au *Banistériopsis*. Plusieurs auteurs ont signalé qu'il existait « plus d'une sorte » de Caapi dans la région du Rio Vaupès au Brésil et en Colombie.
61	Cawe Wichowaka		*Pachycereus pecten-aboriginum* (Engelm.) Britt et Rose.	Utilisé par les Indiens Tarahumara du Mexique. Dans leur langue, Wichowaka signifie « folie ».
60	Cebolleta		*Oncidium cebolleta* (Jacq.) Sw.	Les Tarahumara du Mexique emploieraient cette orchidée.
9	Chiricaspi Chiric-sanango		*Brunfelsia chiricaspi* Plowman ; *B. grandiflora* D. Don ; *B. grandiflora* D. Don subsp. *schultesii* Plowman	Les Indiens de Colombie l'appellent Borrachero. Il est connu sous le nom de Chiricaspi dans l'extrême ouest de l'Amazonie (Colombie, Équateur et Pérou).
31	Colorines Chilicote		*Erythrina americana* Mill. ; *E. coralloides* Moc et Sesse ex DC. ; *E. flabelliformis* Kearnev	Au Mexique, les graines de diverses espèces d'*Erythrina* sont vendues avec celles de *Sophora secudiflora* (Haricots à Mescal).
20	« Copelandia »		*Copelandia cyanescens* (Berk. et Br.) Singer	Cultivé à Bali sur des bouses de vache

PROPOS ET CONTEXTE	PRÉPARATION	COMPOSANTS CHIMIQUES ET EFFETS
Remède anti-fatigue ; également utilisé en cas de maux de dents, migraines et asthme. Ivresse hallucinogène (?).	On mâche le rhizome.	Ses principes actifs sont de l'α-asarone, la β-asarone. A haute dose, il peut provoquer des hallucinations visuelles et d'autres effets semblables à ceux du L.S.D.
Ivresse hallucinogène.	On fait une décoction avec l'écorce et les feuilles, mélangées à une espèce d'*Homalomena*.	On a isolé 28 alcaloïdes dans cette espèce, mais aucun principe psychotrope n'y a encore été découvert. L'ivresse s'accompagne de visions d'hommes et d'animaux que l'on va tuer.
Utilisé par les chamanes. Importance religieuse ; rituels thérapeutiques et religieux.	On consomme un ou plusieurs champignons après les avoir séchés au soleil ou grillés doucement au-dessus du feu. On peut aussi les boire en extrait dans de l'eau, du lait de renne, ou du jus de *Vaccinium oliginorum* ou d'*Epilobium angustifolium*. En Sibérie, l'urine de personnes intoxiquées peut être bue rituellement.	Acide iboténique, muscimole, muscazone. Euphorie, visions colorées, macropsie ; parfois ferveur religieuse et sommeil profond.
Généralement bu au cours de cérémonies religieuses. En Colombie, au cours du Tukanoan Yurupari, rituel d'initiation pour les garçons. Les Jivaros croient que l'Ayahuasca permet de communiquer avec les ancêtres et que, sous l'influence de cette drogue, l'âme quitte le corps et voyage librement.	L'écorce, trempée dans de l'eau froide ou bouillante peut s'absorber seule ou avec quelques additifs, entre autres des feuilles de *B. rusbyana* et de *Psychotria viridis*, qui modifient ses effets. On peut chiquer l'écorce. Il semblerait que ces plantes soient également prisées comme le tabac.	L'activité hallucinogène est surtout due à l'harmine, alcaloïde de type β. carboline. Après l'absorption de cette boisson amère et nauséabonde, l'ivresse peut avoir des effets très agréables ou bien provoquer une réaction violente suivie d'effets secondaires déplaisants. Se manifestant généralement par des hallucinations visuelles colorées, elle se termine sur un sommeil profond peuplé de rêves.
Cette liane, très respectée dans le sud du Mexique, est un des principaux hallucinogènes utilisés pour la divination et dans les rituels religieux ou thérapeutiques.	On prépare une boisson avec la valeur d'un dé à coudre de graines écrasées.	Le contenu alcaloïde est cinq fois plus important que celui de *Turbina corymbosa* : les indigènes utilisent donc une quantité de graines bien moindre. On trouve les mêmes alcaloïdes dans d'autres volubilis, uniquement employés au Mexique (voir Ololiuqui).
Usage thérapeutique considéré par les chamanes comme un puissant remède ; craint et respecté par les Indiens.		On y a isolé divers alcaloïdes dont des phényléthylamines. Ce genre est assez prometteur.
Le *Scirpus* est important dans la pharmacopée traditionnelle et comme hallucinogène ; il faut le traiter avec grand respect.	On va souvent très loin faire la cueillette des racines de *Scirpus*.	On y a découvert des alcaloïdes que l'on retrouve dans d'autres roseaux de la même famille. Les Indiens croient qu'ils peuvent voyager dans des contrées très lointaines, parler avec leurs ancêtres et avoir des visions colorées.
Boissons de sorcières, sabbat. De nos jours la belladone est entrée dans la composition de nombreux médicaments.	Toute la plante contient des composants psychotropes.	La plante contient des alcaloïdes aux effets hallucinogènes. Son principal composant psychotrope est la hyoscyamine, mais elle renferme aussi de la scopolamine et des traces d'autres alcaloïdes type tropariol.
Ivresse hallucinogène.	On prépare une boisson avec de l'écorce de *T. methystica* trempée dans l'eau froide. L'infusion a une couleur jaunâtre, contrairement à celle de *Banistériopsis* qui est plutôt brunâtre.	On n'a pas encore fait d'analyse phytochimique de cette plante, mais, d'après les effets qu'elle provoque, il est probable qu'elle renferme les mêmes alcaloïdes que le *Banistériopsis* (β-carbolines).
Ce cactus a plusieurs utilisations purement médicales.	On prépare une boisson hallucinogène avec le jus des jeunes tiges.	De la 4-hydroxy-3-méthoxyphényléthylamine et 4 alcaloïdes de type tétrahydroisoquinoline ont été isolés. Provoque une sensation de vertige et des hallucinations visuelles.
Réputé hallucinogène, *O. cebolleta* serait consommé occasionnellement en guise de Peyotl.		Un alcaloïde a été signalé dans cette plante.
Le *Brunefsia* joue un important rôle religieux et magique dans la médecine traditionnelle de l'Amazonie. Elle est utilisée comme additif pour le Yajé, boisson hallucinogène.	Les Kɷfàn de Colombie et de l'Équateur, ainsi que les Jivaros de l'Équateur, l'ajoutent au Yajé, préparé avec du *Banisteriopsis* (voir Ayahuasca), pour en intensifier les effets hallucinogènes.	Les *Brunfelsia* renferment de la scopolétine mais ce composé n'a pas d'action psychotrope connue. Après l'ingestion on ressent des frissons, d'où son nom, Chiricaspi (Arbre froid).
La plante fut peut-être autrefois utilisée par les Tarahumara qui attribuent aux graines une valeur thérapeutique.	Les graines rouges sont souvent mélangées avec celles de *Sophora secundiflora*.	Certaines espèces d'*Erythrina* contiennent des alcaloïdes agissant comme le curare.
Utilisé à Bali au cours de cérémonies et vendu comme hallucinogène aux voyageurs de passage.		*C. cynaescens* contient 1,2% de psilocine et 0,6% de psilocybine, ce qui en fait le champignon le plus riche en substances hallucinogènes.

N°RÉF	NOM VERNACULAIRE	TYPE DE PLANTE	NOM BOTANIQUE	HISTOIRE ET ETNOGRAPHIE
56	Cowhage		*Mucuna pruriens* (L.) DC.	Inde
54	Culebra Borrachero		Methysticodendron amesianum R.E. Schult.	Appelé « drogue à serpent » *Methysticodendron* est un arbre cultivé par les Indiens Kamsa et Ingano de la région de Sibundoy en Colombie du sud.
16	Dama da Noite.		*Cestrum Laevigatum* Schecht.	Régions côtières au sud du Brésil.
27	Datura Dhatura Dutra (voir p. 106-111)		*Datura metel* L. ; *D. ferox* L.	Dans les premiers écrits sanskrits et chinois, D. metel est signalé comme hallucinogène. Au XIᵉ siècle, il était employé par le médecin arabe Avicenne. De nos jours, il est surtout utilisé en Inde, au Pakistan et en Afghanistan. *D. ferox*, originaire de l'Ancien Monde a un rôle moins important.
18	El Nene El Ahijado El Macho		*Coleus blumei* Benth. ; *C. pumilus* Blanco	Originaires des Iles Philippines, deux espèces de cette plante ont acquis chez les Mazatèques du sud du Mexique, la même signification que le *Salvia*.
90	Epena Nyakwana Yakee (voir p. 164-171)		*Virola calophylla* Warb. ; *V. calophylloida* Markrg. ; *V. elongata* (Spr. ex Benth.) Waeb. ; *V. theiodora* (Spr.) Warb.	Diverses espèces de *Virola* sont utilisées au Brésil, en Colombie, au Vénézuela et au Pérou ; la plus importante paraît être *V. theiodora*. Les noms de cette poudre à priser hallucinogène varient selon les tribus ou les localités. Les plus courants sont : Paroca, Epena et Nyakwana au Brésil, Yake et Yato en Colombie.
39	Ereriba		*Homalomena* sp.	On a signalé l'usage d'*Homalomna* chez les indigènes de Papouasie.
17	Ergot de Seigle (voir p. 102-105)		*Claviceps purpurea* (Fr.) Tulasne	On a récemment soutenu de façon très convaincante que l'Ergot de Seigle avait joué un rôle important dans les Mystères d'Eleusis de la Grèce antique. L'Ergot de Seigle, maladie cryptogamique affectant les grains de cette céréale, pouvait empoisonner des régions entières lorsqu'il était par mégarde moulu avec la farine. Au Moyen Age, on appelait « feu Saint-Antoine » ces empoisonnements collectifs.
23	Esakuna		*Cymbopogon densiflorus* Stapf.	Utilisé par les guérisseurs en Tanzanie.
69	Fang-K'uei		*Peucedanum japonicum* Thunb.	Chine
79	Feng-Feng		*Siler divaricatum* (Turcz.) Benth et Hook. fil.	Le Feng-Feng est une herbe médicinale mentionnée dans les premiers livres chinois concernant les plantes. On l'a identifiée comme *S. divaricatum*.
8	Floripondo Borrachero Huacacachu Huanto, Maicoa Toa Tonga (voir p. 128-131)		*Brugmansia arborea* (L.) Lagerh. ; *B. aurea* Lagerh. ; *B. x insignis* (Barb.-Rodr.) Lockwood ex R.E. Schult. ; *B. sanguinea* (R. et P.) Don ; *B. suaveolens* (H. et B. ex Willd.) Bercht. et Presl. ; *B. versicolor* Lagerh. ; *B. vulcanicola* (A.S. Barclay) R.E. Schult.	Les *Brugmansia* sont utilisés dans les régions chaudes de l'Amérique du Sud, particulièrement dans l'ouest de l'Amazonie. On les appelle Toa. Egalement employés par les Indiens Mapuche du Chili, les Chibcha de Colombie, et connus des Indiens Péruviens sous le nom de Huacacachu.

PROPOS ET CONTEXTE	PRÉPARATION	COMPOSANTS CHIMIQUES ET EFFETS
Les Indiens l'on peut-être utilisée pour ses propriétés psychotropes. En Inde on la considère comme aphrodisiaque.	Les graines sont réduites en poudre.	Bien que le *Mucuna* n'ait pas été signalé comme hallucinogène, il est riche en composants psychomimétiques capables de provoquer des changements du comportement, comparables aux effets de substances hallucinogènes.
Cette plante est utilisée par les guérisseurs comme hallucinogène et comme remède. Ils en absorbent dans des cas de diagnostic difficile pour la divination, la sorcellerie ou la prophétie.	On prépare une infusion avec les feuilles.	La boisson a des effets plus forts que le même genre de préparation à base de *Brugmansia*, plante d'une famille assez proche (voir Floripundio). La scopolamine représente 80% de son contenu alcaloïde, ce qui explique les fortes réactions, même à faibles doses.
	On fume les feuilles en guise de Marijuana.	Les fruits verts, les feuilles et les fleurs contiennent des saponines auxquelles on ne connaît pas d'effet hallucinogène.
Utilisé comme aphrodisiaque en Indonésie. Précieux en pharmacopée. Ivresse cérémonielle ou récréative.	Graines réduites en poudre mélangées à du vin. Les graines sont mélangées à des boissons alcooliques, aux cigarettes de *Cannabis* ou de tabac, et parfois à la chique de bétel.	Voir Toloache.
D'importance magique et religieuse, elle est utilisée comme plante divinatoire.	On en chique les feuilles fraîches, ou bien toute la plante est écrasée et diluée dans de l'eau pour en faire une boisson.	Dans les 150 espèces connues, on n'a pas encore isolé un seul hallucinogène.
Tous les hommes adultes prisent l'Epena ou Nyakwana au cours de cérémonies et parfois même en dehors de tout contexte rituel. Les guérisseurs l'utilisent pour diagnostiquer et guérir diverses maladies. Le Yakee ou Parica est strictement réservé aux chamanes.	Certains indiens grattent l'aubier de cet arbre et le font sécher sur un feu. Lorsqu'il est réduit en poudre, on y ajoute de la poudre de feuilles de *Justicia*, des cendres d'*Amasita* et de l'écorce d'*Elizabetha princeps*. D'autres Indiens abattent l'arbre, en récoltent la résine, la font bouillir jusqu'à ce qu'elle soit réduite en pâte, font sécher cette dernière au soleil, l'écrasent puis la tamisent. On peut y ajouter différentes écorces et des feuilles de *Justicia* réduites en poudre. Une autre méthode consiste à pétrir l'aubier fraîchement gratté, à en extraire la résine que l'on fait bouillir jusqu'à ce qu'elle soit en pâte. Après quoi elle est séchée, réduite en poudre et on peut y ajouter des cendres. Dans la région du Vaupès en Colombie, un groupe très primitif d'Indiens Makù ingèrent la résine telle quelle, lorsqu'elle a été tirée de l'aubier.	Les effets hallucinogènes sont dus aux alcaloïdes de type tryptamine et β-carboline, 5-méthoxydiméthyltriptamine et diméthyltriptamine. Ces effets sont variés. Généralement ils débutent par un état d'excitation, plusieurs minutes après la prise. Puis surviennent un sentiment d'engourdissement des membres, des frémissements des muscles faciaux, l'incapacité à coordonner ses mouvements, des nausées, des hallucinations visuelles et finalement un sommeil profond et agité.
	On mange ses feuilles mélangées aux feuilles et à l'écorce de *Galbulimima belgraveana* (voir Agara).	On connaît peu de chose sur les composants de ce genre. Violentes perturbations suivies d'un sommeil coupé de visions.
Il semble que l'Ergot n'a jamais été volontairement utilisé comme hallucinogène dans l'Europe médiévale. Il était cependant employé par les sages-femmes en cas d'accouchement difficile. Il provoque en effet des contractions des muscles lisses tout en étant un puissant vaso-constricteur.		Les composants actifs de l'Ergot sont des alcaloïdes de type ergoline, principalement dérivés d'acide lysergique. Les alcaloïdes de l'Ergot ou leurs dérivés sont à la base de médicaments d'une grande importance en obstétrique, en médecine interne et en psychiatrie. L'hallucinogène le plus puissant en est un dérivé synthétique. Il s'agit de l'acide lysergique diéthylamide ou LSD.
Employé pour provoquer des rêves prémonitoires.	Les fleurs sont fumées seules ou avec du tabac.	On ignore encore à quel composant cette plante doit ses effets apparemment hallucinogènes.
Médecine traditionnelle.	En Chine, la racine de Fang-K'uei est utilisée en médecine.	On a signalé des composants alcaloïdes dans les *Peucedanum*, mais on ignore s'ils sont hallucinogènes. La coumarine et la furocoumarine sont très répandues dans le genre ; on les retrouve dans *P. japonicum*.
Médecine traditionnelle.	Il semble que l'on utilise la plante entière.	Il n'existe apparemment aucune étude chimique de cette espèce.
Les Indiens du Sibundoy utilisent les *Brugmansia* pour des raisons magico-thérapeutiques, et les Mapuche comme médicament pour les enfants difficiles, récalcitrants. Autrefois, les Chibcha faisaient boire de la Chicha fermentée additionnée de graines de *Brugmansia* aux femmes et aux esclaves des	Les graines sont généralement réduites en poudre et ajoutées à des boissons fermentées. On fait une infusion avec les feuilles.	Toutes les espèces de *Brugmansia* se ressemblent chimiquement. La scopolamine est leur principal composant psychotrope. *Brugmansia* est un dangereux hallucinogène. L'ivresse est souvent si violente que les individus doivent être retenus physiquement avant que ne survienne un état de profonde léthargie au cours duquel apparaissent des visions.

N°RÉF	NOM VERNACULAIRE	TYPE DE PLANTE	NOM BOTANIQUE	HISTOIRE ET ETNOGRAPHIE
8	Floripondo (suite)			
13	Frijol de Playa		*Canavalia maritima* (Aubl.) Thouars	Fumé sur la côte du Golfe du Mexique en guise de Marijuana.
44	Galanga Maraba		*Kaempferia galanga* L.	D'après des informations assez vagues, il semblerait qu'en Nouvelle-Guinée le Galanga soit utilisé comme hallucinogène.
24	Genista		*Cytisus Canariensis* (L.) O. Kuntze	Bien qu'originaire des Iles Canaries, le Genista fut adopté par les sociétés aborigènes d'Amérique. Apparemment, cette plante a acquis un rôle important chez les Indiens Yaqui du Mexique.
49	Gi'-i-Wa Gi'-i-Sa-Wa		*Lycoperdon marginatum* Vitt. ; *L. mixtecorum* Heim	Au sud du Mexique, les Mixtèques d'Oaxaca en utilisent deux espèces pour provoquer un demi-sommeil. Cette utilisation ne paraît pas s'accompagner de cérémonies. Les Tarahumara de Chihuahua, au nord du Mexique, emploient une espèce de *Lycoperdon* qu'ils appellent Kalamota.
81	Haricot à Mescal Haricot Corail Colorines Frijoles Haricot Rouge		*Sophora secundiflora* (Ort.) Lag. ex DC	Dans le bassin du Rio Grande, l'usage du Haricot à Mescal remonte à la préhistoire. On y a trouvé des caches dont les dates s'étagent entre 1500 avant J.-C. et 200 après J.-C. Aux États-Unis, les tribus Arapaho et Iowa les utilisaient encore en 1820. Au moins une douzaine de tribus du sud du Texas et du Mexique pratiquaient une danse qui avait pour but de provoquer des visions chez les participants.
14	Haschisch (voir Marijuana)			
75	Hierba de la Pastora Hierba de la Virgen Pipiltzintzintli		*Salvia divinorum* Epl. et Jativa-M.	Utilisée par les Indiens Mazatèques du Mexique, le *S. divinorum* (des devins) est appelé « herbe de la bergère ». On pense qu'il s'agit du narcotique Pipiltzintzintli des anciens Aztèques.
30	Hikuli Mulato Hikuli Rosapara		*Epithelantha micromeris* (Engelm.) Weber ex Britt. et Rose	Un des « faux Peyotls » des Indiens Tarahumara de Chihuahua et des Huichol du Mexique du nord.
4	Hikuli sunamé Chautle Peyote Cimarron Tsuwiri		*Ariocarpus fissuratus* Schumann ; *A. retusus* Scheidw.	Les Indiens Tarahumara du Mexique affirment que l'*A. fissuratus* est plus fort que le Peyotl (*Lophophora*). Indiens Huichol du Mexique.
83	Iboga (voir p. 112-115)		*Tabernanthe iboga* Baill.	Au Gabon et au Congo, le culte entourant l'Iboga contribue puissamment à la résistance indigène devant la pénétration chrétienne et islamique.
37	Immortelle		*Helichrysum foetidum* (L.) ; *H. stenopterum* DC.	Pays Zoulou en Afrique du Sud.
55	Jurema Ajuca		*Mimosa hostilis* (Mart.) Benth. ; *M. verrucosa* Benth.	Plusieurs tribus de l'État de Pernambove (Brésil) l'utilisent au cours de cérémonies. Il fut également employé dans cette même région par des tribus aujourd'hui disparues.

PROPOS ET CONTEXTE	PRÉPARATION	COMPOSANTS CHIMIQUES ET EFFETS
chefs défunts, pour les mettre dans un état léthargique avant de les brûler vifs avec leur mari ou leur maître. Les Indiens du Pérou croient toujours que le *Brugmansia* leur permet de communiquer avec leurs ancêtres et qu'il peut révéler l'emplacement de trésors cachés dans des sépultures.		
Son usage dans des sociétés primitives comme hallucinogène sacré n'a pas été signalé, bien qu'on ait trouvé des graines dans des sépultures d'Oaxaca et du Yucatan, sur des sites dont les dates s'étagent entre 300 avant J.C. et 900 après J.C.	Fumé	On y a isolé de la L-bétonicine, mais on ne connaît pas de propriétés hallucinogènes à ce composant.
Ivresse hallucinogène (?) ; médecine traditionnelle.	Le rhizome très aromatique est apprécié comme condiment. En médecine traditionnelle, on fait une infusion avec ses feuilles.	On ne sait pas grand-chose de la composition chimique de ce parent du gingembre. Une action hallucinogène est peut-être due à la haute teneur en huile essentielle de son rhizome.
Utilisé au cours de cérémonies dans des tribus américaines. Employé tout particulièrement par les guérisseurs comme hallucinogène au cours de cérémonies magiques.	Les guérisseurs Yaqui en utilisent les graines.	Le cytise est riche en cystine, à laquelle on ne reconnaît pas d'action psychotrope, mais dont on sait qu'elle est toxique.
Employé comme hallucinogène auditif. Les sorciers en absorbent pour pouvoir s'approcher des gens sans être vus et leur jeter des sorts.	Les champignons sont mangés.	On n'a encore aucune base phytochimique sur laquelle s'appuyer pour expliquer les effets psychotropes.
A l'arrivée du culte du Peyotl, basé sur le *Lophophora* aux propriétés hallucinogènes moins dangereuses, les indigènes abandonnèrent la danse des Haricots Rouges dans laquelle ces graines jouaient un rôle comme agent hallucinogène et oraculaire.	On préparait une boisson avec les graines rouges de *S. secundiflora*.	Ces graines contiennent de la cystine, alcaloïde très toxique. En pharmacie, il appartient au même groupe que la nicotine. On ne connaît pas à la cystine d'activité de type hallucinogène, mais l'intoxication, très forte, peut provoquer une sorte de délire comparable à une transe visionnaire. A haute dose, un arrêt de l'appareil respiratoire peut provoquer la mort.
Les Indiens Mazatèques d'Oaxaca la cultivent pour ses propriétés hallucinogènes utilisées au cours de rituels de divination. Vraisemblablement utilisée lorsque les graines de Teonancatl ou d'Ololiuqui sont rares.	On mâche les feuilles fraîches ou on les écrase sur une pierre à moudre pour les diluer dans de l'eau. Ce mélange est ensuite filtré.	Chimiquement, on n'y a pas encore isolé de principes psychotropes, bien qu'à l'expérience, les feuilles se soient révélées hallucinogènes. L'ivresse est similaire à celle qui suit l'ingestion de champignons sacrés, mais plus courte et moins frappante.
Les guérisseurs absorbent le Hikuri Mulato pour éclaircir leur vision et pour communiquer avec des sorciers. Les coureurs le prennent comme « stimulant » et « protecteur ». Les Indiens croient qu'il prolonge la vie.		On y a trouvé des alcaloïdes et des triterpènes. Ce cactus, disent les Indiens, peut rendre fous les gens malveillants ; il peut aussi les faire se précipiter du haut de falaises.
Les Tarahumara utilisent ce cactus en sorcellerie. Ils pensent que les voleurs n'ont plus le pouvoir d'agir lorsque cette plante appelle ses soldats à l'aide. Les Huichol considèrent l'*Ariocarpus* comme néfaste, et insistent sur le fait qu'il peut provoquer une folie permanente.	Consommé frais ou écrasé dans de l'eau.	On y a isolé plusieurs alcaloïdes de type phényléthylamine.
L'Iboga est utilisé comme hallucinogène dans un contexte religieux, particulièrement dans le culte bwiti. Il sert à interroger les ancêtres et le monde des esprits, permettant par là « d'assumer la mort ».		L'Iboga contient au moins une demi-douzaine d'alcaloïdes dont le plus important est l'ibogaïne. Il s'agit d'un stimulant psychique très puissant qui, à haute dose, provoque des effets hallucinogènes.
Ces herbes sont utilisées par les guérisseurs indigènes qui « les inhalent pour provoquer des transes ».	On présume que ces végétaux sont fumés.	On y a signalé de la coumarine et des diterpènes, mais jusqu'à présent aucun composant hallucinogène n'a été isolé.
De nos jours l'usage cérémonial de *M. hostilis* a presque complètement disparu. Utilisé dans un contexte guerrier.	La racine de *M. hostilis* était à la base d'une « boisson miraculeuse », connue localement sous le nom d'Ajuca ou Vinho de Jurema.	On y a isolé un alcaloïde identique à l'hallucinogène N-diméthyl-tryptamine.

N°RÉF	NOM VERNACULAIRE	TYPE DE PLANTE	NOM BOTANIQUE	HISTOIRE ET ETNOGRAPHIE
40	Jusquiame (voir p. 86-91).		*Hyoscyamus niger* L.	Durant le Moyen Age, la Jusquiame était un ingrédient des boissons et baumes des sorcières. D'après certaines sources, il semblerait que les « boissons magiques » de la Grèce et de la Rome antiques aient comporté de la Jusquiame. On a émis l'hypothèse que la prêtresse de Delphes prophétisait sous l'influence de cette plante.
53	Kanna		*Mesembryanthemum expansum* L. *M. tortuosum* L.	Il y a plus de deux siècles, des explorateurs hollandais signalaient que les Hottentots employaient la racine d'une plante appelée Kanna ou Channa. Il semble que l'usage hallucinogène de cette plante ait totalement cessé.
34	Keule		*Gomortega keule* (Mol.) I.M. Johnston.	Utilisé autrefois par les Indiens Mapuche du Chili.
80	Kieli Hueipatl Tecomaxochitl		*Solandra brevicalyx* Standl. ; *S. guerrensis* Martinez.	Hernandez le mentionne comme le Tecomaxochitl ou Hueipatl des Zatèques. Plusieurs espèces de *Solandra* sont importantes dans la mythologie et la symbolique des Huichol du Mexique. Il en va vraisemblablement de même pour d'autres tribus.
85	Koribo		*Tanaecium nocturnum* (Barb. Rodr.) Bur. et K. Schum.	Utilisé en Amazonie brésilienne par les Indiens Karitiana du Rio Madeira.
63	Kwashi		*Pancratium trianthum* Herbert.	Le Kwashi est utilisé par les Bushmen de Dobe au Botswana.
46	Latué Arbol de los Brujos		*Latua publiflora* (Griseb.) Baill.	Utilisé autrefois par les chamanes Mapuche de la région de Valdivia au Chili.
58	Lung-Li		*Nephelium Topengii* (Merr.) H.S. Lo.	Les effets hallucinogènes du Lung-Li sont signalés dans la littérature chinoise du XIIe siècle. Il s'agit presque certainement de N. topenii.
91	Maconha Brava		*Zornia latifolia* DC.	Brésil.
78	Malva colorada Chichipe Axocatzin		*Sida acuta* Burm. ; *S. rhombifolia* L.	Il semblerait que *Sida acuta* et *S. rhombifolia* sont fumées le long de la côte du Golfe du Mexique.
51	Mandragore (voir p. 86-91)		*Mandragora officinarum* L.	Dans l'Ancien Monde, la Mandragore a une histoire très complexe. Elle y est connue depuis fort longtemps et crainte pour sa toxicité. La racine de Mandragore ressemble vaguement à une forme humaine, d'où son importance magique.
14	Marijuana Bhang Charas Dagga Haschisch Chanvre Indien Kif Ta Ma (voir p. 92-101)		*Cannabis sativa* L. ; *C. indica* Lam.	L'Inde ancienne donnait un sens religieux à l'emploi du *Cannabis*. Sur un site égyptien, on a découvert des spécimens vieux de près de 4 000 ans. Dans l'ancienne Thèbes, cette plante était utilisée pour préparer une boisson dont les effets rappelaient ceux de l'opium. Il y a 3 000 ans, les Scythes le cultivaient sur les bords de la Volga. Ils jetaient des feuilles de *Cannabis* sur les pierres chaudes des étuves pour obtenir une fumée intoxiquante. En Chine, son usage remonte à plus de 4 800 ans. La littérature médicale indienne du Xe siècle avant J.-C. mentionne les usages thérapeutiques de cette plante. Vers l'an 160 de notre ère, le médecin grec Gallien disait que l'emploi généralisé du *Cannabis* dans des pâtisseries et des gâteaux provoque une intoxication.

PROPOS ET CONTEXTE	PRÉPARATION	COMPOSANTS CHIMIQUES ET EFFETS
Boissons de sorcières, tisanes magiques.		Les principes actifs de ce genre de solanacées sont des alcaloïdes de type tropanol, particulièrement la hyoscyamine et la scopolamine. C'est cette dernière qui provoque des hallucinations.
Probablement employé pour provoquer des visions.	Dans les régions du centre de l'Afrique du Sud, les racines et les feuilles de cette plante sont fumées, mais apparemment pas pour des effets hallucinogènes. Parfois, les feuilles fermentées sont séchées et chiquées comme inébriant.	Le nom vernaculaire recouvre aujourd'hui plusieurs espèces de *Mesembryanthemum* à contenu alcaloïde, (mésembrine et mésembrénine) aux effets sédatifs semblables à ceux de la cocaïne, provoquant une torpeur. L'ivresse due au Kanna est très forte.
Ivresse hallucinogène.	On en mange le fruit.	Les principes psychotropes sont peut-être dus aux huiles essentielles.
Les Huichol craignent et adorent cette plante comme le dieu Kieli, qui apporte une aide puissante aux sorciers. Ayant reconnu la proche parenté des *Solandra*, *Datura* et *Brugmansia*, les Huichol les utilisent parfois ensemble. Ils font une différence entre *Datura inoxia* ou Kielisa (« mauvais Kieli ») et *Solandra* ou vrai Kieli. Dans l'État de Guerrero au Mexique, *S. guerrensis* est utilisé pour provoquer une forme d'ivresse.	On confectionne une boisson enivrante à partir du jus des jeunes branches des deux espèces.	Le genre *Solandra*, proche parent des *Datura*, contient de la hyoscyamine, de la scopolamine, de la tropine scopine, cuscohygrine et autres alcaloïdes de type tropanol.
Médecine traditionnelle. Les Indiens du Chocó de Colombie pensent que cette espèce est aphrodisiaque.	Une infusion des feuilles de cette liane mélangées à celles d'une plante non identifiée, est un remède contre la diarrhée.	D'après des botanistes collecteurs de plantes, l'odeur de *T. nocturnum* indiquerait que cette espèce fait une cyanogénèse. On y a isolé des saponines et des tannins.
On a signalé son emploi comme hallucinogène et il fait partie de la pharmacopée indigène. En Afrique occidentale, cette plante a une importance religieuse.	Les bulbes sont coupés en deux et frottés sur le cuir chevelu préalablement incisé. Cette coutume se rapproche étrangement de la technique occidentale consistant à injecter des médicaments.	Plusieurs des quinze espèces contiennent des alcaloïdes très toxiques. L'intoxication peut s'accompagner de symptômes hallucinogènes.
Le Latué est un poison violent ; il était utilisé autrefois pour provoquer délire et hallucinations et peut même causer une folie permanente.	Les dosages étaient un secret farouchement gardé. On employait le fruit frais de préférence.	Les feuilles et le fruit contiennent 0,15 % de hyoscyamine et 0,08 % de scopolamine. Cette dernière a des propriétés hallucinogènes.
	Le fruit de *N. topengii* est comestible mais la graine est toxique.	Certaines espèces de *Nephelium* contiennent des glycosides cyanogènes ainsi que d'autres composants toxiques auxquels on ne connaît pas d'effets hallucinogènes.
Les graines séchées sont fumées comme hallucinogène en guise de *Cannabis*.	La plante est fumée.	On n'a pas encore signalé de composants biodynamiques dans ce genre.
Employée comme stimulant et en guise de marijuana.	La plante est fumée.	Ces espèces de *Sida* contiennent de l'éphédrine. Il n'est pas encore certain qu'elles aient des effets hallucinogènes.
Utilisée comme panacée, la Mandragore a joué un rôle extraordinaire comme plante magique et comme hallucinogène dans le folklore européen. La Mandragore, composant hallucinogène des boissons de sorcière, en était sûrement l'ingrédient le plus puissant.	On devait prendre diverses précautions pour déraciner la plante, car son cri pouvait rendre fou celui qui la ramassait.	Ses composants psychotropes sont des alcaloïdes de type tropanol, dont le plus important est la hyoscyamine. On y trouve également de la scopolamine, de l'atropine et de la mandragorine. La racine contient en tout 0,4 % d'alcaloïdes.
Le *Cannabis* a été utilisé en médecine traditionnelle et comme hallucinogène depuis des millénaires. Son fruit est comestible, on en tire une fibre, une huile pour l'industrie, des médicaments et on l'emploie pour provoquer une forme d'ivresse. Depuis quarante ans, l'usage du *Cannabis* s'est répandu à travers le monde et on le trouve maintenant dans la quasi-totalité des régions du globe. La consommation croissante dans les pays occidentaux, dans les centres urbains, a posé des problèmes aux autorités européennes et américaines. Pour certains, l'usage très répandu du *Cannabis* est un vice qu'il faut combattre et éliminer, pour d'autres ce n'est qu'une habitude inoffensive qui devrait	Le *Cannabis* s'absorbe de différentes façons. Dans le Nouveau Monde, on fume la Marijuana (« Maconha » au Brésil). Le bout des inflorescences ou les feuilles une fois séchés, sont mélangés à du tabac et fumés en cigarettes. Dans les pays musulmans d'Afrique du Nord et du Proche-Orient, le haschisch ou résine de la plante femelle, est soit mangé, soit fumé, souvent dans des pipes à eau. En Afghanistan et au Pakistan, elle est fumée. En Inde, il existe trois types de préparation : le Bhang, fait avec des plantes ramassées avant maturité, séchées, mélangées à de l'eau ou du lait, ou bien mêlées à du sucre et des épices pour en faire des bonbons (majun). Le Charas est la résine pure,	La concentration des principes psychotropes (composés cannabinoliques) se trouvent dans la résine, très abondante dans l'inflorescence femelle. La plante fraîche contient plusieurs acides cannabidioliques, précurseurs des tétrahydrocannabinols et autres composants apparentés, tels le cannabinol et le cannabidiol. La plupart des effets sont dus au Δ 3,4 - transtétrahydrocannabinol. Le principal est l'euphorie, on en a signalé d'autres, allant d'un sentiment de bien-être à l'hallucination, en passant par l'exaltation, la joie intérieure, la dépression et l'angoisse. Exception faite de ses effets sur le système nerveux central, l'activité de cette drogue paraît secondaire ; elle peut donner une accélération du pouls, un accroissement de la tension artérielle, des tremblements, des vertiges, des difficultés de coordination musculaire, un accroissement de la sensibilité au toucher

N°RÉF	NOM VERNACULAIRE	TYPE DE PLANTE	NOM BOTANIQUE	HISTOIRE ET ETNOGRAPHIE
14	Marijuana (suite)			En Asie Mineure au XIII° siècle, des organisations d'assassins payés en Haschisch étaient connues sous le nom d'hashishins, vraisemblablement à l'origine du terme *assassin*.
89	Marronnier du Mexique		*Ugnadia speciosa* Endl.	Texas et Mexique. Les graines de cet arbre ont peut-être été utilisées dans un contexte religieux, probablement comme hallucinogène.
43	Mashi-Hiri		*Justicia pectoralis* Jacq. var. *stenophylla* Leonard.	Cette plante est cultivée par les Waiká et autres Indiens du haut-Orénoque et des régions adjacentes du nord-ouest du Brésil.
10	Matwu		*Cacalia cordiflora* L. fil.	Mexique.
45	Menthe du Turkestan		*Lagochilus inebrians* Bunge	Les tribus Tadjiko, Tartares, Turkmènes et Ouzbeks des steppes du Turkestan ont de tout temps préparé une infusion avec les feuilles séchées de *L. inebrians*.
59	Nénuphar bleu ; Ninfa ; Quetzalaxochiacatl		*Nymphaea ampla* (Solisb.) DC ; *N. caerulea* Sav.	Les nénuphars ont tenu une place exceptionnelle dans l'art et la mythologie de l'Égypte dynastique, dans la civilisation minoenne, en Inde et en Chine, ainsi que dans l'empire maya, de la période classique moyenne jusqu'à la période mexicaine. Dans les deux hémisphères *N. ampla* est associé au crapaud, lui même associé à la mort.
57	Noix de Muscade Macis		*Myristica fragrans* Houtt.	Connue dans l'ancienne littérature indienne comme « fruit narcotique ». En Égypte, elle a parfois remplacé le haschisch. Inconnue dans la Grèce et la Rome antiques, elle fut introduite en Europe par les Arabes au I°ʳ siècle de notre ère et utilisée à des fins thérapeutiques. L'intoxication à la noix de muscade était courante au Moyen Age et dans l'Angleterre et les États-Unis du XIX° siècle.
7	Nonda		*Boletus kumeus* Heim ; *B. manicus* Heim ; *B. nigroviolaceus* Heim ; *B. reayi* Heim.	Nouvelle-Guinée.
88	Ololiuqui Badoh (voir p. 158-163)		*Turbina corymbosa* (L.) Raf.	Les graines de ce volubilis, autrefois connu sous le nom de *Rivea corymbosa*, sont un des plus importants hallucinogènes sacrés de nombreux groupes indiens du sud du Mexique. Leur usage est très ancien : elles jouaient un rôle important dans les cérémonies aztèques, tant comme hallucinogènes que comme potion magique aux propriétés analgésiques.
41	Paguando Borrachero Totubjansush		*Iochroma fuchsioides* Miers	Utilisée par les Indiens de la Vallée de la Soundoy et les Kamsá des Andes en Colombie.
77	Palo Bobo Palo Loco Quantlapatziinzintli		*Senecio cardiophyllus* Moc. et Sesse ex DC ; *S. cervariaefolius* Schulz-Bip. ; *S. grayanus* Hemsl. ; *S. harwegii* Benth ; *S. praecox* (Cav.) DC ; *S. tolvecanus* DC.	Mexique.
64	Pandanus		*Pandanus* sp.	Nouvelle-Guinée.
48	Peyotl Peyote Hikuli Bouton à Mescal (voir p. 132-143)		Lophophora diffusa (Croizat) Bravo ; L. Wiliamsii (Lem) Coult.	Les chroniqueurs espagnols décrivent l'usage du Peyotl chez les Aztèques. De nos jours le *Lophophora* est utilisé par les Tarahumara, les Huichol et autres Indiens du Mexique, ainsi que par les membres de la *Native American Church* aux États-Unis et dans l'ouest du Canada.

PROPOS ET CONTEXTE	PRÉPARATION	COMPOSANTS CHIMIQUES ET EFFETS
être autorisée par la loi. Ce sujet donne lieu à de vives discussions, dont les participants ont généralement des connaissances très limitées sur la question.	fumée ou mangée avec des épices. La Ganja est souvent fumée avec du tabac, il s'agit des sommités séchées de la plante femelle, très riches en résine.	et une dilatation des pupilles. Le *Cannabis* ne provoque aucun phénomène d'accoutumance, mais un usage prolongé de cette drogue peut provoquer une dépendance psychologique.
Ces graines ont souvent été trouvées dans des fouilles archéologiques en compagnie de Peyotl et de Haricots à Mescal, tous deux hallucinogènes.	Graines.	Les graines de *U. speciosa* renferment des composés cyanogènes auxquels ne se rattache aucune activité hallucinogène.
Les indigènes ajoutent des feuilles de *Justicia* à une poudre à priser faite avec le *Virola* (voir Epena) afin que « la prise sente meilleur ».	Les feuilles sont séchées et réduites en poudre.	On soupçonne la présence de tryptamines dans plusieurs espèces de *Justicia*.
Présumé aphrodisiaque et remède contre la stérilité.		On a signalé un alcaloïde. Aucune indication de propriétés hallucinogènes.
Intoxication hallucinogène.	On en grille les feuilles pour faire une infusion. Le séchage et une longue conservation accroissent leur arôme. On peut y ajouter les tiges, les fleurs et le haut des grappes de fruits.	Cette plante contient un composant cristallin appelé lagochiline (diterpène de type grindélien) auquel on ne connaît aucune activité psychotrope.
Des parallèles fort intéressants sur la signification rituelle (chamanique) des *Nymphaea* dans les deux hémisphères, nous permettent de penser que cette plante a été utilisée comme narcotique et comme hallucinogène. On a récemment signalé qu'au Mexique, *N. ampla* était utilisé comme une drogue récréative « aux puissants effets hallucinogènes ».		L'activité psychotrope de *N. ampla* est vraisemblablement due aux alcaloïdes présents dans ses rhizomes : apomorphine, nuciférine et nornuciférine.
On a signalé qu'en Inde, la noix de muscade était chiquée ou prisée avec du tabac, et que les Indonésiens en font également usage. Elle est fréquemment utilisée en Occident, spécialement par les prisonniers privés d'autres drogues.	Lorsqu'elle est avalée ou prisée pour un effet narcotique, il en faut au moins une cuillère à café, bien que souvent il en faille bien davantage pour obtenir une intoxication complète. On ajoute parfois de la noix de muscade à la chique de bétel.	On pense que des éthers aromatiques comme la myristicine ont des propriétés psychotropes. A haute dose, les composants de l'huile de muscade sont extrêmement toxiques et dangereux. Ils perturbent à un tel point les fonctions normales du corps qu'ils provoquent un délire comparable aux hallucinations, souvent accompagné de migraines, vertiges, nausées, etc.
Plusieurs espèces de bolets sont à l'origine, pense-t-on, de la « folie par les champignons » des Kuma de Nouvelle-Guinée.		Principes actifs inconnus.
De nos jours ces petites graines rondes sont utilisées en sorcellerie et pour la divination par les Chinantèques, les Mazatèques, les Mixtèques, les Zapotèques et autres groupes.	Les graines sont ramassées par la personne que l'on va soigner. Elles sont ensuite écrasées sur une pierre à moudre, mélangées à de l'eau, et ce liquide est ensuite filtré. Le patient le boit la nuit dans un lieu calme et isolé.	Les principes psychotropes sont dus à des alcaloïdes de type ergoline. On y a trouvé de l'acide lysergique amide et de l'acide lysergique hydroxyéthylamide très proches du puissant hallucinogène LSD.
D'après les guérisseurs, les effets secondaires de cette plante sont si forts qu'elle n'est utilisée que lorsqu'on ne peut se procurer d'autres « médicaments » ou bien dans des cas particulièrement difficiles. Elle s'emploie pour la divination, les prophéties et le diagnostic de maladies.	On râpe l'écorce d'une tige fraîche et on la fait bouillir avec une même quantité de feuilles, généralement une poignée. Cette décoction est bue telle quelle une fois qu'elle a refroidi. La dose varie, entre une et trois tasses absorbées sur une période de trois heures.	Bien que l'on n'ait pas encore fait de recherches phytochimiques sur ce genre, il appartient à la famille des solanacées, connue pour ses propriétés hallucinogènes. L'intoxication est désagréable, les effets secondaires durent plusieurs jours.
On a signalé l'emploi de plusieurs espèces de *Senecio*, à la fois comme hallucinogènes et comme remèdes dans la médecine traditionnelle.	On fait une infusion avec les feuilles.	On y a signalé toute une série d'alcaloïdes toxiques (de type pyrrolizidine).
Une espèce de *Pandanus* serait employée comme hallucinogène, tandis que d'autres sont utilisées en médecine traditionnelle, en magie et dans certaines cérémonies.	On a récemment signalé que les indigènes de Nouvelle-Guinée utilisent le fruit d'une espèce de *Pandanus*.	Dans un extrait alcaloïde, on a trouvé de la *diméthyltriptamine*. L'ingestion d'une bonne quantité de noix cause, dit-on, une « crise de comportement irrationnel », appelée localement « la folie Karuka ».
Signification religieuse et mythologique ; rituels thérapeutiques. Aux États-Unis, le Peyotl est utilisé au cours de rituels de quête de la vision où se mêlent divers éléments chrétiens et indigènes et de hauts principes moraux.	Ce cactus peut être mangé cru, séché, écrasé en purée ou en décoction. Pendant la cérémonie, on en consomme entre 4 et 30 têtes.	Cette plante contient plus de 30 alcaloïdes de type phényléthylamine et tétrahydroisoquinoline. La mescaline ou triméthoxyphényléthylamine est le principal composant hallucinogène. Hallucinations visuelles très colorées.

N°RÉF	NOM VERNACULAIRE	TYPE DE PLANTE	NOM BOTANIQUE	HISTOIRE ET ETNOGRAPHIE
66	Peyotillo		*Pelecyphora aselliformis* Ehrenb.	Il semble qu'au Mexique, ce cactus soit considéré comme un « faux peyotl ».
29	Pitallito Hikuri		*Echinocereus salmdyckianus* Scheer ; *E. triglochidiatus* Engelm.	Les deux espèces sont considérées comme des « faux peyotl » par les Tarahumara de Chihuahua.
73	Piule		*Rhynchosia longeracemosa* Mart. et Gal. ; *R. phaseloides* ; *R. pyramidalis* (Lam.) Urb.	Il est possible que les graines rouges et noires de plusieurs espèces de *Rynchosia* aient été employées comme hallucinogène dans l'ancien Mexique.
52	Rapé dos Indios		*Maquira sclerophylla* (Ducke) C.C. Berg.	En Amazonie brésilienne, les Indiens de la région de Pariana utilisaient autrefois le *Maquira* ; cet usage a disparu avec l'arrivée de la civilisation occidentale.
65	Rue de Syrie		*Peganum harmala* L.	De nos jours, cette plante est hautement estimée de l'Asie Mineure jusqu'à l'Inde, ce qui permet de supposer son usage passé comme hallucinogène.
87	San Pedro Aguacolla Gigantón (voir p. 154-157)		*Trichocereus pachanoi* Britt. et Rose	Utilisé par les indigènes d'Amérique du Sud, particulièrement dans les Andes péruviennes, équatoriennes et boliviennes.
15	Saguaro		*Carnegia gigantea* (Engelm) Britt. et Rose	Sud-ouest des États-Unis et Mexique. Bien qu'apparemment les études ethnologiques n'aient pas signalé l'usage du Saguaro comme hallucinogène, cette plante est très importante dans la pharmacopée indienne.
70	Shang-La		*Phytolacca acinosa* Roxb.	Chine.
68	Shanin		*Petunia* sp.	On a récemment signalé l'usage du Pétunia comme hallucinogène dans les montagnes de l'Équateur.
21	Shanshi		*Coriaria thymifolia* HBK. ex Willd.	Paysans de l'Équateur.
72	Shiu-Lang		*Ranonculus acris* L.	Dans la littérature chinoise ancienne, cette proche parente du bouton d'or est signalée comme dangereuse.
35	Sinicuichi		*Heimia salicifolia* (HBK) Link et Otto	Dans la médecine traditionnelle du Mexique, trois espèces de *Heimia* sont importantes. Seule *H. salicifolia* a été utilisée pour ses propriétés hallucinogènes.
25 26	Stramoine Datura (voir p. 106-111)		*Datura stramonium* L.	Utilisé, semble-t-il, par les Algonquins et par d'autres tribus. Ingrédient des boissons de sorcières dans l'Europe médiévale. L'origine géographique de cette plante, utilisée dans les deux hémisphères, est incertaine.
67	Taglli Hierba Loca		*Pernettya furens* (Hook. ex DC) Klotzch ; *P. parvifolia* Bentham.	Au Chili, *P. furens* est appelé Hierba Loca (l'herbe folle) et *P. parvifolia* est connu en Équateur sous le nom de Taglii.
28	Taique Borrachero		*Desfontainia spinosa* R. et P.	Signalé comme hallucinogène au Chili (Taique) et en Colombie du sud (Borrachero : celui qui enivre).

PROPOS ET CONTEXTE	PRÉPARATION	COMPOSANTS CHIMIQUES ET EFFETS
		On y a récemment découvert la présence d'alcaloïdes.
Pendant la cueillette de ce cactus les Tarahumara lui chantent des chansons ; ils disent qu'il a « de hautes qualités mentales ».		On a signalé dans l'*E. triglochidiatus* un dérivé de la tryptamine.
Intoxication hallucinogène (?)	Chez les Indiens d'Oaxaca, ces graines portent le même nom que celles d'un volubilis hallucinogène (*Turbina corymbosa*).	Les résultats de l'étude phytochimique des *Rynchosia* ne sont pas encore définitifs. Dans l'une des espèces on a signalé un alcaloïde aux effets proches de ceux du curare. Des expériences pharmacologiques avec *R. phaseloides* ont provoqué un état semi-narcotique chez les grenouilles.
La poudre était prisée au cours de cérémonies tribales.	Il semble que seuls les vieillards très âgés se souviennent de la manière dont on préparait le fruit séché.	Il n'y a pas encore eu de recherches chimiques sur *M. sclerophylla*.
Très utilisée dans la médecine traditionnelle, cette plante est également réputée aphrodisiaque.	Ses graines séchées sont utilisées en Inde comme drogue sous le nom de Harmal.	Cette plante est dotée de principes hallucinogènes : alcaloïdes de type β-carboline (harmine, harmaline, tétrahydroharmine, et autres bases apparentées présentes dans au moins huit familles de végétaux supérieurs). Ces composants se trouvent dans les graines.
Intoxication hallucinogène. Ce cactus est utilisé principalement pour la divination, le diagnostic des maladies et pour s'emparer de l'identité d'un autre.	De petits morceaux de la tige sont coupés en tranches et bouillis dans de l'eau pendant plusieurs heures. On peut y ajouter divers autres végétaux, entre autres le *Datura*.	Ce cactus est riche en mescaline : 2 % du matériau séché (0,12 % de la plante fraîche). On y a signalé d'autres alcaloïdes : 3,4-diméthoxyphényléthylamine, 3-méthoxy-tyramine et des traces de cinq autres bases. Dans *T. terschekii*, on a isolé de la N,N-diméthytryptamine.
Les Indiens Beri de Sonora disent que le Saguaro est efficace contre les rhumatismes.	Le fruit de *Carnegia* est comestible et on l'utilise également pour faire du vin.	Cette plante contient des alcaloïdes pouvant avoir une action psychotrope : carnégine, 5-hydroxycarnégine, et norcanégine, plus des traces de 3-méthoxytyramine ainsi qu'un nouvel alcaloïde, l'arizonine (base à tétrahydroquinoline).
Le Shang-La est une plante médicinale bien connue en Chine. Il semblerait qu'elle était utilisée par les sorciers pour ses effets hallucinogènes.	Les feuilles et la racine sont utilisées en médecine chinoise : les premières pour le traitement de l'apoplexie et les dernières en usage externe uniquement.	*P. acinosa* a une haute teneur en saponines. La toxocité et les effets hallucinogènes du Shang-La sont couramment mentionnés dans les livres chinois concernant les plantes.
Consommé par les Indiens de l'Équateur pour provoquer une sensation de déplacement dans les airs.		Il n'y a pas encore eu d'études phytochimiques sur le Pétunia. On rapporte que cette plante donne la sensation de voler dans les airs.
On a récemment signalé que le fruit était peut-être consommé pour provoquer une forme d'ivresse.	Le fruit est mangé.	On ne sait pas encore grand-chose des composants chimiques de cette plante. Lévitation ou impression de voler dans les airs.
		On a signalé dans cette plante la présence de glycoside ranuncoside.
Les indigènes du Mexique disent que le Sinicuichi a des vertus surnaturelles. Cette plante n'est cependant pas consommée rituellement. Quelques indigènes affirment qu'elle les aide à se souvenir d'événements passés, parfois même précédant la naissance.	Dans les régions montagneuses du Mexique, les feuilles de *H. salicifolia* sont légèrement fanées, écrasées dans de l'eau, puis fermentées pour en faire une boisson enivrante.	On a isolé des alcaloïdes de type quinolizidine, entre autres de la cryogénine (vertine) à laquelle on prête une action psychotrope. Cette boisson provoque des vertiges, un obscurcissement de l'environnement, une impression de rétrécissement des choses et une agréable torpeur. Elle peut susciter des hallucinations auditives ; on entend des voix et des sons déformés semblant venir de très loin.
Rituels d'initiation. Boissons de sorcières.	Le wysoccan, breuvage hallucinogène des Algonquins, était peut-être préparé avec des racines de Stramoine.	Voir Toloache.
On sait que cette plante est utilisée comme hallucinogène et l'on pense qu'elle a joué un rôle dans les cérémonies religieuses en Amérique du Sud. Cette hypothèse n'est pas encore confirmée.	Le fruit est mangé.	On ne sait pas grand-chose de la composition chimique des fruits très toxiques de *P. furens* et *P. parvifolia*. Ils causent une confusion mentale pouvant aller jusqu'à la folie.
Les guérisseurs de la tribu Kamsá boivent une infusion des feuilles de cette plante pour diagnostiquer une maladie ou pour « rêver ».	Feuilles en infusion.	On ne sait rien encore de la composition chimique des *D. spinosa*. L'ivresse provoque des visions et certains guérisseurs affirment « devenir fous » pendant cette dernière.

N°RÉF	NOM VERNACULAIRE	TYPE DE PLANTE	NOM BOTANIQUE	HISTOIRE ET ETNOGRAPHIE
38	Takini		*Helicostylis pedunculata* Benoist ; *H. tomentosa* (P. et E.) Macbride.	Le Takini est un arbre sacré de Guyane.
19 62 71 82	Teonancatl Hongo de San Isidro She-to To-Shka (voir p. 144-153)		*Concybe siligineoides* Heim ; *Panaeolus sphinctrinus* (Fr.) Quélet ; *Psilocybe acutissima* Heim ; *P. aztecorum* Heim ; *P. caerulescens* Murr. ; *P. caerulescens* Murr. var. *albida* Heim ; *P. caerulescens* Murr. var. *mazatecorum* Heim ; *P. carulescens* Murr. var. *nigripes* Heim ; *P. caerulescens* Murr. var. *ombrophila* Heim ; *P. caerulipes* (Peck) Saccado ; *P. caerulipes* (Peck) saccado var. *gastonii* Singer ; *P. cordispora* Heim ; *P. fagicola* Heim et Cailleux ; *P. hoogshagenii* Heim ; *P. sauri* Singer ; *P. exicana* Heim ; *P. semperviva* Heim et Cailleux ; *P. Wassonii* Heim ; *P. Yugensis* Singer ; *P. zapotecorum* Heim ; *Stropharia cubensis* Earle.	Du Mexique à la Colombie, le culte des champignons est profondément ancré dans la tradition des sociétés indiennes. Les Aztèques appelaient ces champignons sacrés Teonancatl. Les Mazatèques et Chinantèques du nord-ouest d'Oaxaca appellent le *P. sphinctrinus* T-ha-na-sa, To-Shka (champignon enivrant) et She-to (champignon de paturage). A Oaxaca on appelle le *S. cubensis* Hongo de San Isidro et en Mazatèque il s'appelle Di-shi-tjo-le-rra-ja (Divin champignon du du fumier).
26	Toloache Toloatzin (voir p. 106-111)		*Datura inoxia* Mill. ; *D. discolor* Bernh. ex Tromms. ; *D. kymatocarpa* A.S. Barclay ; *D. pruinosa* Greenm. ; *D. quercifolia* HBK ; *D. reburra* A.S. Barclay ; *D. stramonium* L. ; *D. Wrightii* ; Regel.	Connu également sous le nom de *D. meteloides*, *D. inoxia* est utilisé au Mexique et dans le sud-ouest des États-Unis.
25	Torna Loco (voir p. 106-111)		*Datura ceratocaula* Ort.	Les Aztèques, pour qui cette plante était un remède sacré, s'adressaient à elle avec respect avant de l'utiliser. Elle a été mise en relation avec la très estimée *Turbina corymbosa* (voir Ololiuqui).
47	Tupa Tabaco del Diablo		*Lobelia tupa* L.	Les Indiens Mapuche du nord du Chili utilisent les feuilles pour leurs propriétés enivrantes. D'autres Indiens des Andes l'emploient comme émétique et purgatif.
33	Uva Camarona		*Gaultheria* sp.	Une espèce non identifiée de *Gaultheria* serait utilisée comme hallucinogène dans les Andes péruviennes.
50	Wichuriki Hikuli Rosapara Hikuri Peyote de San Pedro		*Mammillaria craigii* Lindsay ; *M. grahamii* Engelm. ; *M. senilis* (Lodd.) Weber.	Parmi les « faux Peyotl » des Tarahumara du Mexique, les *Mammillaria* sont les plus importants.
84	Yahutli		*Tagetes lucida* Cav.	Au cours de certaines cérémonies, les Hichol du Mexique utilisent le Tagetes pour ses propriétés hallucinogènes.
3	Yopo Cohoba Huilca (Vilca) Sebil (voir p. 116-119)		*Andenanthera colubrina* (Vell.) Brenan ; *A. colubrina* (Vell.) Brenan var. *Cebil* (Griseb.) Altschul ; *A. peregrina* (L.) Speg. ; *A. peregrina* (L.) Speg. var. *falcata* (Beth.) Altschul	*A. peregrina* (Yopo) est utilisé de nos jours par les tribus du bassin de l'Orénoque. On en a signalé l'usage pour la première fois en 1946. Il n'est plus utilisé aux Antilles. Les Indiens d'Argentine (Vilca ou Huilca) et du sud du Pérou (Sebil) auraient employé *A. colubrina* à l'époque pré-coloniale.
11	Yün-Shih		*Caesalpinia sepiaria* Roxb.	Chine.
12	Zacatechichi ; Thle-Pelakano		*Calea zacatechichi* Schlecht.	N'aurait été employé que par les Indiens Chontal d'Oaxaca, bien que cet arbre soit répandu depuis le Mexique jusqu'au Costa Rica.

PROPOS ET CONTEXTE	PRÉPARATION	COMPOSANTS CHIMIQUES ET EFFETS
On ne sait pas grand-chose de son usage. Les hallucinations qu'elle provoque jouent un rôle important dans certaines cérémonies magiques des Indiens et des Noirs vivant dans la brousse.	Une substance légèrement toxique et enivrante est préparée avec la « sève » rouge de l'écorce.	On n'y a pas identifié de composants spécifiquement hallucinogènes. Selon des recherches pharmacologiques, des extraits de l'aubier des deux espèces peuvent provoquer des effets dépressifs semblables à ceux de la Marijuana.
Usage mythologique et sacré. Utilisé de nos jours en divination et pour des rituels thérapeutiques. La pénétration du christianisme ou des idées modernes ne paraissent pas avoir affecté l'esprit de profonde vénération caractéristique du rite des champignons. Il est possible qu'une espèce de *Psilocybe* soit utilisée pour ses propriétés hallucinogènes par les Indiens Yurimagna de l'Amazonie péruvienne.	Les chamanes choisissent les champignons selon leur préférence personnelle, le but de la cérémonie et la saison de l'année. *P. mexicana*, une des espèces les plus couramment employées, peut être considéré comme le champignon sacré par excellence.	Les principes hallucinogènes sont des alcaloïdes indoliques, la psilocybine et la psilocine. Les champignons séchés contiennent de 0,2 à 0,6 % de psilocybine et une quantité moindre de psilocine. Ils provoquent des hallucinations visuelles et auditives, accompagnées d'un état où le rêve devient réalité.
D. inoxia faisait partie de la pharmacopée aztèque ; il était également employé comme hallucinogène non seulement par les Aztèques mais par de nombreux autres groupes indiens. Les Zuni l'utilisent comme analgésique et en cataplasme pour guérir les blessures et les hématomes. Le Toloache est présenté comme la propriété exclusive des prêtres de la pluie. Employé au cours de rituels d'initiation.	Les Tarahumara ajoutent *D. inoxia* à une boisson faite avec du maïs. Ils utilisent les racines, les graines et les feuilles. Les Zuni chiquent les racines, ou les réduisent en une poudre dont ils se frottent les yeux. Chez les Indiens Yokut, on dit qu'un homme ne peut en consommer les graines qu'une seule fois dans sa vie.	Toutes les espèces de *Datura* ont les mêmes principes actifs : des alcaloïdes de type tropanol parmi lesquels la hyoscyamine et la scopolamine, cette dernière formant le composant principal.
Usage médicinal. Son nom mexicain contemporain, Torna Loco (la plante qui rend fou) laisse entendre que les propriétés de ce végétal sont particulièrement puissantes.		Voir Toloache.
Intoxication hallucinogène ; médecine traditionnelle.	Les feuilles sont fumées ou ingérées.	Les feuilles de Tupa contiennent de la lobéline, alcaloïde de type pipéridine, stimulant respiratoire. On y trouve aussi des dérivés dikéto- et dihydroxy- lobélamidine et nor-lobélamidine, qui n'ont pas de propriétés hallucinogènes connues.
Médecine indigène traditionnelle ; intoxication hallucinogène (?).		On n'a pas encore signalé de composants hallucinogènes dans les *Gaultheria*.
Utilisé comme hallucinogène visuel. *M. grahamii* est absorbé par les chamanes lors des cérémonies.	*M. craigii* est coupé en deux, parfois grillé. On utilise la chair du centre. Le haut de la plante, débarrassé de ses épines, est la partie la plus riche en principes actifs. Il semblerait que les fruits et le haut de la couronne de *M. grahamii* produisent les mêmes effets.	Dans *M. heyderii*, proche parent de *M. craigii*, on a isolé de la N-méthyl-3,4-diméthoxyphényléthylamine. L'ivresse est caractérisée par un profond sommeil durant lequel l'individu est sensé voyager sur de grandes distances, tout en voyant des couleurs très vives.
	Parfois fumé tout seul, mais le plus souvent mélangé à du tabac.	On n'y a pas isolé d'alcaloïdes mais tout le genre est riche en huiles essentielles et en dérivés du thiofène.
Fumé comme hallucinogène par les Indiens du nord de l'Argentine.	Une poudre à priser est préparée avec les graines trempées, réduites en pâte puis séchées sur un feu. Une fois pulvérisées, elles montrent une couleur gris verdâtre. On y ajoute les cendres d'une plante alcaline ou des coquilles d'escargot écrasées.	Dérivés de la tryptamine et des β-carbolines. Frémissement des muscles, légères convulsions et manque de coordination musculaire suivis de nausées, d'hallucinations visuelles et de sommeil agité. Macropsie.
En cas d'usage prolongé, les fleurs sont réputées provoquer une sensation de lévitation et permettre « la communication avec les esprits ». Médecine traditionnelle.	Racines, fleurs et graines.	On y a signalé un alcaloïde inconnu. Le plus ancien livre chinois traitant des plantes indique que « les fleurs vous permettent de voir des esprits et vous font violemment tituber ».
Utilisé en médecine traditionnelle comme apéritif et fébrifuge, et comme astringent dans le traitement de diarrhées. Les Chontal le consomment pour « éclaircir les sens ».	On fait une tisane hallucinogène avec les feuilles séchées et écrasées. Après l'avoir bue, les Indiens s'allongent tranquillement et fument une cigarette faite avec les mêmes feuilles séchées.	On n'a encore isolé aucune substance hallucinogène dans le Zacatechichi. État de repos et de demi-sommeil pendant lequel les Indiens disent sentir leur propre pouls et leur propre cœur.

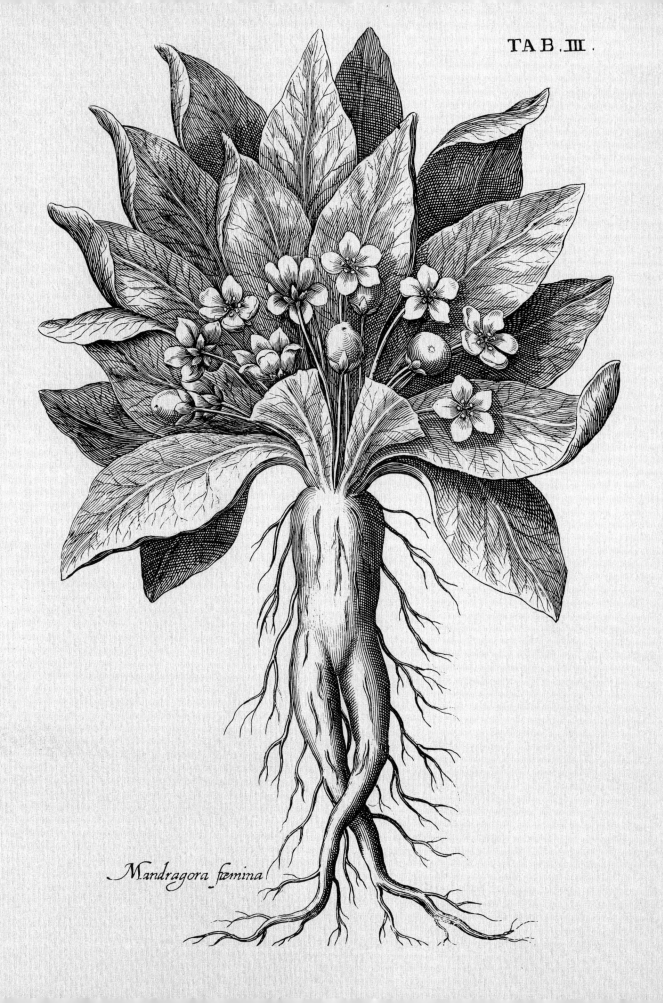

TAB. III.

Mandragora fœmina

Quatorze grandes plantes hallucinogènes

Parmi les quatre-vingt-onze plantes hallucinogènes mentionnées dans le lexique, nous en avons choisies quatorze pour les traiter en détail dans les chapitres suivants. Ce choix repose sur des critères divers. La plupart de ces plantes ont joué ou jouent encore un tel rôle dans la vie matérielle et culturelle de certaines sociétés primitives qu'il est impossible de les ignorer. Quelques-unes sont surtout remarquables d'un point de vue botanique ou chimique. D'autres sont intéressantes parce que leur emploi est très ancien, ou au contraire parce qu'elles ont été découvertes ou identifiées récemment. Enfin, l'usage de l'une d'entre elles s'est répandu à un tel point dans le monde moderne qu'elle a acquis une importance primordiale.

Amanita muscaria (Amanite tue-mouches), un des hallucinogènes les plus anciens, est utilisée dans les deux hémisphères. Biochimiquement elle représente un cas intéressant, car, contrairement à ce qui a lieu pour les autres substances psychotropes, son principe actif est éliminé sans avoir été métabolisé.

L'emploi du Peyotl, qui remonte à une haute antiquité, s'est aujourd'hui répandu loin du Mexique. Au Canada et aux États-Unis, il est à l'origine d'une nouvelle religion indienne. Son principal alcaloïde psychotrope, la mescaline, est utilisé en psychiatrie.

Au Mexique et au Guatemala, la fonction religieuse de certains champignons (connus sous le nom de Teonancatl) était déjà bien établie chez les Aztèques à l'époque de la Conquête. Les graines de plusieurs sortes de *Volubilis* sont tout aussi importantes et d'un usage moins ancien. Elles sont encore employées dans le sud du Mexique. Leurs composants actifs, d'un grand intérêt chimico-taxonomique, sont également présents dans un groupe non apparenté de champignons, parmi lesquels l'Ergot de Seigle dont on peut penser qu'il joua un rôle important comme hallucinogène dans la Grèce antique.

La Belladone, la Jusquiame et la Mandragore comptaient parmi les principaux ingrédients des breuvages de sorcière dans l'Europe du Moyen Age.

Le *Datura* a joué un rôle important dans les cultures indigènes des deux hémisphères. Son proche parent, le *Brugmansia*, est toujours un des principaux hallucinogènes de l'Amérique du Sud.

L'archéologie a permis de retracer la très longue histoire du cactus *Trichocereus pachanoi*, identifié récemment comme le principal psychotrope des Andes centrales.

L'Iboga est utilisé en Afrique au cours de rites initiatiques et comme moyen de communiquer avec les ancêtres. Son usage, qui s'étend aujourd'hui au Gabon et au Congo, est devenu un facteur d'unification culturelle qui permet aux populations de résister à l'intrusion des coutumes occidentales.

La boisson enivrante préparée à base de *Banisteriopsis* occupe une place primordiale dans les cultures de l'Ouest amazonien. Connue au Pérou sous le nom d'Ayahuasca (liane de l'âme) elle permet à l'âme de quitter le corps pour errer librement et communiquer avec le monde des esprits. Ses principes actifs sont des ß-carbolines et des tryptamines.

Deux poudres à priser sont en usage parmi les populations aborigènes d'Amérique du Sud. L'une, utilisée dans l'Ouest amazonien, est préparée avec un liquide semblable à de la résine, tiré de l'écorce de diverses espèces de *Virola*. L'autre, faite avec les graines d'une espèce d'*Anadenanthera*, est employée dans l'Orénoque, en Amazonie et en Argentine. Elle était connue autrefois aux Antilles.

Enfin, le *Cannabis*, très ancien hallucinogène d'origine asiatique, est aujourd'hui utilisé presque partout dans le monde. Il est devenu un sujet de préoccupation pour les gouvernements et les législateurs. Une bonne compréhension des divers rôles qu'il joue dans les sociétés primitives permettrait sans doute d'élucider les raisons de sa popularité dans la culture occidentale. Certaines des cinquante structures chimiques découvertes dans le *Cannabis* sont prometteuses sur le plan de leur utilisation thérapeutique.

L'histoire de l'utilisation de la Mandragore (*Mandragora officinarum*) est fort complexe. En Europe, on l'employa comme stupéfiant et elle était l'un des plus puissants ingrédients des potions de sorcières au Moyen Age. On assimilait la forme de sa racine à celle d'un homme ou d'une femme et, selon la superstition alors répandue, si on tentait de l'arracher à la terre, la plante poussait des cris qui pouvaient rendre fous les cueilleurs. Cette Mandragore fut gravée au début du XVIIIᵉ siècle par Matthäus Merian.

(Le chiffre est celui de la plante dans le lexique ; le nom vernaculaire permettra de la retrouver dans le tableau récapitulatif.)

SOUTIEN DES CIEUX

Le Soma, narcotique divinisé de l'Inde ancienne, occupait une place primordiale dans les cérémonies religieuses des Aryens qui, il y a 3 500 ans, descendirent du Nord vers la vallée de l'Indus, en amenant avec eux leur culte : les envahisseurs révéraient cette drogue divine qu'ils consommaient au cours de leurs rites les plus sacrés. Tandis que la plupart des hallucinogènes étaient considérés comme de simples médiateurs, le Soma devint une divinité de son plein droit. D'après le *Rigveda*, « Parjana, dieu du tonnerre, était le père de Soma ».
« Pénétrez dans le cœur d'Indra, réceptacle de Soma, comme les rivières pénètrent dans l'Océan, vous qui plaisez à Mitra, Varuna, Vaya, soutien des cieux ! » « ... Père des dieux, géniteur de la force mouvante, soutien du ciel, fondation de la terre. »
Sur le millier d'hymnes sacrés que comporte le *Rigveda*, cent vingt sont exclusivement consacrés au Soma, et de nombreux autres textes se réfèrent à ce sacrement végétal. Le culte disparut cependant et la plante fut oubliée ; on la remplaça par d'autres végétaux

En haut à droite : Cette miniature, découverte à Nayarit au Mexique, montre un chamane sous ce qui paraît être une Amanite tue-mouches. Cette céramique, de 7,5 cm de haut, date de la fin du premier siècle après J.-C. et permet de penser que ce champignon avait une signification magique dans le Mexique précolombien.

Amanita muscaria est un champignon des climats tempérés du nord. Comme l'indique cette carte, il fut utilisé comme hallucinogène dans les deux hémisphères. Son emploi comme hallucinogène dans le Nouveau Monde n'a été découvert que récemment.

millénaires. C'est seulement en 1968 que des recherches interdisciplinaires aboutirent à l'hypothèse, fondée sur de nombreux recoupements, selon laquelle ce narcotique sacré était un champignon, *Amanita muscaria*, l'Amanite tue-mouches.
Le curieux usage hallucinogène d'*Amanita muscaria* est connu depuis

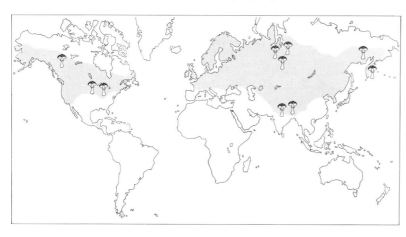

A droite : Le Soma était la source d'énergie d'Indra, divinité védique. On a tout lieu de penser que cette boisson sacrée était préparée à partir d'*Amanita muscaria*.

dépourvus d'activité psychotrope. Il est toutefois vraisemblable qu'*Amanita muscaria* est bien le plus anciennement connu des hallucinogènes, et qu'il a été jadis le plus largement employé. Le Soma demeura en effet l'une des énigmes de la botanique pendant deux

L'Amanite tue-mouches, ainsi nommée d'après l'usage que l'on en faisait autrefois pour se débarrasser de ces insectes, a un chapeau allant de l'orange jaune au rouge sang, couvert de petits flocons blancs.

1730. A cette époque, un officier de l'armée suédoise, pendant douze ans prisonnier de guerre en Sibérie, signala que les tribus primitives de cette région utilisaient l'Amanite tue-mouches comme substance enivrante au cours de rites chamaniques. Cette coutume s'est perpétuée en Sibérie parmi quelques groupes dispersés de Finno-Ougriens. Certaines traditions laissent d'ailleurs penser que d'autres ethnies de cette vaste région faisaient aussi usage de ce même champignon.

Une légende koryak raconte comment un héros légendaire, Grand-Corbeau, captura un jour une baleine mais ne parvint pas à reposer dans la mer un animal aussi lourd. Le dieu Vahiyinin (l'Existence) lui dit de manger des esprits *wapaq* pour acquérir la force dont il avait besoin. Il cracha ensuite sur la terre et de petites plantes blanches (les esprits *wapaq*) apparurent : elles portaient des chapeaux rouges et le crachat de Vahiyinin s'y était solidifié en petits flocons blancs. Une fois qu'il eut mangé le *wapaq*, Grand-Corbeau devint très fort et il supplia : « Ô *wapaq*, poussez à tout jamais sur la terre ». Il ordonna ensuite à son peuple d'apprendre tout ce que le *wapaq* pourrait lui enseigner. Cette plante était l'Amanite tue-mouches, don de Vahiyinin.

Jusqu'à ce que les Russes aient introduit l'alcool dans la région, les champignons y étaient le seul moyen connu de provoquer l'ivresse. On les faisait sécher au soleil et on les consommait tels quels ou en décoction dans de l'eau, du lait de renne ou du jus de diverses plantes sucrées. Dans le premier cas, on les gardait dans la bouche pour les imprégner de salive avant de les avaler. Parfois, c'est une femme qui les ramollissait avec sa propre salive avant de les passer aux hommes qui les avalaient. L'emploi cérémoniel de l'Amanite tue-mouches donnait lieu à une consommation rituelle de l'urine de ceux qui l'avaient ingérée. Les Sibériens avaient en effet découvert que les principes psychotropes du champignon passent à travers le corps sans être métabolisés ou sont éliminés en métabolites encore actifs, fait exceptionnel pour des composés hallucinogènes d'origine végétale. Dans un ancien récit de voyage on peut lire à propos des Koryak : « Ils versent de l'eau sur ces champignons et les font bouillir. Ils s'enivrent en buvant le jus ainsi obtenu ; les plus pauvres, ne pouvant en faire provision, se rassemblent autour des huttes des riches et lorsque les invités sortent pour se soulager ils recueillent leur urine dans un bol en bois et la boivent avidement car elle a gardé quelque chose des vertus du

Cette fresque romane du XIIIe siècle dans la chapelle de Plaincourault dépeint la tentation d'Ève. L'arbre de la Connaissance autour duquel s'enroule le serpent ressemble curieusement à une *Amanita muscaria*. Pour certains, cette image représente l'Amanite tue-mouches, mais cette interprétation est très controversée.

En Inde aujourd'hui, la cérémonie du Soma ne fait plus appel à l'*Amanita muscaria* qui a été remplacée par d'autres plantes. C'est une infusion de ces dernières que les fidèles offrent au feu.

La gravure sur pierre reproduite en haut de la page, représente un chamane des montagnes de l'Altaï. Sur la photographie, une chamane finno-ougrienne en transe se livre à une danse rituelle. Les Finno-Ougriens de Sibérie employaient rituellement l'Amanite tue-mouches.

champignon lui-même : c'est ainsi qu'ils peuvent s'enivrer également. »

Le *Rigveda* mentionne clairement la consommation d'urine au cours du rite dédié au Soma : « Les hommes gonflés pissent le Soma. Les seigneurs, la vessie pleine, pissent le Soma palpitant de mouvement. » Les prêtres personnifiant Indra et Vayu, ayant bu du lait de Soma, urinent du Soma. Dans les poèmes védiques, l'urine n'est pas un objet de dégoût, c'est au contraire une

métaphore pour décrire la pluie : les bienfaits de cette dernière sont comparés à des jets d'urine, et les nuages en fertilisent la terre.

Un voyageur qui visita les Koryak au début du XXᵉ siècle a laissé une des rares descriptions qu'on possède de l'usage aborigène de ces champignons. Il écrivait : « L'Amanite tue-mouches produit une ivresse, des hallucinations et un délire. L'ivresse légère s'accompagne d'une certaine animation et de mouvements spontanés. De nombreux chamanes mangent de l'Amanite tue-mouches avant une séance afin de se mettre dans un état d'extase... Quand l'ivresse est plus forte, les sens sont perturbés, les objets apparaissent soit très grands, soit très petits, puis surviennent des hallucinations, des mouvements incontrôlés et des convulsions. D'après ce que j'ai pu observer, des périodes de grande animation alternent avec des périodes de profonde dépression. Celui qui a absorbé le champignon est assis, il se balance doucement d'un côté à l'autre, il prend part à la conversation familiale. Soudain ses yeux se dilatent, il commence à gesticuler convulsivement, parle avec des gens qu'il croit voir, chante et danse. Puis survient une nouvelle période de calme. »

Il est possible que l'Amanite tue-mouches ait été employée en Amérique Centrale. On la trouve dans les régions montagneuses du Mexique et du Guatemala. Les Mayas du Guatemala, par exemple, lui reconnaissent des propriétés spéciales ; ils l'appellent Kakuljá-ikox (champignon de l'éclair) et l'associent à Rajaw Kakuljá, le dieu des éclairs. C'est lui qui guide les actions des *Chacs*, nains faiseurs de pluie plus connus aujourd'hui sous le nom chrétien d'*Angelitos*. Kaquejá, nom quiché d'*Amanita muscaria*, rappelle son origine légendaire, tandis que le terme Itzelocox désigne son pouvoir sacré de « champignon maléfique ou diabolique ». Dans les deux hémisphères, le tonnerre et les éclairs ont été presque partout et depuis très longtemps associés aux champignons et plus particu-

Ce dessin sur pierre de Sibérie montre un chamane couronné d'un champignon, sans doute une *Amanita muscaria*.

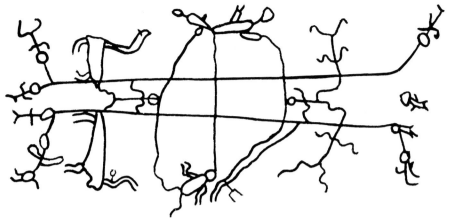

Ce dessin qui représente le « voyage des hommes de l'Amanite tue-mouches » est l'œuvre d'un Chukchee de Sibérie orientale.

lièrement à l'*Amanita muscaria*. « Quoi qu'il en soit, les Mayas quichés... savent très bien que l'*Amanita muscaria* n'est pas un champignon ordinaire et qu'il a des liens avec le surnaturel. »

Les premiers hommes à s'établir en Amérique venaient d'Asie après avoir traversé lentement les régions du détroit de Béring. Les ethnologues ont retrouvé en Amérique de nombreux traits culturels qui dénotent cette origine asiatique. Il est pratiquement certain que les Athabaskans Dogrib des monts MacKenzie au nord-ouest du Canada utilisent l'*Amanita muscaria* pour ses propriétés hallucinogènes. Elle constitue un sacrement chamanique. Un jeune néophyte témoigne : « Le chamane m'avait pris. Je n'avais plus de volonté, plus de pouvoir personnel. Je ne mangeais pas, je ne dor-

mais pas, je ne pensais pas, je n'étais plus dans mon corps. » Après une autre séance, il rapporte : « Purifié et mûr pour la vision, je m'élève, sphère de graines éclatée dans l'espace... J'ai chanté la note qui fait voler la structure en éclats et la note qui anéantit le chaos, et j'ai été couvert de sang... J'ai été avec les morts et j'ai essayé le labyrinthe. » Sa première expérience après avoir absorbé le champignon représentait sa désincarnation, la seconde, sa rencontre avec l'esprit.

Plus récemment, on a découvert que l'*Amanita muscaria* était utilisée comme hallucinogène sacré au cours d'une très ancienne cérémonie des Indiens Ojibway ou Ahnishinaubeg du lac Supérieur dans le Michigan. Ils appellent ce champignon Oshtimisk Wajashkwedo (champignon au sommet rouge).

LA CHIMIE DE L'AMANITE TUE-MOUCHES

Il y a un siècle, lorsque Schmiedeberg et Koppe isolèrent la muscarine, on pensa qu'elle était le principe actif de ce champignon. C'était une erreur : Eugster en Suisse et Takemoto au Japon ont récemment isolé l'acide iboténique et l'alcaloïde muscimole. Généralement le champignon est consommé sec. C'est le séchage qui permet la transformation chimique de l'acide iboténique en muscimole, composant le plus actif.

Les chamanes sibériens portaient des costumes symboliques très élaborés et des tambours décorés. Les gravures ci-dessous représentent, de gauche à droite, des chamanes des régions de Krasnoiarsk et de Bratsk et du Kamtchatka.

Шаманка въ красноярскомъ уѣздѣ.
е Schamanka in Krasnojarskischen District.
Chamane ou Devinereſse du district de Krasnojarsk.

Брацкая Шаманка съ лица.
Eine Bratzkische Schamanka vorwärts.
Chamane Bratsquiene par devant.

Шаманъ Камчатской.
Ein Schamann in Kamtschatka.
Devin de Kamtchatka.

5 ATROPA
Belladone

40 HYOSCYAMUS
Jusquiame

51 MANDRAGORA
Mandragore

LES HERBES MAGIQUES

Cette gravure sur bois d'après Holbein montre une sorcière du Moyen Age dans son jardin d'herbes magiques. Dans de nombreuses régions, on croyait les sorcières douées de pouvoirs extraordinaires qui leur permettaient d'influer en bien ou en mal sur le cours des événements humains. Certaines utilisaient des plantes vénéneuses et psychotropes qui affectaient leur état conscient, leur permettant ainsi d'exercer leurs prétendus pouvoirs surnaturels. Les sorcières cultivaient des jardins d'herbes qu'elles employaient dans leurs potions magiques.

Dans les deux hémisphères, les amphibiens contiennent souvent des substances chimiques toxiques et ils ont été associés à la magie et à la sorcellerie. En Europe, ces animaux faisaient parfois partie des ingrédients des breuvages des sorcières. Dans certaines cultures du Nouveau Monde, ils ont eu un rôle portant en rapport avec les hallucinogènes.

A droite : Atropa belladona appartient à la même famille que la tomate ou la pomme de terre, a des petites baies rondes d'un noir bleuté, riches en principes psychotropes, souvent désignées sous le nom de pommes d'amour.

Dans l'Europe médiévale, les sorcières employaient diverses plantes de la famille de la Belladone grâce auxquelles elles pouvaient exercer leurs pouvoirs occultes, prophétiser, entrer en communication avec le surnaturel pour jeter des sorts et se transporter dans des lieux très éloignés pour y exercer leur puissance maléfique. Il s'agit de la Jusquiame, *(Hyoscyamus niger)*, de la Belladone *(Atropa Belladona)* et de la Mandragore *(Mandragora officinarum)*. Les trois espèces ont chacune une longue histoire de plante magique associée à la sorcellerie et elles ont donné lieu à bien des superstitions. Leur extraordinaire réputation est due avant tout à leur curieuse activité psychotrope. Leurs effets très voisins s'expliquent par une composition chimique presque identique.

Ces trois Solanacées présentent des concentrations assez élevées d'alcaloïdes de type tropanol, dont les principaux sont l'atropine, la hyoscyamine et la scopolamine. On y trouve aussi quelques traces d'autres bases. L'activité hallucinogène est apparemment due à la scopolamine. L'ivresse est suivie

d'une narcose, les hallucinations survenant au moment du passage de l'état de veille à celui du sommeil.

L'atropine a servi de modèle aux chimistes pour réaliser la synthèse de plusieurs composants hallucinogènes. Leurs effets - et ceux de la scopolamine -sont différents de ceux des autres substances psychotropes naturelles : ils sont extrêmement toxiques. L'usager ne se rappelle rien de ce qu'il a ressenti pendant l'intoxication, il perd tout sens de la réalité et tombe dans un sommeil profond assez proche du délire alcoolique.

La Jusquiame était connue et crainte dès la plus haute antiquité. On savait qu'il en existait plusieurs sortes ; la variété noire, la plus puissante, pouvait engendrer la folie. Le papyrus Ebers, qui date de 1 500 ans avant J. C., démontre que les Egyptiens connaissaient la Jusquiame. Homère décrit des boissons magiques dont les effets laissent supposer qu'elle en était l'ingrédient principal. Dans la Grèce antique, on l'utilisait comme poison, pour simuler la folie et pour prophétiser. On a pensé qu'à Delphes, la prêtresse prononçait les oracles sous l'influence de la fumée de graines de Jusquiame. Au XIIIe siècle, Albert le Grand écrivait que les nécromanciens l'employaient pour conjurer des démons.

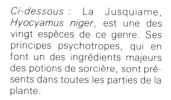

Ci-dessous : La Jusquiame, *Hyocyamus niger*, est une des vingt espèces de ce genre. Ses principes psychotropes, qui en font un des ingrédients majeurs des potions de sorcière, sont présents dans toutes les parties de la plante.

A gauche : Atropa belladona est une des plantes psychotropes les plus importantes de l'Ancien Monde. Linné lui donna son nom spécifique de *belladona*, qui signifie « belle femme » en italien.

Ci-dessous : La Mandragore fut une panacée pour l'Europe du Moyen Age et elle joua un rôle de tout premier plan en sorcellerie grâce à ses propriétés psychotropes.

Ses propriétés analgésiques sont connues depuis l'antiquité. On l'utilisait pour soulager les souffrances des suppliciés et des condamnés à mort. Outre son action calmante, elle possède en effet la faculté de provoquer un oubli total.

Elle est surtout connue pour l'usage qu'en faisaient les sorcières, au Moyen Age. Elle était employée pour provoquer des hallucinations et une sorte d'ivresse. Lorsque des jeunes gens étaient initiés à la sorcellerie, on leur donnait souvent un breuvage à base de Jusquiame pour les persuader plus facilement de participer aux rites du sabbat précédant leur adhésion officielle. L'ivresse provoquée par la Jusquiame commence par une sensation de pression dans la tête, comme lorsqu'on appuie sur les yeux pour fermer de force les paupières ; la vue se brouille, les objets sont déformés et le sujet éprouve de très curieuses hallucina-

tions dont certaines peuvent être olfactives ou gustatives. Le tout est suivi d'un sommeil hallucinatoire peuplé de rêves.

D'autres espèces du genre ont des pro-

priétés voisines et sont parfois utilisées de la même manière. *Hyoscyamus muticus*, répandu depuis les déserts d'Égypte jusqu'à l'Afghanistan et

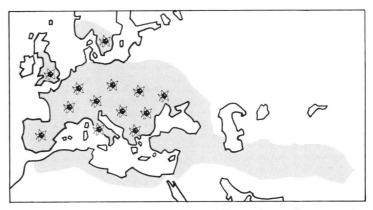

Bien que des espèces de ces genres soient courantes en Asie et en Afrique, c'est en Europe que les « herbes magiques » *Atropa, Hyoscyamus* et *Mandragora* jouèrent le rôle le plus important en tant qu'hallucinogènes.

Page suivante : Dans les herbiers du Moyen Age, le nombre d'images illustrant les soins extraordinaires avec lesquels il fallait déraciner la Mandragore montre bien le profond respect des anciens Européens pour cette plante et la crainte qu'ils avaient de la déranger. Étant donné les risques encourus par les cueilleurs, ces derniers utilisaient des chiens *(ci-dessous à droite)* pour déterrer la racine.

l'Inde, y est fumé comme drogue. Les Bédouins s'en servent pour provoquer l'ivresse et, dans certaines parties d'Asie et d'Afrique, on le fume avec du *Cannabis*.

La Belladone est originaire d'Europe, bien que de nos jours elle soit naturalisée en Inde et aux États-Unis. Son nom générique, *Atropa*, vient du grec Atropos, la Parque qui coupe le fil de la vie. Son nom spécifique, *Belladona*, « belle dame », rappelle l'ancien usage de cette plante en Italie. Les grandes dames mettaient dans leurs yeux quelques gouttes de sa sève afin de se donner un regard vague et rêveur. Plusieurs de ses noms vernaculaires soulignent ses propriétés toxiques : Morelle furieuse par exemple, ou Dwaleberry en anglais, du scandinave *dwale*, « transe ».

Dans la mythologie grecque, lors des orgies dionysiaques, les Ménades se dilataient les pupilles et se jetaient dans les bras des hommes adeptes du dieu ; ou bien encore, « avec des yeux enflammés » elles se précipitaient sur les hommes pour les déchirer et les manger. Le vin des bacchanales était souvent additionné de jus de Belladone. Il semble aussi que, pendant la période classique, les prêtres romains en buvaient avant de s'adresser à la déesse de la guerre pour lui demander la victoire.

C'est dans l'Europe du Moyen Age, cependant, que l'usage de la Belladone a connu son plus grand développement. C'était un des principaux ingrédients des breuvages et des onguents de sorciers. Un de ces mélanges à base de Belladone, de Jusquiame, de Mandragore et de graisse d'enfant mort-né était absorbé par friction sur la peau ou introduit dans le vagin. Le célèbre balai des sorcières remonte très loin dans les croyances populaires. On lit dans un rapport d'enquête sur la sorcellerie daté de 1324 : « En fouillant l'armoire de la dame, ils trouvèrent une canule de pommade avec laquelle elle enduisait un bâton dont elle se servait pour galoper et se déplacer partout où elle le voulait, quand elle le désirait. » Au XVe siècle, un rapport à peu près semblable relatait : « Les gens croient et les sorcières confessent que certains jours ou certaines nuits, elles

enduisent un bâton et le chevauchent jusqu'à l'endroit convenu, ou bien elles s'enduisent les aisselles et autres endroits poilus, et parfois portent des amulettes sous le poil. ». Porta, collègue de Galilée, écrivait en 1589 que, sous les effets d'une potion à base de ces diverses Solanacées, un homme peut soudain avoir l'impression d'être changé en poisson, et à grands mouvements de bras il tente de nager sur le sol ; parfois il saute en l'air pour replonger ensuite. Un autre peut se croire transformé en oie, mangeant de l'herbe et grattant la terre comme ce volatile, s'arrêtant de temps en temps pour chanter en battant des ailes.

C'est pour la curieuse forme de sa racine que la Mandragore devint célèbre en sorcellerie. Il serait difficile de trouver un meilleur exemple d'application de la doctrine des signatures. Cette modeste herbe vivace possède une racine si tordue et branchue qu'elle ressemble parfois à un corps humain. Cette extraordinaire similitude fit que très tôt on lui prêta des pouvoirs surnaturels sur le corps et l'esprit, bien que sa composition chimique ne la rende pas plus psychotrope que les autres espèces de Solanacées.

Depuis des temps très reculés, sa cueillette a été entourée de curieuses croyances, soulignant toutes la nécessité d'une grande prudence. Au IIIe siècle, Théophraste écrivait que les ramasseurs de plantes médicinales dessi-

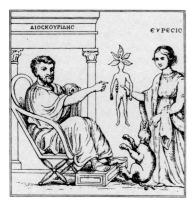

D'après cette illustration tirée du *Codex Juliana* le botaniste grec Dioscoride reçut la Mandragore des mains d'Heuresis, déesse de la découverte : la croyance populaire faisait en effet de ce remède un don des dieux.

De nos jours, bien des croyances entourant le Ginseng, qui a lui aussi une racine à forme « humaine », rappellent celles

que l'on avait autrefois au sujet de la Mandragore. Ce dessin d'une racine de Ginseng est tiré d'un herbier chinois de 1597, le *Pen Tsao Kang Mu*.

Il faut beaucoup d'imagination ou une grande liberté artistique pour voir dans la racine de Mandragore la forme d'un corps humain.

naient des cercles autour de la Mandragore ; ils en coupaient la partie supérieure en se tournant vers l'ouest, et le reste de la racine était ramassé après l'exécution de certaines danses et la récitation de formules spéciales. Deux siècles plus tôt, Pythagore avait décrit cette racine comme un « anthropomorphe », ou être humain en réduction. A partir de l'époque romaine, la magie est étroitement liée aux propriétés psychotropes. Au premier siècle de notre ère, Flavius Josèphe écrivait que dans la région de la mer Morte, il existait une plante qui brillait la nuit d'une lueur rouge ; il était difficile de la voir de près car elle se cachait dès qu'un homme l'approchait. On pouvait l'apprivoiser en l'arrosant d'urine et de sang menstruel. Il était physiquement dangereux de la déraciner, c'est donc un chien qui la déterrait après avoir été attaché à la racine. Selon les croyances de l'époque, l'animal en mourait. Les mythes entourant la Mandragore ne cessèrent de se développer. On dit qu'elle se cachait le jour mais qu'elle brillait la nuit comme une étoile ; que lorsqu'on la déracinait, elle poussait des cris si effrayants que quiconque les entendait en mourait. A la longue, on n'utilisa plus pour cette cueillette que des chiens noirs, couleur maléfique, couleur de mort. Les premiers chrétiens croyaient que la racine de Mandragore avait été créée par Dieu

Ci-dessous : Cette gravure du XVIIIe siècle illustre la préparation au sabbat : application de la pommade ou de la décoction psychotrope derrière la cuisse pour absorption cutanée. Le balai fut un grand symbole de sorcellerie en Europe. Il représentait le moyen de voler : une sensation de lévitation est en effet caracté-

ristique de l'ivresse provoquée par les « herbes magiques ».

Page suivante : *La Danse du Sabbat*, célèbre gravure sur bois de Gustave Doré. On utilisait très certainement des potions hallucinogènes au cours de ce genre de réunion...

Ci-dessous à droite : Il se peut que les sorcières de la Nouvelle-Angleterre aient utilisé des plantes hallucinogènes, peut-être la Belladone et l'Ergot de Seigle. Cette gravure montre le procès des sorcières de Salem, dans le Massachusetts, au XVIIe siècle.

LA CHIMIE DE LA BELLADONE, LA JUSQUIAME, LA MANDRAGORE

Ces trois solanacées contiennent les mêmes principes actifs : les alcaloïdes hyosciamine, atropine et scopolamine. Leur concentration varie selon les plantes. La Belladonne contient très peu de scopolamine, qui est par contre le composant principal de la Mandragore et de la Jusquiame. Ces alcaloïdes sont présents dans toute la plante, en concentration élevée dans les racines et les graines. Les effets hallucinogènes sont surtout dus à la scopolamine.

en guise d'essai avant la création de l'homme.

Lorsque plus tard, en pleine période barbare, on commença à la cultiver en Europe centrale, on pensait qu'elle ne pouvait pousser que sous les gibets à l'endroit où tombaient l'urine et le sperme des pendus ; les noms dont on la désigne en allemand signifient « homme des gibets » et « poupée dragon ».

La célébrité de la Mandragore atteignit son apogée vers la fin du XVIe siècle. A cette époque, les botanistes commencèrent à douter des légendes dont elle était entourée. Dès 1526, Turner, botaniste anglais, niait que ses racines eussent une forme humaine et protestait contre toutes les croyances liées à son anthropomorphisme. Gérard, autre botaniste anglais, écrivait en 1597 : « Vous rejetterez de vos ouvrages et de votre mémoire tous ces rêves et toutes ces histoires de bonne femme, sachant que ce ne sont là que faussetés. Mes domestiques et moi-même avons déterré, planté et replanté des quantités de ces plantes... » Mais jusqu'au XIXe siècle, le folklore européen continua d'entourer la Mandragore de multiples superstitions.

A droite : Les sorcières étaient souvent condamnées à être brulées vives.

LE NECTAR
DE
DÉLICES

Selon la tradition de l'Inde, les dieux donnèrent le chanvre aux hommes afin qu'ils connaissent le plaisir, le courage et des désirs sexuels plus intenses. Lorsqu'Amrita, le Nectar, tomba des cieux, il engendra le Cannabis. Une autre histoire raconte comment les dieux, aidés des démons, barattèrent l'océan de lait pour produire l'Amrita ; l'un des nectars ainsi obtenus fut le *Cannabis*. L'Amrita, breuvage préféré de l'Indra, était consacré à Shiva. Les démons tentèrent de s'en emparer mais les dieux réussirent à les en empêcher ; en souvenir de la bataille, ils donnèrent au *Cannabis* le nom de Vijaya, la victoire. Depuis ce temps-là, disent les Indiens, cette plante des dieux confère des pouvoirs surnaturels à ceux qui en usent.

Il y a environ dix mille ans que l'homme utilise le *Cannabis*, pratiquement depuis la découverte de l'agriculture dans l'Ancien Monde. C'est une de nos plus anciennes plantes cultivées et ses utilisations sont multiples. Elle fournit de longues fibres, de l'huile et des akènes ou graines comestibles ; elle a des propriétés hallucinogènes ; dans la pharmacopée moderne, son rôle thérapeutique est presque aussi important qu'en médecine traditionnelle.

C'est pour cette multiplicité de ses emplois possibles, que le *Cannabis* a

été introduit dans de nombreuses régions du globe. Il arrive des choses étranges aux plantes qui ont été très longtemps associées à l'homme et à l'agriculture. On les fait pousser dans des environnements nouveaux, inhabituels, ce qui permet parfois des hybridations impossibles à réaliser dans leur habitat d'origine. Elles ont tendance à se naturaliser et deviennent souvent des mauvaises herbes, agressives et tenaces. L'homme les transforme grâce à une sélection des caractéristiques correspondant à un usage spécifique. De nombreuses plantes cultivées sont si différentes de leur type d'origine qu'il est impossible d'en retracer l'histoire. Ce n'est pas le cas du *Cannabis*, cependant, malgré son histoire, il est davantage caractérisé par ce que l'on ignore de sa biologie que par ce que l'on en sait.

L'Empereur chinois Shen-Nung passe pour avoir découvert les propriétés médicinales de nombreuses plantes. Sa pharmacopée, qui aurait été compilée pour la première fois en 2737 avant J.-C., note que le *Cannabis sativa* a des plantes mâles et femelles.

Ces objets, tirés du tombeau d'un chef découvert à Pazyryk dans l'ouest de l'Altaï, témoignent de l'usage du *Cannabis* chez les Scythes. Le pot à droite contenait des fruits du chanvre et l'encensoir en cuivre au-dessous servait à brûler la plante sacrée.

On a découvert sur le même site de Pazyryk deux extraordinaires tapis. L'un d'eux, en feutre, mesurant environ 5 × 7 m est bordé d'une

frise où se répète le motif reproduit à droite : un cavalier s'approche de la Grande Déesse qui tient l'Arbre de vie dans une main tandis qu'elle élève l'autre en signe de bienvenue. Ces tombaux datent de l'an 300, de notre ère.

A gauche : Dans *Alice au pays des merveilles* de Lewis Carroll, la rencontre entre Alice et la chenille se déroule de la façon suivante : « Elle s'étira sur la pointe des pieds et jeta un coup d'œil sur le champignon ; ses yeux rencontrè-rent ceux d'une grande chenille bleue qui s'y était installée, les bras croisés, fumant tranquillement un long hookah, ne s'apercevant ni de sa présence ni d'autre chose d'ailleurs ».

Ces trois photographies montrent la germination d'une graine de chanvre. Les feuilles arrondies sont les cotylédons ou feuilles issues de la graine. Les premières vraies feuilles sont toujours simples et non pas composées comme les feuilles adultes (p. 94).

La classification botanique de cette plante a longtemps été incertaine. Les botanistes ne sont toujours pas d'accord sur sa famille : les premiers chercheurs la rangèrent avec les Orties (Urticacées) ; plus tard, on la classa avec les Figuiers (Moracées) et aujourd'hui on aurait plutôt tendance à lui donner une famille spécifique, les Cannabiacées, qui ne comporte que deux membres, *Cannabis* et *Humulus* (Houblon). On n'est pas non plus d'accord sur le nombre d'espèces existantes : le genre comprend-il une seule espèce à aspects très variés ou plusieurs espèces distinctes ? Tout porte à croire qu'il en existe trois espèces : *C. indica*, *C. ruderalis* et *C. sativa*. Elles se distinguent par des croissances différentes, le caractère de leurs akènes et par des fibres aux structures très dis-

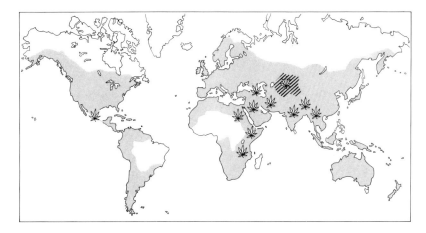

tinctes. Toutes contiennent des cannabinols, mais il semble qu'il existe d'importantes différences dans leur composition chimique.

On ne saura jamais quel fut le premier usage du *Cannabis*. Normalement, dans l'exploitation des plantes, l'homme va du plus simple au plus compliqué, et ce sont vraisemblablement les longues fibres du chanvre qui attirèrent tout d'abord son attention. On en a retrouvé dans les sites archéologiques les plus anciens de la Chine, qui remontent à 4 000 ans avant J.-C. Lors de fouilles au Turkestan on a découvert des brins de corde et des fibres de cette même plante, datant de 3 000 ans avant J.-C. Sur des sites très anciens de T'ai-wan, on a trouvé des battoirs de pierre servant à écraser les tiges pour en tirer les fibres, ainsi que des morceaux de poterie ornés d'impressions figurant des cordelettes. On a découvert en Turquie des tissus

Le berceau du *Cannabis* (figuré par des hachures) serait l'Asie centrale. Il s'est répandu dans le monde entier (parties ombrées) à l'exception de l'Arctique et des forêts tropicales humides. Arrivé très tôt en Afrique, il fut rapidement adopté dans les pharmacopées indigènes. Les Espagnols l'introduisirent au Mexique et au Pérou, les Français au Canada et les Anglais dans l'est de l'Amérique du Nord. A l'époque des Vikings, il avait déjà fait son apparition en Europe du nord. Ce sont probablement les Scythes qui l'introduisirent en Chine.

Cette photographie montre les modestes petites fleurs vertes d'un plant femelle de *Cannabis sativa*.

Zamer Hanff.

CCXX.

♄ 3

Gravure sur bois représentant un pied de chanvre ou *Cannabis sativa*. (Tiré du *Kreuterbuch* de Leonard Fuchs, 1543)

The Danger.

𝕳empe ſæde ·is hard of digeſtion, and contrarie to the ſtomach , cauſing payne and griefe, and dulneſſe in the head, and engendreth groſſe and naughtie humors in all the bodie.

de chanvre du VIIIᵉ siècle avant J.-C., et, en Égypte, dans une sépulture vieille de trois à quatre mille ans, on a mis au jour ce que l'on pense être un spécimen de ce végétal.

En Indes, les *Védas* chantaient les louanges du *Cannabis*, nectar divin qui donne à l'homme la santé, une longue vie et des visions des dieux. Le *Zend Avesta*, en 600 avant J.-C., mentionne une résine enivrante, et dès le IXᵉ siècle avant J.-C. les Assyriens faisaient du chanvre un usage analogue à celui de l'encens.

En Chine, sur des inscriptions de la dynastie Chou (700-500 av. J.-C.) des connotations « négatives » accompagnent le caractère *Ma* (pour *Cannabis*), laissant entendre par là ses propriétés stupéfiantes. Cette idée ayant naturellement précédé son idéogramme, on pourrait dire, en se fondant sur le Pen Tsao Ching (écrit en 100 apr. J.-C. mais remontant, selon la tradition, à Shen Nung, empereur légendaire du deuxième millénaire av. J.-C.), que les Chinois connaissaient et

longue période il vous permet de communiquer avec les esprits et allège le corps. » Au XVᵉ siècle avant J.-C., un prêtre taoïste signalait que « le *Cannabis* mélangé à du gingembre était employé par les nécromanciens pour avancer le temps et révéler les événements futurs. » Il ne fait aucun doute qu'à ces époques reculées de la civilisation chinoise, son usage hallucinogène était associé au chamanisme. Quinze siècles plus tard, lors des premiers contacts avec les Européens, le chamanisme avait presque disparu et il semble qu'on avait oublié les propriétés hallucinogènes de cette plante. Elle était devenue avant tout une source de fibres textiles. Constamment cultivée en Chine depuis le néolithique, il n'est pas impossible qu'elle en soit originaire.

Vers 500 avant J.-C., Hérodote fait une extraordinaire description du bain des Scythes, peuple de cavaliers qui s'était répandu d'est en ouest à travers le Transcaucase : « Ils font une sorte de tente en plantant trois bâtons dans le

D. Rembert Dodoens, *A new Herbal or Historie of Plants* traduit par Henry Lyte, Edward Grifin, Londres, 1619.

Les trois espèces de *Cannabis* (de gauche à droite *C. sativa*, *C. indica* et *C. ruderalis*) ont des croissances et des dimensions différentes.

utilisaient probablement les propriétés hallucinogènes du chanvre à une époque très reculée. Ils disaient du *Ma-fen* (« fruit du chanvre ») : « Si on en consomme trop il provoque des hallucinations (littéralement : il fait voir des démons). Si on en consomme sur une

sol, sur lesquels ils étalent des peaux de mouton de sorte à faire une couverture presque hermétique. A l'intérieur, ils posent par terre un plat contenant des pierres rougies au feu, sur lesquelles ils jettent quelques graines de chanvre… il s'en dégage immédiatement une

A gauche : Moisson du chanvre (pour le textile) à la fin du siècle dernier. Cette espèce peut atteindre 6 m de haut.
Ci-dessus : Un haschisch très puissant tiré du *C. indica*, espèce plus petite et touffue, photographiée à l'état sauvage près de Kandahar en Afghanistan.

(1) Sommité fleurie de la plante mâle ; (2) sommité en fruit de la plante femelle ; (3) première pousse ; (4) foliole d'une grande feuille à 11 folioles ; (5) partie d'une inflorescence mâle montrant le bouton et la fleur ; (6) fleurs femelles aux stigmates

Cannabis sativa L.

dépassant de la bractée velue ; (7) fruit enfermé dans une bractée persistante et velue ; (8) fruit vu de face ; (9) fruit vu de côté ; (10) poil glandulaire à tige multicellulaire ; (11) poil glandulaire à tige courte et unicellulaire (invisible) ; (12) poil non glandulaire contenant un cystolithe.

fumée et une vapeur qui ne déshonoreraient pas un bain grec. Les Scythes, ravis, crient de joie… »

Des archéologues ont récemment mis au jour en Asie centrale des sépultures scythes datant du VIᵉ au IVᵉ siècle avant J.-C. Ils y ont trouvé des trépieds et des peaux, des braseros, du charbon de bois ainsi que des restes de feuilles et de fruits de *Cannabis*. Une opinion assez répandue fait de l'Asie centrale le

berceau de cette plante que les Scythes auraient propagée vers l'ouest.

Si les Grecs et les Romains n'utilisaient pas habituellement le chanvre comme hallucinogène, ils en connaissaient néanmoins les pouvoirs psychotropes. Selon Démocrite, on en mélangeait parfois à de la myrrhe et du vin et cette boisson provoquait des visions. Vers l'an 200 de notre ère, Gallien écrivait qu'on en offrait parfois aux invités afin qu'il se crée une ambiance de gaieté et de plaisir.

Le Chanvre a pénétré en Europe par le nord. En Grèce et dans la Rome antique, il n'était pas cultivé comme plante textile, mais dès le IIIᵉ siècle avant J.-C. on importait des fibres de Gaule pour en faire des cordes et des voiles. L'auteur latin Lucilius en parle vers 120 avant J.-C., et au Iᵉʳ siècle Pline l'Ancien décrit les différents stades de la préparation et les diverses qualités de fibres. En Angleterre, on a trouvé de la corde de chanvre sur un site romain datant de 140-180 après J.-C. Il n'est pas certain que les Vikings aient employé ce type de cordage, mais selon les données palynologiques il est évident que cette plante fut intensément cultivée en Angleterre du début de l'époque anglo-saxonne jusqu'à l'arrivée des Normands, soit de l'an 400 à l'an 1100 environ.

Henri VIII en encouragea la culture et sous le règne d'Elisabeth, la demande s'accrut encore en raison du développement de la marine. Sa culture gagna les colonies britanniques du Nouveau Monde, en 1606 le Canada et en 1611 la Virginie. Les Pères Pèlerins l'introduisirent en 1632 en Nouvelle Angleterre et avant la Révolution américaine, les vêtements de travail étaient faits de chanvre.

Il fut également introduit dans les colonies espagnoles d'Amérique, d'abord au Chili en 1545, puis au Pérou en 1554.

Si le chanvre fut sans doute d'abord utilisé pour la qualité de ses fibres, il est tout aussi possible que l'emploi alimentaire de ses akènes ou fruits ait précédé la découverte de son utilisation textile. L'homme préhistorique, toujours en quête de nourriture, dut sûrement remarquer ces fruits très nourrissants. On en a découvert sur des sites préhistoriques allemands remontant au Vᵉ siècle avant J.-C. En Europe de l'Est, on en consomme depuis des siècles, et aux États-Unis ils sont à la base de nombreux aliments pour oiseaux.

Au microscope électronique à balayage

Cendres de *Cannabis sativa* aux poils toujours apparents. Cette technique photographique est précieuse pour l'identification de la Marijuana.

A droite : Poil à cystolithe pris sur la surface d'une feuille de *Cannabis sativa*. Il faut noter le nombre de cellules à sa base, qui est toujours plus élevé que dans le Houblon, proche parent du chanvre.

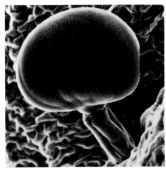

Ci-dessus : Poil à cystolithe du Houblon, *Humulus lupulus*. Il faut noter les petites verrues, les cellules de la base et les arêtes cuticulaires, très différentes de celles du *Cannabis* (*à gauche*).

D'autre part, un des premiers usages du chanvre a pu être thérapeutique ; en médecine traditionnelle, ce rôle est d'ailleurs difficile à distinguer de l'emploi comme hallucinogène. La valeur médicinale de cette plante était déjà connue il y a 5 000 ans, de l'empereur et botaniste chinois Shen Nung. Il le recommandait pour traiter le paludisme, le béribéri, la constipation, les rhumatismes et les troubles gynécologiques. Un autre ancien botaniste chinois, Hoa-Glio, prescrivait un mélange de vin et de résine de chanvre agissant comme analgésique lors de certaines interventions chirurgicales.

C'est dans l'Inde ancienne que ce « don des dieux » fut le plus employé en médecine traditionnelle. On estimait qu'il rendait l'esprit plus vif, prolongeait la vie, améliorait le jugement, faisait tomber la fièvre, guérissait la dysenterie et agissait comme somnifère. Ses propriétés psychotropes le

mettaient au-dessus des autres médicaments. Plusieurs écoles de médecine indienne en firent usage. Selon le *Sushruta* il guérissait la lèpre. Vers 1 600, le *Bharaprakasha* le décrivait comme antiphlegmasique, digestif, astringent et affectant la bile. On le recommandait pour stimuler l'appétit, améliorer la digestion et adoucir la voix. En Inde, l'éventail de ses fonctions thérapeutiques allait du traitement des pellicules à celui de la tuberculose, en passant par celui de la migraine, de la folie, de l'insomnie, des maladies vénériennes, de la coqueluche et des maux d'oreille.

Sa réputation d'herbe médicinale suivit la progression du *Cannabis* à travers le monde. Dans certaines régions d'Afrique, il servait à traiter la dysenterie, le paludisme, les anthrax et la fièvre. Aujourd'hui encore, les Hottentots et les Mfengu le jugent souverain contre les morsures de serpent et

En bas à gauche : C. sativa : poils glandulaires bien développés et poils non glandulaires à divers stades de développement.

Divers types de poils glandulaires du *Cannabis* : glande en capitule avec une pseudo-tige assez proéminente sur l'anthère face au centre de la fleur (*ci-dessous*). Glande bulbeuse à la surface de la feuille (*en bas*). La tige et la tête comportent deux cellules chacune. A l'extrémité de la glande se trouve une petite région circulaire au-dessous de laquelle la résine s'accumule sous la membrane distendue.

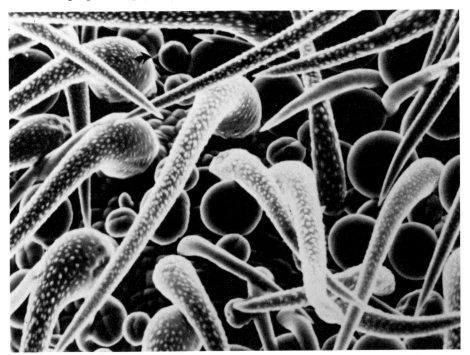

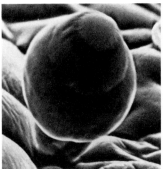

les femmes Sotho en fument avant d'accoucher, en guise d'anesthésie.

Il ne semble pas avoir été utilisé comme hallucinogène dans l'Europe médiévale, mais il y fut très apprécié dans la pharmacopée ; son emploi remonte aux premiers médecins classiques comme Dioscoride et Gallien. Les

En médecine traditionnelle, les vertus du *Cannabis* sont liées à ses propriétés euphorisantes et hallucinogènes, dont la connaissance est peut-être aussi ancienne que celle de la fibre textile. L'homme primitif qui essayait toutes sortes de plantes pour leurs vertus alimentaires avait certainement reconnu

L'usage du *Cannabis* est très répandu dans les deux hémisphères. De gauche à droite : une femme kung d'Afrique du Sud, un Pygmée du Congo, un voyageur au Cachemire et des fumeurs de haschisch en Afrique du Nord.

botanistes du Moyen Age distinguaient le chanvre cultivé du chanvre sauvage, et recommandaient ce dernier contre « les ganglions et autres tumeurs dures ». Le premier par contre était souverain dans le traitement de toutes sortes de maux allant de la coqueluche à la jaunisse. Ils signalaient cependant qu'un usage excessif pouvait provoquer la stérilité car « ... il dessèche les graines de la reproduction chez les hommes et le lait dans le sein des femmes. » Son nom anglais d'« angler's weed », herbe des pêcheurs, vient d'un usage local que l'on en fit au XVIᵉ siècle : « Versé dans des trous de vers de terre il les fait sortir, les pêcheurs l'utilisent ainsi pour se procurer des appâts. »

les effets psychotropes du chanvre, capables de le transporter à un autre niveau de conscience, voire le conduire à l'expérience religieuse. C'est vraisemblablement pour ces raisons que, très tôt, cette plante fut considérée comme un don des dieux, un intermédiaire sacré permettant de communiquer avec le monde des esprits.

De nos jours le *Cannabis* est le plus employé des hallucinogènes mais, excepté en Asie, cet usage est relativement récent. Durant la période classique on lui connaissait cependant des propriétés euphorisantes. A Thèbes, on en faisait une boisson qui avait, dit-on, les mêmes effets que l'opium. Gallien signale le risque d'intoxication en cas de consommation excessive de gâteaux au Chanvre. Son emploi comme hallucinogène semble s'être répandu d'est en ouest, transmis par les hordes barbares d'Asie centrale,

Noble dame fumant une pipe à eau. Gravure indienne du XVIIIᵉ siècle.

Extrême droite : Sur cette miniature tirée d'un manuscrit du XVᵉ siècle des voyages de Marco Polo, on peut voir le noble persan Al-Hasan ibn-al-Sabbah, connu également sous le nom de Vieux de la Montagne, jouissant des paradis artificiels des mangeurs de haschisch. Ses fidèles, les Haschischins, consommaient de grandes quantités de *Cannabis* pour se donner du courage avant les massacres et les pillages qu'ils faisaient au nom de leur maître. Les termes *assassin* et *haschisch* viennent du nom de cette bande.

Pour les Indiens Cuna de Panama, le *Cannabis* est une herbe sacrée. Cette tapisserie représente la réunion du conseil chez les Cuna. Un orateur s'adresse à deux chefs qui écoutent assis dans leurs hamacs ; l'un d'eux fume une pipe. Des spectateurs vont et viennent et

particulièrement par les Scythes qui exercèrent une grande influence culturelle en Grèce et en Europe de l'Est. Les croyances indiennes concernant les propriétés narcotiques du Chanvre remontent très loin dans l'histoire, comme en témoignent les mythes qui l'entourent. Le Bhang était une préparation si sacrée que l'on pensait qu'elle éloignait le mal, attirait la chance et lavait l'homme de ses péchés. Ceux qui marchaient sur les feuilles de ce végétal divin s'attiraient le malheur, et les serments sacrés se prononçaient sur le Chanvre. Le breuvage préféré d'Indra, dieu du firmament, était à base de *Cannabis* et le dieu hindou Shiva ordonna que le mot Bhang soit psalmodié pendant les semailles, le sarclage et la moisson de cette plante. Petit à petit, la connaissance de ces propriétés se répandit en Asie Mineure. En Syrie, pendant le premier millénaire avant J.-C., elle servait d'encens, ce qui laisse présager son emploi comme hallucinogène. On n'y fait pas directement allusion dans la Bible, certains passages, assez obscurs il est vrai, se réfèrent peut-être aux propriétés de la résine ou haschisch.

C'est dans l'Himalaya et sur le plateau tibétain que les préparations à base de *Cannabis* prirent leur plus grande importance religieuse. Le Bhang est un mélange assez léger : les feuilles séchées ou les inflorescences sont pilées avec des épices, réduites en pâte, et mangées comme des bonbons (maajun) ou prises en infusion. La Ganja se fait avec les fleurs femelles, riches en résine, compressées pendant plusieurs jours de façon à former une masse compacte, ce qui donne lieu à quelques transformations chimiques. On la fume, souvent avec du tabac. Le Charas est de la résine pure, il se présente en une masse brunâtre, que l'on ajoute le plus souvent à des mélanges à fumer. Les Tibétains considéraient le *Cannabis* comme sacré. Selon une tradition du bouddhisme mahayana, durant les sept étapes de l'ascèse qui le conduisit à l'illumination, le Bouddah vécut d'une graine de Chanvre par jour. On le représente souvent avec des « feuilles de Soma » dans son bol de mendiant, et le Soma est fréquemment associé au Chanvre. Dans le bouddhisme tantrique du Tibet le *Cannabis* joue un rôle rituel important, il facilite la méditation profonde et éveille la conscience.

Selon la tradition folklorique, c'est un pèlerin indien qui introduisit le Chanvre en Perse sous le règne de Khursu (531-579), mais l'on sait que les Assyriens le connaissaient déjà au Ier millénaire avant J.-C. L'usage du haschisch, à l'origine interdit aux peuples islamiques, se répandit vers l'ouest à travers l'Asie Mineure. En 1378, les autorités tentèrent de l'interdire sur les territoires

l'on peut voir un homme assoupi sur un banc.

Au Mexique, les Indiens Cora de la Sierra Madre fument du *Cannabis* au cours de leurs cérémonies. Il est rare qu'une plante étrangère soit adoptée et utilisée pour des cérémonies religieuses, mais il semble bien que les Cora du Mexique et les Cuna de Panama se soient mis à fumer le chanvre rituellement en dépit de son introduction par les Européens.

LA CHIMIE DE LA MARIJUANA

Si les principes psychotropes de la plupart des plantes hallucinogènes sont des alcaloïdes, les composants actifs du *Cannabis* sont non azotés et se trouvent dans une huile résineuse. Les propriétés hallucinogènes sont dues aux cannabinoïdes dont le plus efficace est le tétrahydrocannabinol ou THC (chimiquement : (-) Δ' - 3 , 4 - transtétrahydrocannabinol).

Il est particulièrement concentré dans la résine des inflorescences femelles non fécondées. Bien que moins fortes, les feuilles sont également employées pour leur effet psychotrope.

Après l'élucidation de la structure chimique (voir le modèle de molécule à la p. 172) on a pu récemment synthétiser le THC.

« Cette merveille, cette espèce de prodige, se produit comme si elle était l'effet d'une puissance supérieure et invisible, extérieure à l'homme... Cet état charmant et singulier... n'a pas de symptômes avant-coureurs. Il est aussi imprévu que le fantôme. C'est une espèce de hantise, mais une hantise intermittente dont nous devrions tirer, si nous étions sages, la certitude d'une existence meilleure... Cette acuité de la pensée, cet enthousiasme des sens et de l'esprit ont dû, en tout temps, apparaître à l'homme comme le premier des biens. »

Les Paradis artificiels,
Charles Baudelaire

arabes, en menaçant les usagers de peines sévères. Dès 1271, la consommation de haschisch était si courante que Marco Polo décrit son utilisation par la société secrète des Haschischins, qui tentaient, par son intermédiaire, de connaître à l'avance les récompenses qui les attendaient dans l'autre monde. Par le biais de l'Islam, le Chanvre se répandit très tôt d'Asie Mineure en Afrique, mais il se propagea rapidement hors des territoires musulmans. On pense généralement qu'il fut éga-lement introduit par des esclaves malais. Connu en Afrique sous le nom de Kif ou Dagga, il a pénétré dans les cultures indigènes où il est utilisé dans un contexte social et religieux. Les Hottentots, les Bushmen et les Kaffirs l'emploient depuis des siècles, à la fois comme remède et comme substance enivrante. Dans une très ancienne cérémonie tribale de la vallée du Zambèze, les participants inhalaient la fumée d'un tas de chanvre incandescent. Plus tard, on employa des tuyaux et des pipes pour fumer la plante, brûlée sur un autel. Les tribus Kasai du Congo ont réhabilité un ancien culte Ziamba où le Chanvre, remplaçant les vieux fétiches et symboles, est devenu un dieu qui protège de tout mal physique ou moral. Ils scellent les traités en tirant des bouffées de fumée avec des pipes en calebasse. Dans certaines régions d'Afrique de l'est, particulièrement près du lac Victoria, il existe des cérémonies religieuses au cours desquelles le haschisch est fumé et prisé. Le Chanvre s'est répandu dans le Nouveau Monde, mais, à de rares exceptions près, il n'a pas influé sur les religions et les cérémonies des indigènes de ce continent. On a appris récemment qu'au Mexique, dans les États de Veracruz, Hidalgo et Puebla, les Indiens pratiquent un rituel thérapeutique communautaire fondé sur une plante qu'ils appellent Santa Rosa et qu'on a identifiée comme *Cannabis sativa*. Pour eux, elle est un simple végétal et un intercesseur sacré auprès de la Vierge. Ils pensent qu'elle vit et représente une partie du cœur de Dieu. Les participants à ce culte disent qu'elle peut être dangereuse par sa capacité à s'introduire chez l'homme sous la forme d'une âme, à rendre malade et fou celui dont elle prend possession et même à causer sa mort.

Il y a une soixantaine d'années, les travailleurs immigrés mexicains introduisirent aux États-Unis la coutume de fumer la Marijuana. Elle se répandit à travers tout le sud et vers 1920 on l'utilisait couramment à la Nouvelle-Orléans, surtout chez les pauvres et parmi les minorités. Cet usage n'a pas cessé de s'étendre aux États-Unis et en Europe, donnant lieu à une controverse qui est encore loin d'être résolue. Dans la pharmacopée française, le *Cannabis sativa* était recommandé pour soigner toutes sortes de troubles et utilisé principalement comme sédatif léger. Actuellement, il ne fait plus officiellement partie du Codex, mais des recherches sur le potentiel médicinal de certains composants cannabinoliques ou leurs équivalents semi-synthétiques sont en cours, particulièrement en relation avec les effets secondaires des thérapeutiques du cancer.

Les effets psychotropes du *Cannabis* sont très variables, ils dépendent du dosage, de la préparation et du type de plante utilisé, de la manière de l'absorber, de la personnalité de l'utilisateur et de son environnement socio-culturel. La

Dessin de W. Miller. Copyright 1978, *The New Yorker* magazine, Inc. « Eh ! Qu'est-ce que c'est que ce truc ? Ça me fait trouver profond tout ce que je pense. »

"Hey, what is this stuff? It makes everything I think seem profound."

caractéristique la plus fréquente est sans doute une humeur rêveuse. On se souvient d'événements depuis longtemps oubliés et les pensées se succèdent sans aucun lien les unes avec les autres. La perception du temps, et parfois de l'espace, n'est plus la même. Les prises à haute dose sont suivies d'hallucinations visuelles et auditives. Très caractéristiques aussi de l'usage du *Cannabis* sont l'euphorie, l'excitation, un bonheur intérieur souvent accompagné d'hilarité. Dans certains cas, il arrive que l'ivresse s'achève sur un sentiment de dépression. Bien que le comportement devienne impulsif, la violence et l'agression sont rares.

Récemment, l'usage du *Cannabis* s'est répandu dans les sociétés occidentales, particulièrement aux États-Unis et en Europe, créant pour les gouvernements et la santé publique, des problèmes d'ordre social et législatif. Personne n'est d'accord sur l'étendue de ces derniers et les solutions à y apporter. L'opinion est divisée en deux camps. Pour les uns cet usage représente un danger extrême, d'ordre moral, social et physique, et il est impératif de l'éliminer. Pour les autres il s'agit simplement d'un passe-temps agréable et inoffensif qui devrait être autorisé par la loi. Il faudra encore du temps avant d'arriver à comprendre et à connaître les motivations et les modalités liées à l'emploi de cette drogue dans nos sociétés occidentales contemporaines. Il faudrait étudier le rôle que le *Cannabis* a joué dans le passé de l'humanité et en tirer les leçons pour savoir s'il convient d'en restreindre sagement l'usage dans nos milieux urbains et industrialisés ou bien au contraire de le libéraliser.

Au XIXe siècle, un groupe de peintres et d'écrivains européens usèrent de substances psychotropes pour essayer d'atteindre une « extension de l'esprit » ou une « altération de la pensée ». Nombreux étaient ceux qui comme Baudelaire *(page de gauche)* croyaient que l'activité créatrice pouvait être grandement accrue par l'usage du *Cannabis*. Il écrivit de remarquables descriptions de ses expériences d'utilisateur de haschisch. Le tableau de Gustave Doré, « *Composition sur la mort de Gérard de Nerval* » *(page de gauche, en haut)* fut certainement inspiré par l'emploi du *Cannabis* et de l'Opium. Le dessin humoristique en haut à droite illustre bien cette croyance encore en vigueur de nos jours. Ce ne fut pas seulement dans le monde littéraire français que les substances psychotropes donnèrent de grands espoirs : en 1845, le psychiatre français Moreau de

Tours publia ses recherches sur le haschisch dans un ouvrage fondamental, *Du hachisch et de l'aliénation mentale*. Son étude se fondait sur les effets du *Cannabis*. Il étudia l'usage de cet hallucinogène en Égypte et au Proche-Orient et l'expérimenta sur lui-même. Il essaya aussi d'autres plantes psychotropes. Il arriva à la conclusion que leurs effets ressemblaient à certains désordres mentaux et suggéra leur emploi pour provoquer des modèles de psychoses.

LE FEU
SAINT-ANTOINE

Les témoignages anciens sur Éleusis sont unanimes et sans ambiguïté. C'était l'expérience suprême dans la vie d'un initié, expérience à la fois physique et mystique : tremblements, vertiges, sueurs froides, puis une vision qui rendait inexistant tout ce que l'on avait pu voir auparavant, un sentiment de crainte et d'émerveillement devant un éclat qui provoquait un profond silence, car tout ce que l'on venait de ressentir était incommunicable ; les mots étaient incapables de le traduire. Ces symptômes sont tous caractéristiques d'une ivresse hallucinogène. Les Grecs, et les plus célèbres, les plus intelligents d'entre eux, pouvaient faire l'expérience de cette forme d'irrationnel et s'y livrer complètement...

« A Éleusis, l'ivresse était tout à fait différente de celle que l'on éprouve à boire avec un groupe d'amis... De diverses façons, les autres cultes grecs recréaient certains aspects de l'ancienne communion entre les hommes et les dieux, entre les vivants et les morts, mais c'est à Éleusis seulement que l'expérience revêtait un caractère total...

Pendant près de deux mille ans quelques Grecs passèrent chaque année sous les portails d'Éleusis. Ils y célébraient le don divin du grain cultivé et étaient initiés aux pouvoirs terrifiants de l'autre monde à travers la pourpre obscure de l'enfant du grain. »

C'est à la suite de recherches pluridisciplinaires qui réunissaient des spécialistes d'ethnomycologie, des chimistes et des hellénistes, que les rites secrets de la Grèce antique, restés mystérieux pendant près de quatre mille ans, sont aujourd'hui associés à l'intoxication provoquée par le *Claviceps*, champignon parasite de certaines céréales.

Il semble que l'extase ressentie durant les Mystères était due au *Claviceps paspali*, ainsi qu'à d'autres espèces du même genre, poussant sur divers Loliums et autres graminées indigènes de Grèce. Les principes biodynamiques caractéristiques de l'Ergot de Seigle ou *Claviceps purpurea* ont été isolés à partir d'autres espèces de ce champignon

parasite. Les raisons pour lesquelles on l'a associé aux mystères d'Éleusis sont complexes et difficiles à résumer, mais les arguments sont très convaincants, d'autant plus qu'ils reposent sur des recoupements interdisciplinaires. Fondamentalement, on a démontré que plusieurs espèces de *Claviceps* peuvent infecter des types variés de graminées sauvages de Grèce.

L'espèce de loin la plus importante est *C. purpurea* ou Ergot de Seigle (*Secale cereale*). Ce sclérote noir-pourpre d'un champignon se développant dans le caryopse du seigle est très commun en Europe et sa nomenclature indigène est particulièrement complexe. Le terme *ergot*, par association avec l'ergot du coq, fut d'abord utilisé dans les envi-

Il y a environ une demi-douzaine d'espèces dans le genre Ergot, et elles sont très répandues dans les climats tempérés. Il semble que leur usage spécifique comme hallucinogènes soit resté limité à la Grèce ancienne où elles auraient été associées aux mystères d'Eleusis. Longtemps utilisé comme remède dans l'Europe du Moyen Age, l'Ergot de Seigle y causa aussi de fréquents empoisonnements en masse, accompagnés d'hallucinations.

L'Ergot peut parasiter diverses graminées, mais il est surtout connu comme parasite de l'inflorescence du Seigle.

A gauche : Fructification du *Claviceps purpurea.* Le nom spécifique de ce champignon signifie « pourpre », couleur qui dans l'antiquité était associée aux pouvoirs du monde souterrain.

rons de Paris. Il est passé aujourd'hui dans plusieurs autres langues. En français il existe vingt-quatre autres termes pour le désigner, en allemand on en compte soixante-deux, *Mutterkorn* étant le plus usité. Il y en a vingt-deux en hollandais, quinze dans les langues scandinaves, quatorze en italien et sept en anglais. Cette prolifération de noms vernaculaires suffit à démontrer l'importance qu'il a eue jadis en Europe.

Si son usage médicinal était inconnu à la période classique, on savait néanmoins que c'était un poison. En 600 avant J.-C., les Assyriens appelaient l'Ergot de Seigle « pustule nocive dans l'oreille du grain ». Le livre sacré des Parsis (vers 350 av. J.-C.) indiquait : « Parmi les choses néfastes créées par Angro Maynes, il y a les herbes nocives qui font avorter les femmes et les font mourir en couches. » Si les anciens Grecs employaient apparemment ce champignon pour certains rites, ils ne mangeaient pas de seigle à cause « du produit noir et malodorant de Thrace et de Macédoine ». Le Seigle ne fut introduit en Europe classique qu'au début de l'ère chrétienne, si bien que l'empoisonnement par l'Ergot n'apparaît pas dans la littérature médicale romaine.

Les premiers récits mentionnant d'une manière incontestable l'intoxication par l'Ergot de Seigle n'apparaissent qu'au Moyen Age. A cette époque, de curieuses épidémies éclatèrent dans diverses régions d'Europe, causant des milliers de morts et d'intenses souffrances. Elles prenaient deux formes : l'une à convulsions nerveuses et symptômes épileptiques et l'autre à gangrène, momifications, atrophies et pertes des extrémités (nez, lobes d'oreille, doigts, orteils et pieds). Délire et hallucinations étaient le symptôme courant de la maladie, souvent fatale. Une de ces épidémies fut décrite comme « une grande peste d'ampoules gonflées [qui] consumaient les gens dans une répugnante pourriture ». Pendant ces attaques, la plupart des femmes avortaient. Le « feu sacré » était caractérisé par une

sensation de brûlure dans les pieds et les mains.

Saint Antoine, qui donna son nom au « feu », était ermite en Égypte. Il mourut en 356 à l'âge de 105 ans. C'est un des saints qui protègent du feu, de l'épilepsie et des infections. Pendant les croisades, les chevaliers ramenèrent ses reliques dans le Dauphiné. C'est dans cette province qu'eut lieu, en 1039, la première épidémie de « feu sacré ». Un riche bourgeois nommé Gaston, atteint en même temps que son fils, promit de consacrer toute sa fortune à aider les autres victimes si saint Antoine les guérissait tous deux. C'est ainsi que fut créé un hôpital destiné à soigner ceux qui étaient atteints de ce mal et l'on fonda l'ordre de Saint-Antoine.

On pensait que la maladie pouvait être guérie par un pèlerinage sur les lieux consacrés au saint, mais le changement de nourriture (du pain sans ergot) avait certainement un effet tout aussi bénéfique.

C'est seulement en 1676, cinq cents ans après les grandes épidémies de feu

Perséphone, reine des morts, faisant une offrande de grains. Elle est assise sur un trône à côté de son époux Hadès, seigneur du monde des ténèbres. A l'origine, cette déesse était associée aux céréales ; elle fut enlevée par Hadès, et son retour du royaume des morts était lié à la renaissance symbolique lors des mystères d'Éleusis. Les fidèles croyaient que le retour sur terre de la déesse était le garant de leur résurrection. Il est possible que ces événements extraordinaires de la vie de Perséphone aient été associés à l'intoxication provoquée par l'Ergot de Seigle, car les Grecs avaient une connaissance développée des propriétés chimiques des plantes.

Lorsqu'il était jeune, saint Antoine se retira du monde et s'en fut dans le désert du Sinaï. Au cours de ses méditations il fut souvent assailli par des visions de débauche sexuelle et d'animaux

sauvages. Il arriva à surmonter toutes ces tentations et sa résolution devint l'espoir des victimes de l'Ergot de Seigle dont l'intoxication est caractérisée par une sensation de brûlure due à la gangrène, un état de démence et d'horribles hallucinations visuelles.
Gravure de Martin Schongauer, v. 1471-1473.

de Saint-Antoine, que l'on découvrit la cause de cette maladie. On put enfin prendre des mesures de précaution. Au Moyen Age, les meuniers gardaient souvent la farine de seigle « propre » pour les riches et vendaient le seigle ergoté aux plus pauvres. La cause une fois déterminée, il suffit de surveiller les moulins pour réduire les risques d'épidémie.

Même à notre époque on a pu déceler quelques cas de villages entiers touchés par ce mal. Les attaques les plus notoires eurent lieu en France et en Belgique en 1953, en Ukraine et en Irlande en 1929. Si l'on en croit certains indices, il n'est pas impossible que les prétendus cas de « sorcellerie » en Nouvelle-Angleterre, particulièrement à Salem, aient été dus à des intoxications par l'Ergot de Seigle.

En Europe, les sages-femmes savaient depuis longtemps que l'Ergot pouvait aider les accouchements difficiles. On en a isolé aujourd'hui les composants chimiques, et ils sont utilisés en obstétrique pour produire des contractions des muscles lisses. Le premier rapport médical mentionnant les vertus de l'Ergot de Seigle fut publié en 1582 par Lonicer de Francfort. Il affirmait l'efficacité du seigle parasité pour atténuer les douleurs de l'accouchement. Bien que très employé par les sages-femmes, il ne fut utilisé officiellement en médecine qu'à partir de 1818, lorsque Desgranges l'expérimenta à Lyon et publia ses observations. Le botaniste

This Inscription Serves to Authenticate the Truth of a Singular Calamity, Which Suddenly Happened to a poor Family in this Parish, Of which Six Persons lost their Feet by a Mortification not to be accounted for. A full Narrative of their Case is recorded In the Parish Register & Philos: Transactions for 1762.

Une des rares épidémies d'ergotisme survenues en Angleterre affecta une famille de Wattisham en 1762. Ce genre d'empoisonnement était si rare qu'on le signala sur une plaque dans l'église paroissiale.

suisse Bauhin décrivit l'Ergot en 1595 et son fils en donna la première illustration en 1658. En 1676, le médecin botaniste français Dodart enrichit considérablement la connaissance qu'on avait de ce champignon. Il soutint devant l'Académie que la seule manière de contrôler les épidémies était de tamiser le seigle pour en extraire les spores de l'Ergot. Jusque vers 1750 les botanistes n'étaient pas sûrs de la manière dont il se développait et ils ignoraient les raisons de sa toxicité. En 1711 et même en 1761, de savants botanistes considéraient encore

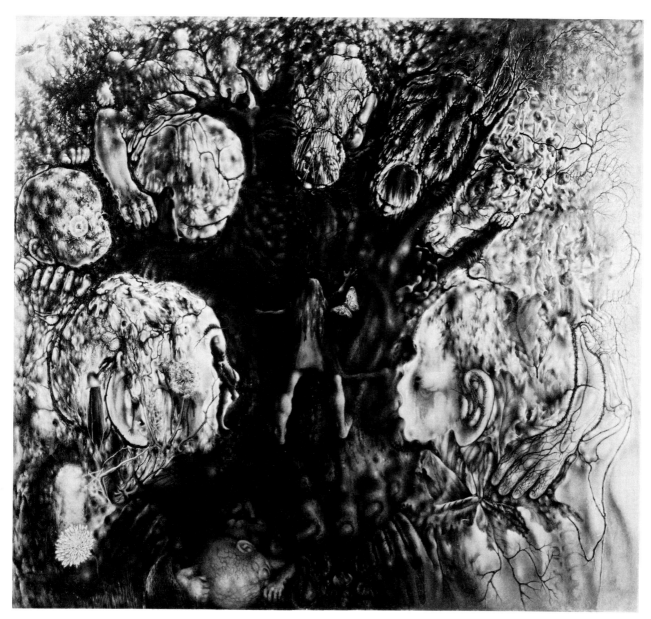

l'Ergot comme le résultat d'une croissance anormale de l'embryon qui s'hypertrophiait au lieu de donner un caryopse normal. En 1764 le botaniste allemand Münchhausen maintenait que l'Ergot était une maladie cryptogamique, théorie qui ne fut acceptée officiellement qu'en 1815, après que le célèbre botaniste suisse A.P. de Candolle en eut fait la preuve. Un article fameux, mentionnant les effets de ce champignon, fut publié en 1808 par le docteur John Stearns. Quelques années plus tard, en 1813, un médecin du Massachusetts, le docteur Prescott, publia une dissertation sur l'histoire naturelle et les effets thérapeutiques de l'Ergot. Elle attira l'attention du corps médical américain sur les remarquables

propriétés de ce parasite. Il fut depuis lors de plus en plus employé en médecine, mais il fallut attendre 1836 pour le voir officiellement accepté dans la pharmacopée. C'est vers 1920 que l'on isola les principes actifs du *Claviceps purpurea* : l'ergotamine en 1921 et l'ergonivine en 1935. On y a découvert depuis plusieurs autres alcaloïdes de même type.

En dépit de ces dangereuses épidémies, l'Ergot de Seigle ne tint jamais un rôle important dans les traditions magiques ou religieuses de l'Europe. On décerna cependant à cette céréale une place particulière, celle d'un végétal en rapport avec les forces spirituelles, une plante des dieux aux pouvoirs maléfiques.

LA CHIMIE DE L'ERGOT DE SEIGLE
Ses principes hallucinogènes sont des alcaloïdes indoliques dérivés d'un même composé de base, l'acide lysergique. Entre autres alcaloïdes, le *Claviceps purpurea* contient des ergotamines et des ergotoxines dans lesquels l'acide lysergique se trouve relié à un radical constitué par 3 acides aminés. Ces alcaloïdes et leurs dérivés sont utilisés en médecine. A doses toxiques, leurs propriétés de vasoconstricteurs provoquent la gangrène. L'Ergot, parasitant les graminées sauvages, contient un acide lysergique amide, de l'ergine et de l'acide lysergiquehydroxyéthylamide se trouve à l'état de traces dans l'Ergot de Seigle. Ces substances psychotropes jouent un rôle dans l'ergotisme à forme convulsive. On retrouve ces principes actifs dans le Volubilis mexicain Ololiuqui (voir p. 175).

25	DATURA
	Dhatura
26	Stramoine
	Toloache
27	Torna Loco

FLEUR SACRÉE
DE L'ÉTOILE
POLAIRE

Une belle légende des Indiens Zuñi décrit l'origine de leur plante la plus sacrée, le *Datura inoxia* :

« Dans les temps anciens, un garçon et une fille, frère et sœur, (le garçon s'appelait A'neglakya et la fille A'neglakyatsi'tsa) vivaient à l'intérieur de la terre. Ils venaient souvent dans le monde extérieur et s'y promenaient beaucoup, observant de près tout ce qu'ils voyaient et entendaient pour le rapporter à leur mère. Leur bavardage incessant ne plut pas aux Êtres Divins (fils jumeaux du Père Soleil). Un jour où ils rencontrèrent le garçon et la fille, les Êtres Divins demandèrent : « Comment allez-vous ? » et le frère et la sœur répondirent « Nous sommes heureux » (parfois A'neglakya et A'neglakystsi'tsa apparaissaient sous l'aspect de vieillards). Ils racontèrent aux Êtres Divins comment ils pouvaient endormir quelqu'un et lui faire voir des fantômes, le faire se déplacer çà et là et démasquer les voleurs. Après cette rencontre, les Êtres Divins décidèrent qu'A'neglakya et A'neglakyatsi'tsa en savaient trop et qu'il fallait les bannir de ce monde à tout jamais. Ils les firent donc disparaître dans la terre pour toujours. Des fleurs poussèrent à l'endroit où ils s'étaient enfoncés, des

A droite : Datura metel poussant sur le même terrain que le Cannabis indica à Kandahar en Afghanistan. Ses graines sont parfois fumées avec du haschisch.

Des plantes hallucinogènes sont souvent représentées sur les timbres-poste, comme ces *Daturas* d'Europe et d'Asie.

A droite : Peinture tantrique du XVIIIᵉ siècle, originaire de Kangra dans l'Himachal Pradesh. Elle représente le *Yonilingum* ou union sacrée des principes mâle et femelle. Au-dessus du lingum noir se trouve une fleur de *Datura*, plante associée à Çiva.

fleurs pareilles à celles qu'ils portaient de chaque côté de la tête lorsqu'ils visitaient le monde. Les Êtres Divins nommèrent cette plante a'neglakya, du nom du garçon. La plante d'origine a eu beaucoup d'enfants qui se sont répandus de par le monde, certaines de leurs fleurs sont jaunes, d'autres

Cette personne va te boire
Donne-lui une bonne vie
Montre-lui ce qu'elle veut savoir.
Prière au *Datura inoxia*
prononcée par un chamane d'Amérique du Nord.

bleues, quelques-unes rouges et d'autres encore, entièrement blanches. Ces couleurs sont celles des quatre points cardinaux. »

Ce *Datura* et d'autres espèces apparentées ont été depuis longtemps utilisés comme hallucinogènes sacrés au Mexique et dans le sud-ouest des États-Unis. Ils ont joué un rôle important en médecine traditionnelle et dans le rituel religieux.

Dans l'Ancien Monde, le *Datura* a une longue histoire de plante médicinale et d'hallucinogène sacré, bien que ce genre n'y ait jamais joué le rôle cérémoniel qui est le sien dans le Nouveau Monde. L'ancienne littérature sanskrite et chinoise mentionne *Datura metel*. C'est sans aucun doute la même espèce que le médecin arabe Avicenne signale au XIe siècle sous le nom de Jouzmathal (noix de métel), signalée aussi par Dioscoride dans ses écrits. Son nom *metel* vient de ce terme arabe, tandis que son nom de genre est issu du sanskrit *Dhatura*, latinisé par Linné. En Chine, c'était une plante sacrée : lorsque le Bouddha prêchait, les cieux la couvraient de rosée et de gouttes de pluie. Selon une légende

taoïste, *Datura metel* est l'une des étoiles circumpolaires et les messagers qu'elle envoie sur terre portent à la main une de ses fleurs. Entre les dynasties Song et Ming (960-1644), plusieurs espèces de *Datura* furent introduites en Chine en provenance de l'Inde : il est donc naturel qu'elles ne soient pas signalées dans les plus anciens traités

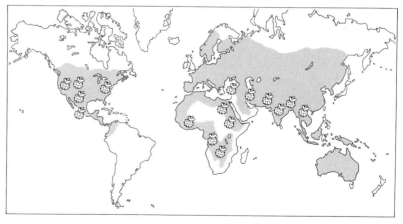

chinois de botanique. Le botaniste Li Shih-chen indiquait en 1596 les usages médicinaux d'une de ces espèces connue sous le nom de Man-t'o-lo : les fleurs et les graines servaient à soigner

De gauche à droite : *Datura ferox*, *D. stramonium* et *D. inoxia*.
Les capsules ou fruits à piquants ont une grande importance taxonomique.

Comme l'indique cette carte, l'usage des diverses espèces de *Datura* est très répandu.

107

Sur cette miniature du XVIIe siècle on peut voir le médecin arabe Avicenne entouré de ses élèves. Il étudia les diverses vertus médicinales du *Datura metel*.

Il est dit que lorsque le Bouddha prêchait, les fleurs de *Datura* se couvraient de gouttes de rosée ou de gouttes de pluie. Ce bronze chinois de la période Sui représente le Bouddha Amitabha assis sous les arbres du paradis.

les éruptions de boutons sur la figure et l'on recommandait toute la plante en usage interne pour le traitement des rhumes, des troubles nerveux et autres cas pathologiques. Mélangée à du vin et à du *Cannabis* elle servait d'anesthésique pour les petites interventions chirurgicales. Les Chinois connaissaient ses propriétés psychotropes, et Li-Shih-chen en fit l'expérience lui-même.

En Inde, on l'appelait la « touffe de Shiva », dieu de la destruction. Les danseuses droguaient parfois le vin en y ajoutant des graines. Quiconque buvait de cette potion répondait aux questions qu'on lui posait, apparemment en pleine possession de ses moyens, tandis qu'en fait il ne contrôlait plus sa volonté, ne savait pas à qui il s'adressait et oubliait totalement ce qu'il avait fait pendant son ivresse. C'est pour cette raison que les Indiens appelèrent cette plante « ivrogne », « folle », « trompeuse » et « faiseuse de ridicule ». Durant toute la période sanskrite, la médecine indienne se servit de *Datura metel* pour soigner les troubles mentaux, diverses fièvres, les tumeurs, les inflammations des seins, les maladies de peau et la diarrhée.

Dans d'autres régions d'Asie, elle avait exactement le même rôle thérapeutique et l'on s'en servait aussi pour s'enivrer. En Indochine, aujourd'hui encore, ses graines ou ses feuilles réduites en poudre sont souvent mélangées à du *Cannabis* ou du tabac. En 1578 on signalait son emploi comme aphrodisiaque en Indonésie et en Malaisie. De tout temps, on sut en reconnaître les dangers. Le botaniste anglais Gerard pensait que le Datura était l'*Hippomanes* mentionné par l'auteur grec Théocrite, plante qui rendait fous les chevaux. Il est possible qu'en Grèce, les prêtres d'Apollon se soient mis en état de prophétiser à l'aide de *Datura*.

Datura ferox est une espèce asiatique très répandue dans les régions chaudes des deux hémisphères. Ses propriétés sont semblables à celles de *D. metel*. Elle est surtout employée en Afrique. En Tanzanie on en met dans une sorte de bière appelée Pombe pour intensifier ses effets enivrants. Sur ce même continent, les feuilles sont souvent fumées pour soigner l'asthme et traiter les problèmes pulmonaires.

Les Mexicains l'appellent Toloache, version moderne de l'ancien aztèque Toaloatzin (« tête penchée », par allusion au port du fruit). En nahuatl il s'appelait Tolohuaxihuitl et Tlapatl.

Employé comme hallucinogène, il servait aussi à traiter toutes sortes de maux, plus particulièrement en usage externe pour soigner les rhumatismes et réduire les enflures.

Peu après la conquête du Mexique, Hernandez signale sa valeur médicinale tout en prévenant qu'un usage

excessif pouvait rendre les malades fous, provoquant « diverses et vaines imaginations. » Au Mexique, son rôle religieux et thérapeutique est toujours important. Chez les Yaqui par exemple, les femmes en prennent pour soulager les douleurs de l'accouchement. Les Huichol en font un grand usage médicinal, et pour eux, le Toloache est si puissant qu'il ne peut être administré que par « une personne d'autorité et de savoir ». On ajoute souvent du Toloache au mescal, alcool distillé de l'Agave ou au Tesguino, sorte de bière de maïs. Il agit « comme catalyseur pour provoquer un sentiment de bien-être et des visions. » Certains Mexicains préparent une pommade grasse avec les graines et les feuilles de Toloache ; on s'en frictionne l'abdomen pour provoquer des hallucinations visuelles.

Chez les Indiens du sud-ouest du Mexique, *D. inoxia* est l'hallucinogène le plus employé. Il a pris une importance extraordinaire comme objet de culte. Pour les Zuñi, cette plante appartient à la confrérie des Prêtres de la Pluie, et seuls ces derniers peuvent en récolter les racines. Ils les réduisent en poudre qu'ils introduisent ensuite

Diverses espèces de *Datura* étaient d'une grande importance dans le Mexique ancien, que ce soit comme remèdes ou comme hallucinogènes. A gauche, le folio 29 du « manuscrit Badianus » montre deux espèces de *Datura* et décrit leur usage thérapeutique. Ce document datant de 1542 est le premier livre botanique écrit sur le Nouveau Monde.

L'illustration ci-dessus est tirée des récits de Sahagún, moine espagnol qui commença à écrire ses chroniques peu après la conquête du Mexique. Elle montre comment on utilisait une infusion de *Datura* pour soigner les rhumatismes. Cet emploi est toujours recommandé dans la pharmacopée moderne.

J'ai mangé les feuilles de
stramoine
Et les feuilles m'ont fait
tourner la tête.

J'ai mangé les feuilles de
stramoine
Et les feuilles m'ont fait
tourner la tête.

J'ai mangé les fleurs de
stramoine
Et la boisson m'a fait
chanceler.

Il restait l'arc du chasseur
Qui m'a rattrapé et m'a
tué.

Coupez et jetez mes cornes,
Le chassseur, roseau qui
persiste.

Il m'a rattrapé et m'a tué
Coupez et jetez mes pattes.

Maintenant les mouches
sont folles
Elles tombent en battant
des ailes.

Aucun papillon ivre
ne se pose
Ouvrant et fermant ses
ailes.

Chanson de chasse pima.

F. Russel.

Cette tapisserie huichol représente une espèce de *Datura* que
ces Indiens considèrent comme
un hallucinogène extrêmement
dangereux et maléfique. Elle est
parfois utilisée par les sorciers.

LA CHIMIE DU DATURA

Les *Datura* contiennent les mêmes
alcaloïdes que les autres solanacées
de la même famille (Belladone, Jusquiame et Mandragore) : de la
hyoscyamine et de grandes concentrations de scopolamine. La météloïdine est un alcaloïde secondaire
caractéristique de *D. metel*.

dans leurs yeux pour communier la nuit avec le Royaume de Plumes. Ils chiquent les racines afin de demander aux morts d'intercéder auprès des esprits pour qu'ils fassent tomber la pluie. Les prêtres utilisent également ses effets analgésiques pour atténuer la douleur pendant les petites interven-tions chirurgicales, les réductions de fractures et le nettoyage des plaies à ulcères. Les Yokut, qui appellent cette plante Tanayin, ne la consomment qu'au printemps et pensent qu'en été elle devient vénéneuse. Ils en donnent aux adolescents, garçons et filles, une seule fois dans leur vie, afin de leur assurer bonheur et longévité.

Dans la tribu Tabatulobal, garçons et filles boivent du *Datura* après la puberté pour « obtenir la vie » et les adultes l'emploient pour avoir des visions. Les racines sont macérées pen-dant dix heures dans de l'eau ; après avoir absorbé de grandes quantités de ce breuvage les jeunes gens tombent dans une léthargie qui s'accompagne d'hallucinations pouvant se prolonger pendant vingt-quatre heures. S'ils ont vu apparaître un animal (aigle ou fau-con par exemple), celui-ci devient leur mascotte spirituelle pour le reste de leur vie. S'il voit la « vie », l'enfant sera protégé par un fantôme. Ce der-nier représente la vision idéale, car elle est immortelle. Il est interdit de tuer l'animal dont on a eu la vision, car ces mascottes peuvent intercéder favora-blement lors d'une grave maladie et en obtenir la guérison.

Pour les tribus Yuman, les réactions des « braves » durant leur ivresse au Toloache permettent de prédire leur avenir. Ils l'utilisent aussi pour acqué-rir des pouvoirs occultes. Si, pendant la transe, un individu entend chanter un oiseau, il acquiert le don de guérison. Les Navajos apprécient les propriétés psychotropes du *Datura* et l'utilisent pour diagnostiquer et soigner diverses maladies ainsi que pour provoquer l'ivresse. Ils en font un usage plutôt magique. Les visions qu'il provoque sont particulièrement estimées car elles révèlent l'existence de certains animaux auxquels sont attribuées des significations particulières. Après avoir appris de la vision la cause d'une maladie, on prescrit un chant. Si un homme amoureux est repoussé par une jeune fille, il peut se venger en mettant un peu de sa salive ou de la poussière de son mocassin sur un *Datura*. Il entame ensuite un chant qui la rendra folle dans l'instant.

On pense aujourd'hui que *Datura stramonium* est originaire de l'est de l'Amérique où les Algonquins et d'autres tribus l'auraient utilisé comme hallucinogène sacré. Au cours de la cérémonie Huskanawing, rituel initiatique des Indiens de Virginie, on employait un mélange toxique appelé Wysoccan. Son ingrédient actif était certainement le *Datura stramonium*. Les jeunes gens, enfermés pendant de longues périodes, n'absorbaient rien d'autre « que l'infusion ou la décoction de quelques racines toxiques », alors « ils devenaient fous furieux et étaient maintenus dans cette situation pendant dix-huit ou vingt jours. » Durant cette épreuve ils « défont leur vie antérieure » et rentrent dans l'âge adulte perdant tout souvenir de ce qu'ils ont été enfants.

Il existe au Mexique une espèce de *Datura* fort curieuse : elle est si distincte qu'on lui a assigné une section particulière du genre. Il s'agit de *D. ceratoacula*, plante charnue aux tiges épaisses et branchues, vivant dans les marécages ou dans l'eau. Appelée Torna loco (celle qui rend fou), elle est un puissant narcotique.

Toutes ces espèces de *datura* produisent les mêmes effets, leurs composants étant similaires. L'activité physiologique commence par un sentiment de lassitude, puis survient une période d'hallucinations suivie d'un sommeil profond et d'une perte de conscience. Absorbée en doses excessives cette plante peut être mortelle ou provoquer une folie permanente.

L'activité psychotrope de toutes ces espèces se révèle si intense que l'on comprend tout de suite pourquoi les cultures primitives les ont classées parmi les plantes des dieux.

Une magicienne Kunama du nord-est de l'Afrique conduit une danse de femmes en transe. Elles ingèrent un mélange secret composé de nombreuses plantes ; il semblerait que le *Datura* en fasse partie. Les femmes sont possédées par des esprits qui utilisent leur corps pour revenir dans le monde des vivants.

UN GUIDE
VERS LES
ANCÊTRES

« Zame ye Megebe (le dernier des dieux créateurs) nous donna l'Eboka. Un jour... il vit... le pygmée Bitamu haut perché sur un arbre Atanga, qui en ramassait les fruits. Il le fit tomber. Il en mourut et Zame recueillit son esprit. Zame coupa les petits doigts et les petits orteils du cadavre et les planta dans divers endroits de la forêt. Il en poussa des buissons d'Eboka. »

Cet arbuste haut de 1,50 à 2 m est le seul membre de la famille des Apocynacées à être utilisé comme hallucinogène. Les principes actifs de la plante sont concentrés dans ses racines jaunes qui contiennent des alcaloïdes psychotropes. On en râpe la peau, que l'on prend telle quelle, ou réduite en poudre, ou encore en infusion.

L'Iboga est à la base du culte bwiti et d'autres sociétés secrètes du Gabon et du Congo. La drogue est consommée de deux manières : on en absorbe d'abord de petites doses, à intervalles réguliers, avant et pendant le début des cérémonies ; une dose plus faible est prise après minuit. Par ailleurs, une ou deux fois pendant l'initiation au culte, on en prend de très fortes doses, représentant un volume de un à trois paniers, sur une période de huit à vingt-quatre heures, afin « d'ouvrir la tête » et d'obtenir « un contact avec les ancêtres au moyen d'une syncope et d'hallucinations. »

Cette drogue a une grande influence sur la vie sociale. Selon les indigènes, un initié ne peut faire partie du culte s'il n'a pas vu Bwiti, et le seul moyen pour voir Bwiti est de manger de l'Iboga. Les cérémonies très complexes et les danses associées à sa consommation varient d'un endroit à l'autre. L'Iboga touche aussi à d'autres aspects du culte bwiti, concernant entre autres le contrôle des événements. Les sorciers en prennent pour aller s'informer dans le monde des esprits, et les dirigeants du culte en consomment parfois pendant toute une journée avant de demander conseil aux ancêtres.

Cette plante est étroitement liée à la mort et elle est souvent anthropomorphisée en être surnaturel, sorte

« d'ancêtre générique », à tel point capable d'apprécier ou de mépriser un individu qu'il peut l'emporter dans le royaume des morts. Pendant les initiations, il arrive parfois que l'absorption de doses excessives d'Iboga provoque la mort. Le plus souvent, l'intoxication affecte à un tel point l'activité motrice que les initiés restent assis, scrutent le vague, tombent parfois en syncope, et on les transporte alors dans une maison spéciale ou dans une cachette de la forêt. Durant cette période presque comateuse, ils croient que l'ombre (l'âme) quitte le corps pour aller chez les ancêtres dans le pays des morts. Les *banzie* (anges), autrement dit les initiés, racontent ainsi leurs hallucina-

tions : « Un parent mort vint me trouver dans mon sommeil pour me dire d'en manger » ; « J'étais malade et on me conseilla de manger de l'Iboga pour guérir » ; « Je voulais voir Dieu, connaître les choses des morts et des terres de l'au-delà » ; « J'ai marché ou volé sur une longue route multicolore et au-dessus de nombreuses rivières qui me conduisirent chez mes ancêtres, ces derniers me menèrent ensuite devant les grands dieux. »

L'Iboga peut être un puissant stimulant, permettant à l'usager de maintenir un extraordinaire effort physique

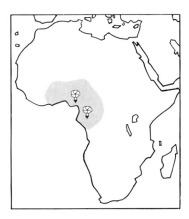

A droite : un pied de *Tabernanthe iboga* cultivé dans un village éfulane au Gabon.

L'Iboga *(Tabernanthe iboga)* ne se trouve que dans les régions tropicales humides du centre-ouest de l'Afrique, plus particulièrement au Congo et au Gabon.

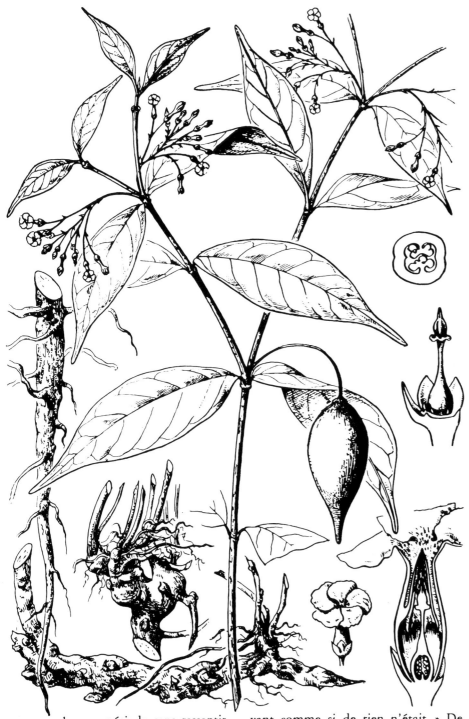

Indigène au Gabon et dans le sud-ouest du Congo, l'Iboga est un arbuste qui peut atteindre 2 m de haut. Sa racine jaunâtre contient l'alcaloïde psychotrope appelé ibogaïne.

Chez les Fang, pour le culte de Bwiti, des offrandes sont faites aux ancêtres entre deux buissons d'Iboga.

sur une longue période sans ressentir de fatigue. Le corps paraît plus léger et on éprouve souvent une sensation de lévitation. Des spectres lumineux comme des arcs-en-ciel paraissent entourer les objets, indiquant au *banzie* que l'initié approche du royaume des ancêtres et des dieux. La perception du temps est différente, il paraît plus long et les initiés pensent que leur voyage spirituel a pris plusieurs heures et même plusieurs jours. On a l'impression d'être détaché de son corps. L'un d'entre eux déclare : « Je suis ici et mon corps est là-bas, se mou-vant comme si de rien n'était. » De hautes doses provoquent une synesthé-sie auditive, olfactive et gustative. L'humeur varie entre la peur et l'euphorie.

Dès 1819, un ouvrage anglais sur le Gabon mentionnait l'« *Eroga* » parmi les « plantes fétiches ». L'auteur le décrivait comme « un remède fort prisé, mais violent » et ne le vit sans doute que réduit en poudre, car il le présente comme un champignon cal-ciné. Au siècle dernier, les explorateurs belges et français ont été en contact avec cette remarquable drogue et les

Au-dessus : Les racines d'Iboga doivent être déterrées et réduites en poudre avant d'être utilisées cérémoniellement. La photographie montre un indigène en train de récolter l'Iboga. Le mythe d'origine de cette plante sacrée veut qu'elle soit issue des petits doigts et des petits orteils sectionnés du Pygmée Bitumu.

En bas à droite : Un maître de cérémonie de la tribu Fang du Gabon distribue de l'Iboga dans un village éfulane.

LA CHIMIE DE L'IBOGA

Comme pour les autres hallucinogènes, particulièrement le Teonancatl et l'Ololiuqui, les principes actifs du *Tabernanthe iboga* appartiennent à la classe des alcaloïdes indoliques. L'Ibogaïne, que l'on peut produire par synthèse, est le principal alcaloïde du *T. iboga*.

Les effets hallucinogènes s'accompagnent de fortes stimulations du système nerveux central.

cultes qui l'entouraient. Selon eux, elle intensifie la force musculaire et l'endurance et elle a des propriétés aphrodisiaques. Un témoignage datant de 1864 insistait sur le fait que l'Iboga n'est pas toxique sauf à forte dose, et que les « guerriers et les chasseurs en consomment constamment pour se tenir éveillés pendant les gardes de nuit. »
En 1880, les Allemands en observèrent l'usage au Cameroun et, en 1898, on signalait que cette racine avait « un effet excitant sur le système nerveux, si bien qu'elle est très appréciée au cours de longues marches fatigantes, de voyages en pirogue et de veilles de nuit particulièrement dures. »
La première mention de ses effets hallucinogènes date de 1903, lorsque fut rapporté l'expérience d'un initié qui en avait consommé de fortes doses : « Soudain tous ses muscles s'étirent d'une manière extraordinaire. Il est saisi d'une folie épileptique pendant laquelle, inconscient, il prononce des mots qui pour les initiés possèdent un sens prophétique et prouvent que le fétiche a pénétré en lui. »

Quand j'ai mangé l'Eboka
Il m'a mené sur une longue route
Dans une forêt profonde,
Et je suis arrivé devant une grille
De fer noir.
Ne pouvant passer cette barrière
J'y vis une foule de gens noirs
Ils ne pouvaient passer non plus.
Au loin… c'était très lumineux.
Je voyais plein de couleurs dans l'air…
Soudain, mon père descendit d'en haut
Sous la forme d'un oiseau.
Il me donna mon nom Eboka
Et me permit de voler derrière lui
Par-dessus la grille de fer.

Ndong Asseko du Gabon

D'autres plantes aux propriétés narcotiques font également partie des cultes de l'Iboga. Elles sont parfois utilisées toutes seules, et parfois mélangées à cette dernière. Lorsqu'on en prend de faibles doses il arrive que l'on fume du *Cannabis sativa*, connu localement sous le nom de Yama et Beyama, mais ce dernier est souvent rejeté du fait de son origine étrangère. Au Gabon on mange parfois de la résine de Cannabis en même temps que l'Iboga. L'Alan *(Alchornea floribunda)* est souvent consommé en grandes quantités pour

L'introduction du christianisme a accru la signification du culte de l'Iboga, à la fois comme alternative religieuse et comme moyen d'intégration sociale. A travers lui, ses membres maintiennent un contact avec leurs ancêtres gardant ainsi une relation directe avec leur origine culturelle. Sur la photo de gauche on voit le médium qui dirige la cérémonie essayant de contacter les esprits de ses ancêtres.

Afin de purifier les participants, leurs péchés sont écrits sur une feuille de bananier *(en bas à droite)* puis confessés aux dieux de vive voix.

provoquer la syncope nécessaire aux initiations Bwiti et au sud du Gabon on le mélange à l'Iboga. Une autre euphorbiacée l'Ayan-beyem *(Elaephorbia drupifera)* est parfois utilisée si, au cours de l'initiation, l'effet de l'Alan se fait attendre : on en applique le latex directement dans les yeux à l'aide d'une plume de perroquet, ce qui affecte le nerf optique et provoque des visions.

Ces dernières années, le culte bwiti a gagné de nombreux adeptes et pris une grande importance. Dans une société en plein changement, envahie par des cultures étrangères, il représente une manifestation d'origine strictement indigène. Les adeptes considèrent que l'Iboga et les cultes qui l'entourent leur permettent de mieux résister à la vertigineuse transition entre l'individualisme de l'ancien mode de vie tribal et le collectivisme, la perte d'identité, apportés par la civilisation occidentale. Elle représente certainement la plus grande force de résistance contre le christianisme et l'islam introduits par les missionnaires. Elle a permis d'unifier de nombreuses tribus autrefois ennemies dans leur lutte commune contre les innovations venues de l'Occident. L'importance culturelle de la drogue est évidente. Le terme Iboga se retrouve partout dans le culte bwiti : *ndzi-eboka* (mangeur d'Iboga) désigne un adepte, *nyiba-*

eboka désigne la religion elle-même. Dans tout le sens du terme l'Iboga est une plante des dieux. Sa présence est bien établie dans les cultures d'Afrique centrale et elle ne disparaîtra pas de sitôt. Que ce soit au point de vue de la botanique, de la chimie, de la pharmacologie, de l'histoire ou de la sociologie, l'Iboga est loin d'avoir livré tous ses secrets.

Ci-dessous : Deux novices commencent leur initiation au culte bwiti. Les membres sont assis au milieu de la chapelle, attendant la venue des ancêtres. Ils « voient » l'esprit des morts dans un miroir placé devant la porte. Entre les jambes des 2 femmes est placée la peau d'une civette sur laquelle on a posé un tas de l'hallucinogène réduit en poudre.

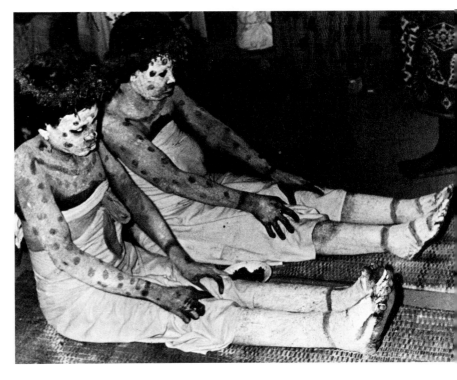

115

GRAINES
DE
L'ESPRIT
HEKULA

Des poudres hallucinogènes sont produites à partir de deux espèces d'*Anadenanthera*. Une de ces dernières est encore utilisée de nos jours au nord de l'Améri-

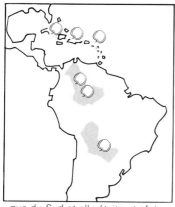

que du Sud et elle était autrefois employée aux Antilles. L'autre espèce est utilisée au nord de l'Argentine.

En haut à droite : Sur le terrain, Spruce prit une quantité de notes. Cette photographie montre une page de ses carnets, dans laquelle il donne des informations sur *l'Anadenanthera peregrina*. Tous ces documents sont conservés aux Jardins botaniques royaux de Kew, en Angleterre.

Au commencement, le Soleil créa une hiérarchie d'êtres intermédiaires entre lui-même et la terre. Il créa aussi la poudre à priser hallucinogène afin que les hommes puissent entrer en contact avec les êtres surnaturels. Il cachait cette poudre dans son nombril, mais sa fille la découvrit. Les hommes purent ainsi se procurer ce produit végétal directement issu des dieux.

Dès 1496, une chronique espagnole signalait que les Taino d'Hispaniola inhalaient une poudre appelée Cohoba afin de communiquer avec le monde des esprits. Elle produisait des effets si intenses que les usagers en perdaient connaissance. Lorsque son action commençait à se dissiper leurs bras et leurs jambes s'engourdissaient, leur tête branlait et, presque immédiatement, ils croyaient voir la pièce de bas en haut, comme si les hommes y marchaient la tête en bas. Cette poudre a disparu en même temps que les peuples aborigènes des Antilles.

En 1916 des recherches en ethnobotanique permirent d'identifier ce Cohoba, que l'on avait pris jusque-là pour un tabac très fort. Il devait s'agir du Yopo, poudre à priser hallucinogène originaire de l'Orénoque, fabri-

furent très probablement introduits par des Indiens venus de l'Orénoque. Le Yopo était, semble-t-il, beaucoup plus répandu autrefois qu'aujourd'hui. A l'époque préhispanique, il était prisé par diverses tribus, depuis les Andes colombiennes jusqu'aux plaines de l'Orénoque.

En 1560, un missionnaire envoyé dans les *llanos*, les plaines de Colombie, écrivait que les Indiens du Rio Guaviare

Il y a plus de 125 ans, l'explorateur britannique Richard Spruce rapporta de l'Orénoque ces objets destinés à la préparation et à la consommation de la poudre à priser appelée Yopo. Ils sont conservés au muséum des Jardins de Kew.

En 1801 le baron Alexandre de Humboldt et le botaniste Aimé Bonpland explorèrent la flore de l'Orénoque, fleuve qui marque la frontière entre la Colombie et le Vénézuela. Ils y étudièrent la préparation et l'emploi du Yopo, poudre à priser hallucinogène.

quée à partir de graines d'*Anadenanthera peregrina*, plus connu sous le nom de *Piptadenia peregrina*. On pense aujourd'hui que les tribus des Antilles étaient composées pour la plupart d'envahisseurs venus du nord de l'Amérique du Sud, et cet arbre, ainsi que la coutume de priser cette drogue,

« ont la coutume de prendre du Yopa et du Tabac, le premier étant les graines ou pépins d'un arbre... Ils se mettent à somnoler tandis que dans leurs rêves le démon leur montre toutes les vanités et toutes les corruptions qu'il veut bien leur faire voir, et qu'ils prennent pour de vraies révélations, en lesquelles ils croient, même si on leur dit qu'ils vont mourir. Cette coutume de prendre du Yopa ou du Tabac est générale dans le Nouveau Royaume. » En 1599, un autre chroniqueur rapporte : « Ils chiquent du Hayo ou Coca, de la Jopa et du Tabac... Ils perdent l'esprit et le démon leur parle... Le Jopa est un arbre avec des gousses comme celles des vesces et les graines à l'intérieur sont les mêmes, mais plus petites. » A l'époque précolombienne le Yopo occupait une fonction si importante que les Indiens des montagnes, où l'arbre ne poussait pas, allaient acheter la drogue dans les basses terres tropicales. Selon un ancien historien espagnol, les Muisca des Andes colombiennes usaient de cette poudre : « Jop : herbe divinatoire utilisée par les mojas ou prêtres du Soleil à Tunja et Bogotá. » Les Muisca « ... ne partent pas en voyage, ne déclarent pas la guerre et ne décident rien d'important sans apprendre au préalable quelle en sera l'issue ; ils s'en informent à

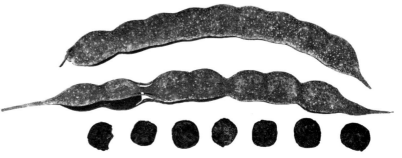

l'aide de deux herbes qu'ils mangent et qu'ils appellent Yop et Osca... »
Par manque d'identification botanique précise de la source des diverses poudres à priser, on a signalé l'usage de l'*Anadenanthera* sur une vaste région d'Amazonie où cet arbre est aujourd'hui totalement inexistant.
Le Yopo est parfois prisé quotidiennement comme stimulant, chez les Guahibo par exemple. Mais, le plus souvent, il est employé par les *payés* (guérisseurs, sorciers) pour provoquer des transes, des visions et communiquer avec les esprits *hekula* ; pour prophétiser ou prévoir l'avenir ; pour protéger la tribu des épidémies et des maladies et pour rendre plus agiles les chasseurs et leurs chiens.
Pendant longtemps, on a confondu la poudre d'*Anadenanthera* avec celle que l'on prépare à partir de *Virola* et d'autres plantes. C'est donc avec une

En haut à gauche : L'*Anadenanthera* est très répandu dans les prairies ou « campos » au nord de l'Amazone brésilienne. L'arbre porte de longues gousses contenant de six à douze graines à partir desquelles on prépare une poudre à priser hallucinogène.

En haut à droite : Au nord du Brésil, l'*Anadenanthera* peut devenir un gros arbre, comme en témoigne cette photo prise à Bôa Vista sur le Rio Branco.

Ci-dessus : La collection de spécimens de Richard Spruce comprenait des graines et des gousses d'*Anadenanthera* qu'il destinait à un examen chimique. Collectées en 1851, elles ne furent analysées qu'en 1977. Sur la photo la dimension réelle des spécimens est réduite de moitié.

Les Waiká du sud du Venezuela et du nord du Brésil sont sans aucun doute les plus grands usagers de Yopo, poudre à priser préparée avec les graines de l'*Anadenanthera peregrina*. Ils en consomment d'énormes quantités qu'ils s'insufflent dans les narines à l'aide de longs tubes fabriqués avec des tiges de diverses maranthacées.

Ci-dessus : On a signalé récemment que les Mashco de l'Argentine du nord fument et prisent de l'*Anadenanthera colubrina*. L'hypothèse selon laquelle les poudres à priser désignées par les premiers explorateurs espagnols sous les noms de Sebil et Vilca seraient en fait des poudres d'*Anadenanthera* s'en trouve fortifiée.

LA CHIMIE DU YOPO

Les principes actifs de l'*Anadenanthera* sont des dérivés de tryptamines et appartiennent donc à la classe des alcaloïdes indoliques. La tryptamine est également le composant de base de l'acide aminé tryptophane très répandu dans le monde animal. Le diméthyltryptamine (DMT) et le 5-hydroxydiméthyl-tryptamine (bufoténine) font partie des tryptamines de l'*Anadenanthera*. La bufoténine est également présente dans les sécrétions cutanées du crapaud (*Bufo* sp.), d'où son nom. On trouve également dans cette plante les 2-méthyl et 1,2-diméthyl-6-méthoxytétra-hydro-β-carboline.

certaine précaution qu'il faut lire les cartes ethnologiques signalant la poudre d'*Anadenanthera* dans d'immenses régions d'Amérique du Sud. En 1741, le missionnaire jésuite Gumilla, qui écrivit longuement sur la géographie de l'Orénoque, décrivait l'usage du Yopo chez les Otomac : « Ils ont une autre habitude abominable, celle de s'enivrer par les narines avec certaines poudres pernicieuses qu'ils appellent Yupa et qui leur enlèvent la raison ; ils prennent alors les armes avec furie... » Après avoir décrit la préparation de la poudre et la coutume d'y ajouter de la coquille d'escargot, il signale qu' « avant la bataille, ils deviennent frénétiques après avoir prisé le Yupa, ils se blessent, et pleins de sang et de colère ils partent en guerre comme des jaguars enragés. »

Le baron de Humboldt fit le premier rapport véritablement scientifique sur le Yopo. Il en identifia la source botanique et indiqua que les Indiens Maypure de l'Orénoque, où il observa la préparation de la drogue en 1801, cassaient les longues gousses, les trempaient et les laissaient fermenter. Quand elles étaient devenues noires, les graines ramollies étaient pétries avec de la farine de cassave et du calcaire provenant de coquilles d'escargot, puis formées en gâteaux que l'on réduisait en poudre lorsqu'on voulait priser. Humboldt pensait à tort qu' « il ne faut pas croire que ces gousses soient la principale cause des... effets de la poudre à priser... Ces effets sont dus au calcaire fraîchement calciné. »

Plus tard, Spruce donna une description très détaillée de la préparation et de l'emploi du Yopo chez les Guahibo de l'Orénoque. Il recueillit un matériel ethnographique complet concernant ce narcotique, les graines qu'il expédia en 1851 pour examen chimique ne furent analysées qu'en 1977.

« Une horde d'Indiens Guahibo en déplacement... avait installé son cam-

pement sur les savanes de Maypures. Leur rendant visite, je vis un vieillard qui écrasait des graines de Yopo et je lui achetai son matériel à préparer et inhaler cette poudre. Après avoir été grillées, les graines sont réduites en poudre sur un plat en bois... On le maintient sur les genoux par une grande anse assez fine, tenue de la main gauche, les doigts de la main droite serrant une petite spatule ou pilon... avec laquelle on écrase les graines... La poudre est conservée dans un

Avant de priser le Yopo les chamanes Waiká se rassemblent et chantent, invoquant les esprits Hekula avec lesquels ils vont entrer en communication grâce à l'hallucinogène.

L'hallucinogène agit rapidement, faisant tout d'abord abondamment couler le mucus nasal et provoquant des frémissements musculaires, particulièrement dans les bras, ainsi qu'une expression torturée du visage.

étui en os de patte de jaguar... Pour priser ils utilisent un appareil fabriqué avec des os de pattes de héron ou d'autres échassiers, assemblés en Y... ».

Un observateur contemporain décrit ainsi les effets du Yopo : « Ses yeux commencèrent à s'exorbiter, sa bouche se contractait, ses membres tremblaient, et il était effrayant à voir. Il était obligé de s'asseoir pour ne pas tomber. Cette ivresse ne dura que cinq minutes, après quoi il devint plus gai. »

Les diverses préparations de Yopo varient d'une tribu et d'une région à l'autre. Généralement, les graines sont grillées et réduites en poudre. On y ajoute du calcaire provenant de coquilles d'escargots ou de cendres de certaines plantes. Quelques Indiens emploient la poudre sans ces additifs alcalins. Apparemment ils ne mélangent jamais d'autres plantes à l'*Anadenanthera*.

Cet arbre pousse naturellement dans les prairies du bassin de l'Orénoque en Colombie et au Venezuela. On le trouve également dans les forêts claires au sud de la Guyane britannique et dans la région du Rio Branco au nord du Brésil. Il arrive qu'il soit cultivé. Il

est aussi présent dans les savanes isolées des environs du Rio Madeira. S'il apparaît ailleurs, c'est qu'il y fut sans doute introduit par les Indiens. Au siècle dernier il était fréquemment cultivé dans des régions extérieures à son habitat naturel.

Au sud de l'Amérique latine on préparait autrefois une poudre à priser avec un proche parent de cet arbre, *Anadenanthera colubrina*. Une chronique datée de 1571 mentionne que les guérisseurs Incas prophétisaient en contactant le diable dans un complet état d'ivresse provoqué par de la Chicha additionnée de Vilca, nom verniculaire d'*A. colubrina*. Au nord de l'Argentine, lors de l'arrivée des premiers Espagnols, on préparait une poudre enivrante avec du Cebil. En Amérique du Sud on trouve couramment des instruments à priser dans les fouilles archéologiques, mais il est possible qu'ils aient également servi pour le tabac. On a signalé récemment que les Mashco d'Argentine emploient toujours une poudre à priser à base d'*Anadenanthera colubrina* dont ils fument aussi les graines. Cette espèce, qui présente la même composition chimique que l'*A. peregrina*, peut avoir la même activité psychotrope.

Cette période une fois passée, les chamanes commencent à sauter, à gesticuler, criant violemment pour appeler les Hekula.

Cette dépense d'énergie dure entre une demi-heure et une heure, puis, épuisés, ils tombent dans une sorte de transe durant laquelle ils ont des hallucinations.

LIANE
DE
L'AME

Au nord-ouest de l'Amérique du Sud, il existe une plante magique dont les Indiens pensent qu'elle libère l'âme du corps, celle-ci peut ainsi errer librement, sans entrave et regagner son enveloppe charnelle lorsqu'elle en a envie. Elle détache son possesseur de la soumission au quotidien et l'introduit dans les royaumes merveilleux que les Indiens considèrent comme la seule réalité. L'homme peut alors communiquer avec ses ancêtres. Le nom quechua de cette boisson enivrante, Ayahuasca, la liane de l'âme, illustre sa capacité de libérer l'esprit. Les dieux firent don, aux premiers Indiens, de ces plantes dont le pouvoir est dû aux forces surnaturelles cachées dans leur substance.

L'Ayahuasca possède plusieurs autres noms vernaculaires : Caapi, Dápa, Mihi, Kahi, Natema, Pindé, et Yajé. Ce breuvage qui sert à la fois à la divination, à la sorcellerie et à la thérapeutique est si profondément enraciné dans la mythologie et la philosophie indigènes que l'on ne peut douter de sa haute antiquité. Pour sa préparation, deux espèces de *Banistériopsis* sont particulièrement importantes : *B. caapi* et *B. inebrians*. Localement, on utilise parfois aussi *B. quitensis*, *Mascagna glandulifera*, *M. psilophylla* var. *antifebrilis*, *Tetrapteris methystica* et *T. mucronata*. Toutes ces plantes sont de grosses lianes de la forêt appartenant à la même famille. *B. caapi* et *B. inebrians* sont souvent cultivés. On peut ajouter diverses autres plantes à cette boisson pour en modifier les effets. Les additifs les plus courants sont des feuilles de *B. rusbyana* et de *Psychotria carthaginensis* ou *P. viridis*. Il arrive aussi que l'on y mêle d'autres plantes psychotropes comme *Brugmansia suaveolens*, *Brunfelsia chiricaspi* et *B. grandiflora*. D'autres additifs peuvent être le Tabac ; *Malouetia tamaquarina* et une espèce de *Tabermaemontana* (Apocyniacées) ; *Teliostachya lanceolata* var. *crispa* ou Toé Negra (Acanthacées) ; *Catlathea veitchiana* (Maranthacées) ; *Alternanthera lehmannii* (Amaranthacées) et une espèce d'*Iresine* ; plusieurs fougères dont les *Lygodium venustum* et *Lomariopsis japurensis* ; *Phrygylanthus eugenioides* de la famille du Gui ; *Ocimum micranthum* ; un roseau de la famille des Cypéracées ; plusieurs cactus y compris des espèces d'*Opuntia*, d'*Epiphyllum* ; et, enfin, un membre du genre *Clusia* (Guttiferacées).

Les indigènes ont souvent des noms particuliers pour désigner différentes « variétés » d'Ayahuasca, qui pour le botaniste représentent toutes la même espèce. Il est souvent très difficile de comprendre le système classificatoire aborigène : ces « variétés » peuvent correspondre à certains stades du développement de la plante, ou à différentes parties de la liane, ou encore à des formes écologiques poussant dans différentes conditions de sol, de lumière, d'humidité, etc. Selon les Indiens, ces diverses « variétés » ne produisent pas les mêmes effets et il est fort possible que leurs compositions chimiques soient différentes. Il s'agit là d'un des aspects les moins connus et les plus significatifs de l'Ayahuasca. Les Tukano de Colombie, par exemple, reconnaissent six « variétés » de Kahi. Il n'a pas toujours été possible d'en faire la détermination botanique mais elles portent toutes des noms indigènes

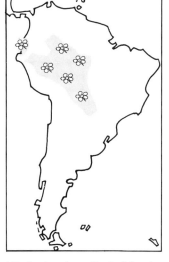

L'hallucinogène *Banistériopsis* est utilisé dans tout l'ouest du bassin de l'Amazone et dans les régions adjacentes de l'Orénoque. Son usage s'est apparemment répandu au-delà des Andes dans divers points de la côte pacifique en Colombie et en Équateur.

verts. On en utilise l'écorce et, mal dosée, elle peut aussi être mortelle. Il est d'ailleurs possible que ces deux « variétés » ne soient pas des *Banistériopsis* ni même des Malpighiacées. Encore un peu moins forte, la Suána-kahí-má (Kahi du jaguar rouge) donne des visions coloriées en rouge. Kahi-vaí Bucura-rijomá (kahi de la tête de singe) provoque des hallucinations chez les singes et les fait hurler. La plus faible de ces « variétés » hallucinogènes est l'Ajúwri-kahí-má ; elle produit peu d'effet. On l'utilise pour renforcer Méné-kahí-má. Toutes ces « variétés » sont vraisemblablement des formes de *Banistériopsis caapi*. Le Kahí-somómá ou Kahí-uco, (Kahi qui fait vomir) est un arbuste dont les feuilles sont mêlées à l'Ayahuasca pour leur effet émétique. Il s'agit sans doute du *B. rusbyana*, que les Siona Tukano du Putumayo de Colombie appellent Oco-Yajé.

Moins célèbre que le Peyotl ou les champignons sacrés du Mexique, l'Ayahuasca a néanmoins retenu l'attention du grand public grâce à des articles mentionnant ses pouvoirs réputés télépathiques, il est vrai que le premier alcaloïde isolé à partir du *Banistériopsis* fut nommé télépathine.

Il y a diverses manières de préparer cet hallucinogène. Le plus souvent on gratte l'écorce de morceaux de tiges fraîchement coupées. Dans l'ouest, l'écorce est bouillie pendant plusieurs heures et cet épais liquide très amer est absorbé à petites doses. Ailleurs, on la pulvérise et on la pétrit dans l'eau froide ; dans ce cas il est possible d'en boire des doses plus élevées car elle est moins concentrée. Les effets varient selon les méthodes de préparation, l'environnement, la quantité ingérée, le nombre et le type d'additifs, le propos de son utilisation et le contrôle cérémoniel exercé par le chamane.

L'Ayahuasca donne souvent la nausée, des vertiges, et met dans un état soit euphorique, soit agressif. Au cours de leurs visions, les Indiens assistent souvent à de formidables attaques de serpents géants ou de jaguars qui leur font cruellement ressentir leur propre faiblesse. Cette présence si fréquente de serpents et de jaguars dans les hallucinations dues à l'Ayahuasca ont intrigué les psychologues. On comprend mieux l'importance de ces animaux lorsqu'on sait que, dans toute la forêt tropicale, ce sont les seuls êtres que les Indiens craignent et respectent. Leur agilité et leur force leur ont donné une

bien distincts. La plus forte, appelée Kahi-riáma, provoque des hallucinations auditives et annonce les événements à venir. On rapporte que, mal employée, elle peut causer la mort. Méné-kahí-má, à peine moins puissante, donne des visions de serpents

Pratiquement tous les éléments décoratifs... sont considérées comme issus de l'imagerie hallucinatoire... les exemples les plus frappants étant les peintures ornant les façades des malocas... représentant... parfois... le Maître du Gibier. ...Lorsqu'on leur pose des questions sur ces peintures, les Indiens répondent simplement : « C'est ce que nous voyons quand nous buvons du Yajé... ».
Reichel-Dolmatoff

En haut à gauche : Les Indiens Tukano décorent les murs d'écorce de leurs malocas avec des dessins représentant les êtres mythologiques qui peuplent leurs visions lorsqu'ils sont sous l'influence du Caapi. La peinture photographiée ci-dessus représente un esprit ancestral connu sous le nom de Maître des Animaux.

En bas à gauche : La plante grimpante avec laquelle on prépare l'Ayahuasca ou Caapi devient, en vieillissant, une solide liane de la forêt. Cependant, pour certaines occasions, les indigènes préfèrent recueillir l'écorce de tiges plus jeunes (telles qu'on les voit sur la photographie). Ils disent que leurs effets hallucinogènes sont différents de ceux que provoquent des tiges plus grosses et plus vieilles.

L'espèce de *Banisteriopsis* la plus couramment employée est *B.caapi* ; cependant, à l'extrême ouest de l'Amazonie et sur les contreforts des Andes on trouve une espèce apparentée, *B. inebrians*, qui est également employée pour ses propriétés hallucinogènes.

L'explorateur et botaniste anglais Richard Spruce collecta les premiers spécimens de *Banisteriopsis caapi* en 1851. Il en expédia, pour analyse chimique, au muséum des Jardins botaniques de Kew où on les retrouva en 1969.

A droite : Chez les Kofán de Colombie et de l'Équateur, certains sorciers-guérisseurs préparent le Curare et le Yajé. Ces deux produits végétaux sont associés. Les Kofán prennent du Yajé avant de partir à la chasse, dans l'espoir que les visions leur révèleront les cachettes des animaux qu'ils recherchent.

A l'extrême droite : Pour faire l'Ayahuasca ou le Caapi, l'écorce fraîche doit être vigoureusement écrasée avant d'être bouillie ou pétrie dans l'eau.

Ci-dessous : Des feuilles de *B. rusbyana*, contenant des tryptamines, sont souvent ajoutées au breuvage pour accroître et prolonger l'ivresse.

place de tout premier plan dans les croyances religieuses des aborigènes. Les chamanes de plusieurs tribus se transforment en félins pendant l'ivresse et en exercent les pouvoirs. Les guérisseurs ou sorciers Yekwana imitent les rugissements du jaguar. Les Tukano buveurs d'Ayahuasca font souvent des cauchemars pendant lesquels ils ont l'impression que d'énormes gueules de jaguars les avalent ou que de gigantesques serpents s'approchent d'eux et s'enroulent autour de leur corps. Ils voient des serpents multicolores grimper sur les piliers de la maison. Les chamanes Conibo-Shipibo soumettent ainsi de grands serpents imaginaires pour se défendre dans les luttes surnaturelles avec d'autres puissants confrères. Cette drogue leur sert à diagnostiquer des maladies, à éloigner les désastres imminents, à deviner les desseins de l'ennemi et à connaître l'avenir. Mais elle n'est pas seulement un outil de chamane : elle touche en fait à tous les aspects de la vie des peuples qui en usent, à un niveau rarement atteint par d'autres hallucinogènes. Tous les usagers, qu'ils soient chamanes ou non, voient les dieux, les premiers êtres humains, les premiers animaux, et saisissent à travers elle l'origine de leur ordre social.

Son usage le plus important est théra-

Dans la danse Kai-ya-ree, les Yukuna portent des masques représentant divers animaux et ils boivent du Caapi « pour faire rentrer la lumière dans l'âme » ; un des propos de la danse est en effet de chasser Oaname, la force des ténèbres.

Chez les Kofán, la plupart des rituels concernant le Yajé sont conduits par de vieux chamanes. Deux d'entre eux sont ici photographiés en grand costume de cérémonie.

chant n'étant qu'un écho du leur. Pendant toute la durée de ce chant son âme peut voyager au loin, phénomène qui n'affecte en rien le déroulement de la cérémonie ni la capacité du chamane à communiquer aux participants les volontés des esprits.

Chez les Tukano, les usagers de cette drogue se sentent poussés par des vents puissants que le chamane explique comme un voyage dans la Voie Lactée, première étape avant le paradis. De même, les Zaparo de l'Équateur ont la sensation d'être soulevés dans les airs. Les âmes des chamanes Conibo-Shipibo du Pérou volent sous la forme d'un oiseau ; pour retrouver les âmes perdues ou volées, ils voyagent sur une pirogue conduite par des démons.

Les effets de cette boisson sont fortement modifiés par l'addition de feuilles de *Banistériopsis rusbyana* ou de *Psychotria*. On pense que, prises oralement, les tryptamines contenues dans ces dernières sont inactives. Pour

peutique. Le chef de l'Ayahuasca, chez les Campa du Pérou, est un prêtre qui, suivant un très strict apprentissage, maintient et accroît son pouvoir chamanique grâce à l'usage du Tabac et de l'Ayahuasca. Sous l'effet de la drogue, le chamane prend une voix étrange et distante, et les frémissements de sa mâchoire signalent l'arrivée des bons esprits qui, merveilleusement vêtus, chantent et dansent devant lui, son

qu'elles agissent il leur faut la présence d'oxydases monoaminés agissant comme inhibiteurs. L'harmine et ses dérivés, présents dans *B. caapi* et *B. inebrians*, sont des inhibiteurs de ce type qui permettent d'activer les tryptamines. Ces deux types d'alcaloïdes sont hallucinogènes.

Grâce à ces additifs, la durée et l'éclat des visions sont grandement accrus. La boisson sans mélange donne générale-

ment des visions bleues, violettes ou grises. Avec des additifs celles-ci deviennent d'un rouge et d'un jaune très vifs. Après une période de vertiges, de nervosité, de transpiration et parfois de nausées, l'ingestion de l'Ayahuasca sans additifs peut donner lieu à d'agréables visions lumineuses, suivies d'une période de lassitude durant laquelle commence le jeu des couleurs. D'abord vient le blanc, se transformant progressivement en bleu fumé et brumeux qui s'accroît en intensité, puis survient un sommeil parfois fiévreux, interrompu de rêves. L'effet désagréable le plus fréquemment ressenti est une diarrhée qui se prolonge au-delà des effets psychotropes. Ces effets sont très intensifiés par les additifs contenant des tryptamines qui provoquent par ailleurs des tremblements convulsifs, une mydriase (dilatation des pupilles) et une accélération du pouls. Fréquemment, à un stade avancé de l'ivresse, l'individu manifeste une grande témérité et parfois même de l'agressivité.

Le Yurupari, célèbre cérémonie des Tukano, est un rituel de communication avec les ancêtres, essentiel pour les hommes de la tribu, en même temps qu'un rite d'initiation pour les garçons. La vue de la trompe sacrée qui appelle les esprits Yurupari est interdite aux femmes. Faite d'écorce, elle symbolise les forces pour qui suit la cérémonie ; elle exerce une influence favorable sur les esprits de la fécondité, guérit les maladies et accroît le prestige et le pouvoir des hommes sur les femmes. De nos jours, le Yurupari n'est plus très fréquent. Un des articles les plus détaillés sur une cérémonie qui eut lieu récemment le décrit ainsi :

« Le son profond des tambours à l'intérieur de la maloca annonça l'arrivée des trompes Yurupari. A un signal à peine pressant de l'un des hommes les plus âgés, toutes les femmes, depuis les bébés au sein jusqu'aux vieilles édentées, se rendirent à la lisière de la forêt proche, pour écouter de loin les notes profondes et mystérieuses des trompettes dont elles pensent que la vue signifie pour toute femme une mort certaine… Les payés et les vieux n'hésitent d'ailleurs pas à préserver le mystère en administrant judicieusement du poison aux curieuses. »

« On sortit de leur cachette quatre paires de trompes et les joueurs se rangèrent en demi-cercle, produisant les

LA CHIMIE DE L'AYAHUASCA

Pensant qu'il s'agissait d'une nouvelle découverte, on nomma télépathine et banistérine les premiers alcaloïdes isolés à partir du *Banisteriopsis*. Des recherches chimiques plus poussées montrèrent que ces substances étaient identiques à l'harmine, alcaloïde tiré du *Peganum harmala*. Qui plus est, les alcaloïdes secondaires du *Peganum*, l'harmaline et la tétrahydroharmine, sont également présents dans le *Banisteriopsis*. Les principes actifs sont des alcaloïdes indoliques que l'on trouve dans de nombreux autres hallucinogènes.

Accompagnée de chants et de maracas qui rythment la complexité des pas, cette danse en

ligne est typique des cérémonies Barasana durant lesquelles on boit du Caapi. (Rio Piraparaná).

Les nombreuses tribus Tukano du bassin du Vaupés en Colombie et au Brésil dédient aux ancêtres une cérémonie réservée aux hommes. La danse Yurupari, durant laquelle ils boivent du Caapi, permet à ces derniers de communiquer avec les esprits des défunts.

premières notes, lugubres et profondes. Pendant ce temps, quelques-uns des hommes plus âgés avaient ouvert leur boîte à plumes de cérémonie, et, choisissant avec grand soin des collerettes brillantes et colorées, ils les attachèrent au milieu des trompes les plus longues... Quatre vieux, en rythme

Un Indien Barasana dessine dans le sable ce qu'il a vu au cours d'une ivresse provoquée par le Caapi. Il semble que de nombreux motifs produits sous l'influence de cet hallucinogène sont le résultat d'une interaction entre des facteurs culturels et les effets biochimiques spécifiques des principes actifs contenus dans la plante.

A droite : La cruche décorée dans laquelle on prépare le Caapi est un objet sacré pour les Tukano. Lorsqu'on ne l'utilise pas elle est accrochée dans la maloca, orientée vers le nord-est. Ses décorations sont caractéristiques des effets visuels provoqués par le Caapi.

parfait et avec un sens très théâtral de l'instant, défilèrent dans la maloca, faisant sonner les trompes décorées, avançant et reculant à petits pas de danse. De temps en temps, deux d'entre eux sortaient par la porte en dansant, les trompes haut levées, puis rentraient après un bref tour à l'extérieur. Les collerettes de plumes, gonflées et mouvantes, faisaient de merveilleuses explosions de couleur translucide dans la lumière vive... Les hommes les plus jeunes commencèrent à s'administrer une première série de coups de fouets et le maître de cérémonie apparut, tenant à la main une curieuse cruche d'argile rouge contenant un puissant breuvage narcotique appelé Caapi. Ce liquide brun et épais fut servi dans deux paires de toutes petites gourdes rondes. Très vite, plusieurs buveurs se mirent à vomir... Ils recommencèrent à se fouetter deux par deux. Les premiers coups étaient appliqués sur les jambes et les chevilles, le fouet lancé de loin en un geste théâtral. Les coups claquaient comme des détonations de pistolet. Tout de suite après, ils échangeaient leurs places. Bientôt les coups partirent librement, et tous les jeunes gens étaient couverts de traînées sanglantes sur tout le corps. De tout petits garçons de six ou sept ans à peine se saisissaient des fouets abandonnés, imitant leurs aînés.

Petit à petit, le volume du son diminua et il ne resta plus qu'un ou deux joueurs qui, ravis par leur musique, se courbaient, avançaient et reculaient dans la maloca avec beaucoup de grâce et de délicatesse. Une douzaine d'hommes plus âgés commença à mettre ses plus beaux diadèmes en brillantes plumes de guacamayo. Ils s'ornèrent en outre de hautes aigrettes, de pièces ovales faites de la peau rousse du singe hurleur, de disques de carapace de tatou, de précieux anneaux en poil de singe, de cylindres de quartzite et de ceintures en dents de jaguar. Revêtus de cette ornementation sauvage et triomphante ils formèrent un demi-cercle ondulant et dansant, la main droite de l'un posée sur l'épaule de l'autre, tous bougeant et chantant à l'unisson. Le vieux payé menait le groupe et bénissait ses compagnons en soufflant la fumée d'un immense cigare de tabac posé sur une fourche de cérémonie en bois sculpté, tandis que sa lance à grelots ne cessait de vibrer. Le chant cérémoniel cachiri, familier et solennel, fut entonné par tout le groupe : leurs voix graves montaient et descendaient, se mêlant aux sons vibrants des trompes Yurupari. »

Les Tukano disent qu'à l'époque de la création, lorsque les hommes vinrent peupler le Vaupés, il se passait des choses extraordinaires. Il leur fallut endurer bien des difficultés avant de pouvoir s'installer dans ces nouvelles régions. D'horribles serpents et de dangereux poissons peuplaient les rivières, il y avait des esprits cannibales, et c'est dans l'effroi qu'ils reçurent les éléments de base de leur culture.

Chez ces anciens Tukano vivait une femme, la première de toute la création, qui « noyait » les hommes dans des visions. Pour les Tukano, pendant le coït, l'homme se « noie », ce qui signifie en fait qu'il a des visions. La première femme, fécondée par l'œil par le Père Soleil, donna naissance à un enfant qui devint le Caapi, plante narcotique. L'enfant était né dans un brillant éclair de lumière. La femme — Yajé — coupa le cordon ombilical et frotta l'enfant avec des plantes magiques pour donner une forme à son corps. L'enfant Caapi vécut très vieux, gardant jalousement ses pouvoirs hallucinogènes. C'est de cet enfant âgé, possesseur du Caapi ou acte sexuel, que les hommes Tukano reçurent le sperme. Pour l'Indien, « l'expérience hallucinogène est essentiellement

En haut à droite : Le Caapi permet aux Tukano de se représenter le peuplement de la terre par les premiers hommes. En bas du dessin, l'esprit Pamuri-mahse, se tient dans la pirogue anaconda, debout au-dessus d'une vulve qui symbolise la procréation. Cet esprit représente le Père Soleil ;

les grands symboles phalliques à droite sont les Tukano du rio Piraparanà et les plus petits ceux du Vaupés.

Au-dessus de la pirogue, la Voie lactée est figurée en rouge et bleu. C'est de là qu'est descendu Pamuri-mahse. Encore au-dessus se trouvent quatre pirogues portant des voyageurs aux formes phalliques qui peuvent atteindre les royaumes situés au-delà de la Voie lactée. Tout à fait en haut, on voit des pirogues portant des chamanes et leurs aides surnaturels : ils naviguent dans les sphères les plus hautes.

Ci-contre : Ce dessin d'une vision due au Caapi représente l'esprit Pamuri-mahse et les premiers Tukano de la création.

L'objet en forme de cœur sur la poitrine de Pamuri-mahse représente son énergie créatrice. A sa gauche, une cruche de Caapi est entourée de lianes. La croix, dans la partie supérieure du tableau, figure l'espace où coule le sperme. A droite et à gauche, on peut voir des plumes ornant les coudes des danseurs et, à l'extrême droite, le premier perroquet.

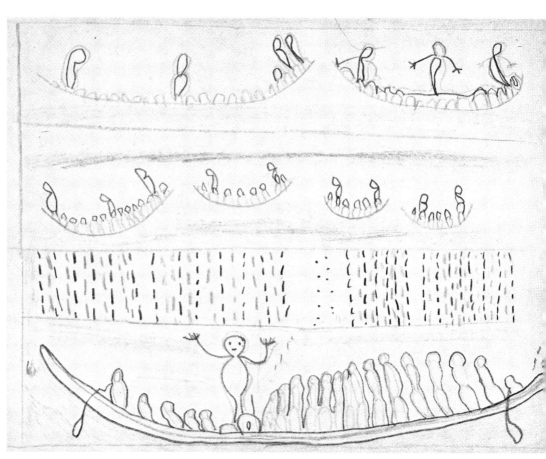

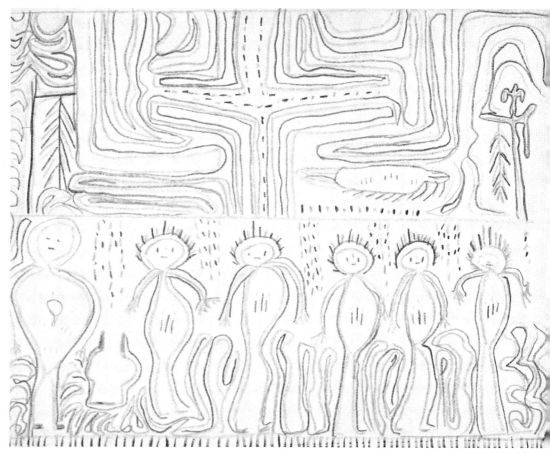

sexuelle... le but ultime atteint par peu d'entre eux mais désiré ardemment par tous, est de la sublimer, de passer de l'érotique et du sensuel à une union mystique avec les temps mythiques, de retrouver le stade intra-utérin. »

On a dit que l'art des Indiens était pour une large part fondé sur l'expérience hallucinogène. Les couleurs ont une signification symbolique : le jaune ou le blanc cassé évoquent le sperme, la fécondation solaire. Le rouge, couleur de l'utérus, du feu et de la chaleur, est symbole de la fécondité féminine. Le bleu, produit par la fumée du Tabac, représente la pensée. Toutes ces couleurs sont présentes dans les visions dues à l'Ayahuasca et elles ont des interprétations très précises. Dans la région du Vaupés, on trouve de nombreuses sculptures sur roche, de formes

Cette peinture assez complexe est caractéristique des maison tukano. On peut y voir le Maître des Animaux, une série de cercles concentriques, des points, diverses lignes courbes et quelques animaux. Tous ces motifs ont pour origine les visions dues au Caapi et sont intimement liés à la mythologie de la tribu.

assez compliquées qui, sont sans aucun doute le résultat d'expériences hallucinogènes. De même, les peintures sur les murs en écorce des maisons communes des Tukano sont inspirées des visions dues à l'ivresse produite par l'Ayahuasca.

Les dessins et les décors des poteries, des maisons, des vanneries et autres objets domestiques se divisent en deux catégories : motifs abstraits et motifs figuratifs. Les Indiens en connaissent toutes les différences et ils disent qu'elles sont dues aux effets du Caapi. « Quelqu'un qui trouve un dessin ou qui voit peindre un motif peut dire : ''C'est ce qu'on voit après avoir bu trois tasses de Yajé'', spécifiant parfois la plante utilisée dans le mélange et indiquant ainsi les effets narcotiques qu'ils attribuent aux différentes décoctions. »

Il aurait été naturel qu'une drogue aussi importante ait très tôt attiré l'attention des Européens. Or, ce ne fut pas le cas. C'est en 1851 seulement que le botaniste anglais Spruce trouva le Caapi chez les Tukano du rio Vaupés, alors qu'il collectait les plantes. Il en expédia en Angleterre pour analyse chimique. Trois ans plus tard, il observa l'usage qu'en faisaient les Indiens Guahibo du haut-Orénoque. Plus tard encore, il trouva l'Ayahuasca chez les Zaparo de l'Équateur et l'identifia comme étant le même hallucinogène que le Caapi.

A ce sujet il écrivait : « Au cours de la nuit, pendant les intervalles entre les danses, les jeunes gens prirent du Caapi cinq ou six fois, par petits groupes, et quelques-uns en burent même deux fois. L'échanson, qui doit être un homme, car une femme ne peut toucher ou goûter au Caapi, se met à courir depuis le côté opposé de la maison, portant dans chaque main une petite calebasse contenant environ une tasse de Caapi, et murmurant ''Mo-mo-mo-mo-mo'', se baissant petit à petit jusqu'à ce que son menton touche ses genoux. Il donne alors une de ces tasses à l'homme debout, qui attend de la recevoir... Moins de deux minutes après qu'il a bu, les effets commencent à se manifester. L'Indien devient très pâle, il se met à trembler de tous ses membres et il a l'air horrifié. Soudain se produisent des symptômes contraires : il se met à transpirer et semble en proie à une fureur terrible, il se saisit de toute arme à portée de main... et se précipite vers la porte tout en portant des coups violents sur le sol et les poteaux en criant : « voici ce que je ferais à mon ennemi si c'était lui ! ». Au bout d'une dizaine de minutes l'excitation disparaît, l'Indien se calme, mais paraît épuisé. »

Depuis Spruce, de nombreux voyageurs ont mentionné cette drogue sans que l'on sache grand-chose à son sujet. C'est en 1969 seulement que l'on commença l'analyse chimique du matériel envoyé par Spruce en 1851.

Cette belle gravure ornant un rocher de granite à Nayi, sur le rio Piparaná en Colombie, est de toute évidence très ancienne. A cet endroit les rapides se trouvent juste sur la ligne de l'Équateur, en relation verticale avec le mouvement des constellations. Ce point turbulent du cours du fleuve serait l'endroit où le Père Soleil épousa la Terre pour créer les premiers Tukano. Selon les Indiens, ce visage triangulaire serait un vagin et la figure humaine très stylisée un phallus avec des ailes.

Le peintre péruvien Yando est l'auteur de ce dessin inspiré par une vision due à l'Ayahuasca. Les complexités de l'hallucination y sont traitées en images microscopiques et macroscopiques.

127

ARBRES
DE L'AIGLE
MALÉFIQUE

Ce dessin réalisé par un Indien Guambiano dans le sud des Andes colombiennes représente une femme sous un Borrachero ou *Brugmansia vulcanicola*. L'aigle, esprit maléfique, indique bien à quel point cet arbre est toxique. Toute personne qui s'attarde dans son ombre perd la mémoire et croit voler dans les airs.

Toutes les espèces de *Brugmansia* sont originaires de l'Amérique du Sud. On pensait autrefois qu'il appartenait au genre *Datura*. Des études récentes sur la biologie de ces plantes ont montré qu'il fallait les classer dans des genres distincts. Le comportement de ces espèces et leur localisation géographique indiquent clairement une longue association avec l'homme.

L'usage hallucinogène des *Brugmansia* provient peut-être de celui de leurs proches parents, les *Datura*. En effet, l'usage de ces derniers fut introduit dans le Nouveau Monde par les Mongoloïdes proto-indiens à la fin du Paléolithique et au Mésolithique. Se déplaçant toujours plus au sud, ils rencontrèrent d'autres espèces de *Datura*, tout particulièrement au Mexique, et les utilisèrent pour des rites chamaniques. En arrivant dans les Andes, ils remarquèrent sans doute la ressemblance entre *Brugmansia* et *Datura*, et trouvèrent que leurs effets étaient comparables. Quoi qu'il en soit, tous les emplois des *Brugmansia* dénotent une grande antiquité.

On ne sait pas grand-chose de ces plantes à l'époque précolombienne bien que, çà et là, on retrouve quelques références à ces hallucinogènes. Le savant français La Condamine en signala l'usage chez les Omagua du Rio Marañon. Les explorateurs Humboldt et Bonpland remarquèrent la fleur rouge de *B. sanguinea*, plante sacrée des prêtres du Soleil à Sagamoza en Colombie. Les *B. aurea* et *B. sangui-*

Toutes les espèces de *Brugmansia* sont originaires d'Amérique du Sud. On n'en connaît pas poussant à l'état sauvage. Les espèces sont très différenciées et, grâce à la grande beauté de leurs fleurs parfumées, elles ont une place importante en horticulture. Toutes les espèces sont extrêmement toxiques.

Brugmansia arborea *(L.) Lagerh.*

Brugmansia aurea *Lagerh.*

B. sanguinea est une des plus belles espèces de *Brugmansia* : ses grandes fleurs tubulaires sont jaunes à la base et rouge sang en haut de la corolle. Cette espèce, indigène des très hautes régions andines, était une plante sacrée pour les Indiens Chibcha de Colombie qui l'utilisaient rituellement au temple de Sogamosa.

nea poussent au-dessus de 2 000 mètres. Leurs graines sont très souvent ajoutées à la Chicha. Les feuilles ou les fleurs écrasées sont bues en infusion dans de l'eau chaude ou froide. Parfois aussi, les feuilles sont infusées avec du tabac. Certains Indiens râpent l'écorce verte et tendre des tiges et la font tremper dans de l'eau avant de la consommer.

L'ivresse provoquée par le Brugmansia peut occasionner des effets divers, mais elle est toujours caractérisée par une phase violente. Il n'existe pas de description plus explicite que celle d'un auteur qui en observa les effets au Pérou en 1846. L'indigène « sombra dans un abrutissement profond, son regard vague dirigé vers le sol, la bouche convulsivement fermée et les narines dilatées. Au bout d'un quart d'heure ses yeux commencèrent à rouler, de la bave sortit de sa bouche et tout son corps fut agité de violentes convulsions. Lorsque ces symptômes eurent passé ils furent suivis d'un profond sommeil de plusieurs heures, et lorsque le sujet se rétablit il raconta les détails de sa visite chez ses ancêtres. » Chez les Muisca de Tunja, d'après une chronique datée de 1589, un « chef mort était accompagné dans sa tombe par ses femmes et ses esclaves, enterrés

sous différentes couches de terre qui toutes contenaient de l'or. Pour que les femmes et les pauvres esclaves n'aient pas peur de la mort devant l'horrible tombeau, les nobles leur donnaient à boire un breuvage de tabac et d'autres feuilles d'un arbre que nous appelons Borrachero, mêlé à leur boisson habituelle, si bien qu'ensuite ils n'appréhendaient plus rien de ce qui les attendait. » Les espèces utilisées étaient sans aucun doute *Brugmansia aurea* et *B. sanguinea*.

Chez les Jivaros, on donne à boire aux enfants récalcitrants un breuvage à base de *B. sanguinea* et de maïs séché. Lorsqu'ils sont ivres, on leur fait la leçon et les esprits des ancêtres viennent les admonester. Dans le Chocó, on pensait que les graines de *Brugmansia* ajoutées à de la chicha magique provoquait chez les enfants un état d'excitation pendant lequel ils pouvaient découvrir de l'or.

Les Indiens du Pérou donnent à *B. sanguinea* les noms de Huaca ou Huacacacha, plante des tombeaux, d'après une croyance selon laquelle elle révèle les trésors autrefois cachés dans les sépultures.

Dans les régions les plus chaudes de l'Ouest amazonien, les *Brugmansia suaveolens* et *B.X insignis* sont utilisés

LA CHIMIE DU BRUGMANSIA

Les Solanacées *Brugmansia arborea, B. aurea, B. sanguinea, B. suaveolens* et *B. versicolor* contiennent les mêmes alcaloïdes tropanes que les *Datura* : scopolamine, hyoscyanine, atropine et divers alcaloïdes secondaires du groupe tropane comme la norscopolamine, l'aposcopolamine, la météloïdine, etc. La scopolamine, à laquelle sont dus les effets hallucinogènes, y est présente en grande quantité. Les feuilles et les tiges de *B. aurea*, par exemple, contiennent 0,3 % d'alcaloïdes dont 80 % de scopolamine. On en trouve également dans les racines.

Brugmansia sanguinea *(R.&P.) D. Don*

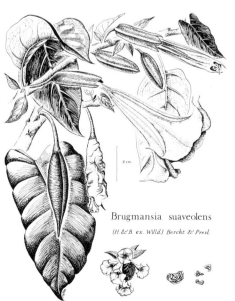

Brugmansia suaveolens

(H.&B. ex. Willd.) Bercht. & Presl.

Brugmansia X insignis *(B. Rodrigues) Lockwood*

C'est dans la vallée du Sibundoy, dans le sud de la Colombie, que les *Brugmansia* et *Methysticodendron* sont le plus utilisés. Salvador Chindoy est un des chamanes les plus réputés de la tribu Kamsá. On le voit ici en grand costume de cérémonie, ayant absorbé du *Brugmansia* au cours d'une séance de divination.

Un jeune Kamsá du Sibundoy de Colombie tient une fleur et des feuilles de *Methysticodendron* avant d'en faire une infusion. Il s'apprête à apprendre les secrets de l'emploi des hallucinogènes en magie et en médecine.

La plupart des espèces de *Brugmansia* poussent en altitude. On en trouve cependant certaines espèces dans les régions moins élevées des contreforts des Andes où elles sont également utilisées comme hallucinogènes.

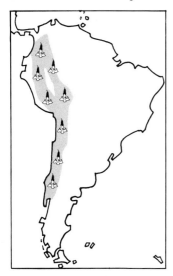

comme hallucinogènes ou comme additifs à l'Ayahuasca. Le Brugmansia n'est nulle part plus employé que dans la vallée de Sibundoy des Andes colombiennes. Les Indiens Kamsá et Ingano en utilisent plusieurs espèces dont certaines sont cultivées. Les Indiens de cette région, et particulièrement les chamanes, connaissent remarquablement bien tous les effets de ces plantes, et ils cultivent chacun les leurs.

Ces cultivars appartiennent personnellement à des chamanes et ils portent des noms indigènes. Les feuilles de Buyés *(B. aurea)* servent à soigner les rhumatismes, et leur contenu en alcaloïdes de type tropanol les rendent très efficaces. Autrefois, les chasseurs mêlaient des fleurs et des feuilles de Biangan à la nourriture des chiens pour les aider à débusquer le gibier. Les feuilles en forme de langue de l'Amaron sont utilisées pour faire sortir le pus

et pour soigner les rhumatismes. Le plus rare de ces cultivars est le Salaman, aux feuilles curieusement atrophiées. On l'emploie à la fois comme hallucinogène et comme remède pour les rhumatismes. Les feuilles des Quindé et des Munchira ont des formes aberrantes. Elles soignent aussi les rhumatismes et sont à la fois hallucinogènes, émétiques, carminatives, vermifuges et suppuratives. Le Munchira est particulièrement apprécié dans le traitement de l'érysipèle. Le Quindé est la variété cultivée la plus répandue de Sibundoy, et le Munchira la plus toxique. Les Dientes et les Ochre, plus rares, servent surtout au traitement des rhumatismes.

Certains botanistes pensent que le *Methysticodendron* est une de ces variétés cultivées aux formes aberrantes. On l'appelle Culebra Borrachero. Plus puissant que les autres *Brugmansia* cultivés, il est utilisé comme hallu-

« Nos grands-parents nous disent que ces arbres aux longues fleurs qui embaument dans l'après-midi abritaient un esprit si maléfique qu'ils étaient la nourriture des Indiens dont le seul nom faisait trembler de peur : les féroces Pijaos. »

cinogène dans des cas de divination particulièrement difficiles et comme remède fort efficace contre l'arthrite et les rhumatismes.

Les variétés Quindé et Munchira sont souvent utilisées pour leurs effets psychotropes. Le jus des feuilles ou des fleurs écrasées est bu tel quel ou mélangé à de l'aguardiente (alcool de canne à sucre). Dans le Sibundoy, seuls les chamanes prennent du *Brugmansia*. La plupart ont de terrifiantes visions de jaguars et de serpents venimeux. Des syndromes et effets secondaires très désagréables ont sans doute limité l'usage hallucinogène de ces plantes.

Pour les Jivaros, la vie normale est une illusion derrière laquelle peuvent se découvrir les vraies puissances, qui sont surnaturelles. Le chamane, grâce à ces plantes hallucinogènes, peut passer dans un monde éthéré et merveilleux et se confronter aux forces du mal. A l'âge de six ans, un petit garçon jivaro doit acquérir une âme extérieure, *l'arutam wakani*. Celle-ci procure des visions qui lui permettent de communiquer avec ses ancêtres. Pour obtenir cet *arutam*, le garçon et son père font un pèlerinage à une cascade sacrée, s'y baignent, jeûnent et boivent des infusions de tabac. On peut y ajouter du Maikoa ou jus de *Brugmansia* afin d'établir un contact avec le surnaturel au cours duquel *l'arutam* du garçon apparaît sous la forme de jaguars et d'anacondas et pénètre dans son corps. Pour trouver cette âme, les Jivaros prennent du Natema, ou *Banistériopsis*, car l'ivresse qu'il provoque est moins violente, mais si leur quête est sans succès, il leur faut boire du *Brugmansia*. Les Jivaros affirment que le Maikoa peut rendre fou.

A tous points de vue, malgré leur grande beauté, les Brugmansia ne sont pas des plantes de tout repos. Les dieux ont fait aux hommes des cadeaux bien plus plaisants, comme par exemple le Peyotl, les champignons ou l'Ayahuasca. Les effets très forts et tout à fait désagréables de *Brugmansia*, provoquant des réactions de violence et même de folie temporaire, leur ont fait jouer un rôle de second plan. Ce sont des plantes des dieux il est vrai, mais ces derniers ne rendent pas toujours la vie agréable. L'aigle maléfique plane au-dessus de l'homme et son Borrachero est là pour rappeler qu'il n'est pas toujours facile d'avoir audience avec l'au-delà.

Brugmansia aurea peut avoir des fleurs jaunes ou blanches, ces dernières étant les plus courantes. Cet arbre très feuillu peut atteindre près de sept mètres de haut. Dans les Andes il a toujours été associé à la mort et aux tombeaux. Ci-dessous, un *Brugmansia aurea* ornant un cimetière de Sibundoy en Colombie.

LES EMPREINTES DU PETIT CERF

Le premier à signaler l'usage du Peyotl chez les Aztèques fut Sahagún, prêtre espagnol du XVIe siècle. Après avoir passé de nombreuses années parmi les Indiens il décrivit en détail tous les aspects de leur vie quotidienne et donna de précieuses informations sur les plantes du Mexique. Ci-dessous, une reproduction de la première page de son *Histoire générale des choses de la Nouvelle Espagne.*

HISTORIA GENERAL

DE

LAS COSAS DE NUEVA ESPAÑA,

QUE EN DOCE LIBROS Y DOS VOLUMENES

ESCRIBIO,

EL R. P. FR. BERNARDINO DE SAHAGUN,

DE LA OBSERVANCIA DE SAN FRANCISCO,

Y UNO DE LOS PRIMEROS PREDICADORES DEL SANTO EVANGELIO
EN AQUELLAS REGIONES,

DALA A LUZ CON NOTAS Y SUPLEMENTOS

CARLOS MARIA DE BUSTAMANTE,

DIPUTADO POR EL ESTADO DE OAXACA

EN EL CONGRESO GENERAL DE LA FEDERACION MEXICANA:

Y LA DEDICA

A NUESTRO SANTISIMO PADRE

PIO VIII.

TOMO PRIMERO.

MEXICO:

Imprenta del Ciudadano Alejandro Valdés, calle de Santo Domingo
y esquina de Tacuba.

1829.

La couronne gris verdâtre et sans épines du cactus Peyotl est coupée puis séchée, devenant ce que l'on appelle le « bouton à mescal ». On conserve ce produit sec pour le consommer pendant l'année au cours de diverses cérémonies. Ses principes actifs n'étant pas volatils, il ne perd rien de ses propriétés.

Le Peyotl a été un sujet de controverse depuis l'arrivée en Amérique des Européens. Il a donné lieu à des persécutions et son usage a été l'objet de bien des tentatives de suppression. Condamné par les conquérants espagnols comme « fourberie satanique », et plus récemment attaqué par des gouvernements locaux et des groupes religieux, ce cactus n'a cependant pas cessé d'exercer un rôle essentiel dans la religion de nombreux Indiens du Mexique, et son usage s'est répandu depuis une centaine d'années à travers les tribus d'Amérique du Nord. La persistance et le développement du culte du Peyotl est un chapitre fascinant de l'histoire du Nouveau Monde ; il constitue un défi aux ethnologues, psychologues, botanistes et pharmaciens qui continuent d'étudier cette plante et ses composants dans leur relation avec les sociétés humaines.

On peut considérer ce cactus comme le prototype des hallucinogènes américains, l'un des premiers à avoir été remarqué par les Européens, et sans aucun doute le plus spectaculaire. Les Espagnols trouvèrent le Peyotl bien enraciné dans les religions indigènes, et leurs efforts pour l'éliminer ne réussirent qu'à le refouler jusque dans les régions montagneuses où il a persisté jusqu'à nos jours.

Un des premiers chroniqueurs espagnols, le Frère Bernardino de Sahagún, estimait d'après divers événements historiques de la chronologie indienne, que le Peyotl était connu des Chichimèques et des Toltèques quelque 1890 ans avant l'arrivée des Européens. Selon son calcul, l'histoire de cette « plante divine » du Mexique s'étendrait donc sur deux millénaires au moins. Bien plus tard, l'ethnologue danois Carl Lumholtz, pionnier des études indiennes et qui observa la vie des Indiens de la région de Chihuahua, estima que le culte du Peyotl était encore plus ancien. Il démontra qu'un symbole utilisé par les Tarahumara au cours d'une cérémonie consacrée au Peyotl apparaissait sur d'antiques bas-reliefs ornant des laves d'Amérique

Centrale. Plus récemment, des fouilles archéologiques menées au Texas dans des grottes et des abris sous roche ont révélé des spécimens de Peyotl dans un contexte qui laisse supposer un emploi cérémoniel remontant à plus de trois mille ans.

Sahagún, qui vécut de 1499 à 1590 et consacra la majeure partie de sa vie aux Indiens du Mexique, fut le premier à parler de ce cactus sacré, mais ses observations ne furent éditées qu'au XIXe siècle. Les premières informations publiées sur ce sujet sont donc dues à Juan Cardenas qui, en 1591, fit paraître un ouvrage sur « les merveilleux secrets des Indes ».

Quoi qu'il en soit, les écrits de Sahagún restent parmi les plus importants témoignages anciens sur le sujet. Il décrivit l'usage du Peyotl chez les Chichimèques des plateaux désertiques du nord. « Il y a une herbe pareille au tunas *(Opuntia spp.).* On l'appelle peyotl et elle est blanche. Elle pousse dans le nord du pays et ceux qui en mangent ou en boivent ont des visions effrayantes ou drôles. L'ivresse dure deux ou trois jours. C'est une nourriture courante des Chichimèques, elle leur permet de subsister, leur donne du courage pour se battre et ils ne ressentent ni la peur, ni la faim, ni la soif. Ils disent qu'elle les protège de tout danger. »

Les Chichimèques furent peut-être les premiers à découvrir les propriétés psychotropes du Peyotl, à moins que ce ne soient les Tarahumara, car ce cactus abonde sur leur territoire. Cet usage se serait ensuite répandu chez les Cora, les Huichol et parmi d'autres tribus. Etant donné que cette plante est indi-

Les Huichol ne conçoivent pas le cactus hallucinogène Peyotl comme un dieu ou un esprit, mais l'auteur de cette tapisserie *(à gauche)* le montre dans son aspect mystique et féminin sous les traits de Tatei Hikuri, Notre Arrière-Grand-Mère Peyotl.

De nombreux indices archéologiques font penser que la pratique de priser diverses substances devait être très courante dans le Mexique ancien. Cette pipe à priser, *ci-dessus à gauche,* en forme de cerf tenant un peyotl dans la bouche a été trouvée à Monte Alban, dans l'État d'Oaxaca (env. 500 av. J.-C.). Chez les Huichol du nord, le Cerf forme une trinité avec le Peyotl et le Maïs.

gène dans plusieurs régions du Mexique, il paraît plus vraisemblable que ses propriétés hallucinogènes aient été découvertes indépendamment par différentes tribus.

Au XVIIᵉ siècle, les jésuites espagnols signalèrent l'usage cérémoniel du Peyotl à des fins thérapeutiques, ajoutant que lorsque les Indiens en consommaient ils « avaient d'horribles visions ». Le Père Andréa Pérez de Ribas, qui passa seize ans à Sinaloa, rapporte que ce cactus était le plus souvent absorbé sous forme de boisson, mais que son emploi, même médicinal, était interdit et sévèrement puni en raison de ses liens avec « les rites païens et les superstitions » dans lesquels « des fantaisies diaboliques » permettaient de communiquer avec les esprits maléfiques.

Lorsqu'on a coupé un pied de Peyotl, la plante donne souvent naissance à de nouvelles couronnes. Les Peyotl à plusieurs têtes sont courants. Ce spécimen a été récolté près de Laredo au Texas.

133

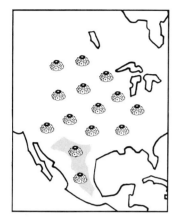

Les zones ombrées indiquent les régions où le Peyotl fut tout d'abord employé et où il pousse naturellement. Au siècle dernier, l'usage sacramentel de ce cactus se répandit dans le nord, à travers les États-Unis et le Canada, bien au-delà de son habitat naturel. Les Indiens de ces régions achètent les « boutons à mescal » à ceux qui habitent le Texas.

Selon son âge la couronne de Peyotl prend des formes différentes.

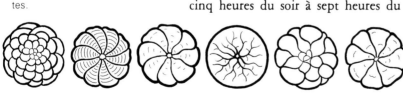

A droite : Première illustration botanique connue du *Lophophora williamsii*, publiée en 1847. On a trouvé de ces cactus dans des sites archéologiques remontant à quatre mille ans. Ce fut probablement la première plante hallucinogène remarquée par les conquérants espagnols.

Francisco Hernandez, médecin personnel du roi Philippe II, fut envoyé au Mexique pour y étudier la médecine aztèque. Il nous a donné une des premières descriptions du cactus. Dans son étude ethnobotanique sur la Nouvelle-Espagne, il mentionne le terme *Peyotl*, nom de langue nahuatl donné à cette plante par les Aztèques. « La racine est de taille moyenne et ne produit ni branches ni feuilles au dessus du sol, elle porte une certaine matière laineuse dont je ne pus bien juger la nature. Il peut faire du mal aux hommes comme aux femmes. Son goût est assez sucré et un peu piquant. Ecrasé et appliqué sur les articulations douloureuses il soulagerait la douleur. On attribue de merveilleuses propriétés à cette racine, si toutefois on peut considérer comme digne de foi ce qu'ils disent à ce sujet. Ceux qui en mangent peuvent prévoir l'avenir... ». Vers la fin du XVIIe siècle, un missionnaire espagnol dans la province de Nayarit décrivit pour la première fois l'emploi cérémoniel de Peyotl : « Le meneur de chant était assis près du musicien et devait battre la mesure. Chacun avait un assistant pour le remplacer s'il était fatigué. Non loin de là se trouvait un plateau couvert de Peyotl qui est une racine diabolique qu'ils boivent après l'avoir réduite en purée, afin de ne pas ressentir les effets épuisants d'une cérémonie aussi longue. Tout d'abord, ils forment un cercle d'hommes et de femmes, assez large pour remplir l'espace balayé pour la circonstance. L'un après l'autre, ils commencent à danser en rond ou à battre la mesure avec leurs pieds, les musiciens et le maître de chant se trouvant au milieu, et tous chantent sur le thème peu harmonieux qu'il leur indique. Ils dansent toute la nuit, de cinq heures du soir à sept heures du matin, sans s'arrêter et sans quitter le cercle. A la fin de la danse, tous ceux qui le pouvaient encore se tenaient debout, la majorité étant incapable d'user de leurs jambes à cause du vin et du Peyotl qu'ils avaient bus. » Chez les Cora, les Huichol et les Tarahumara, cette cérémonie a peu changé au cours des siècles, elle est encore en grande partie une danse.

De nos jours, le rituel du Peyotl chez les Huichol est sans doute le plus proche des cérémonies précolombiennes. La description que fit Sahagún de la cérémonie Teochichimèque pourrait convenir à celle des Huichol d'aujourd'hui. Ces Indiens se rassemblent dans le désert à quatre cent cinquante kilomètres de leur territoire de la Sierra Madre, à l'ouest du Mexique, et ils chantent encore toute la nuit, pleurent toujours beaucoup et mettent le Peyotl au-dessus de toute autre plante psychotrope. Pour eux, les champignons sacrés, les volubilis, les *Datura* et autres hallucinogènes sont réservés aux sorciers.

Au Mexique, la plupart des témoignages anciens ont été écrits par des missionnaires qui s'opposaient à l'emploi du Peyotl dans la pratique religieuse. Pour eux, son usage ne pouvait en aucun cas se trouver associé aux pratiques chrétiennes puisqu'il était lié à des cérémonies païennes. L'intolérance des prêtres espagnols à l'égard d'un autre culte que le leur les poussa à persécuter très férocement tous ceux qui s'adonnaient au rite du Peyotl. Les Indiens, cependant, ne renoncèrent pas à cette tradition séculaire.

Les tentatives de la part des prêtres catholiques pour supprimer le Peyotl allèrent très loin. En 1760, un prêtre de San Antonio au Texas publia un manuel sur les questions à poser aux convertis, parmi lesquelles figuraient les suivantes : « Avez-vous mangé de la chair humaine ? Avez-vous mangé du Peyotl ? ». Un autre prêtre, le Père

Les Huichol appellent Tútu la délicate fleur du Peyotl. Elle peut être rose pâle, jaune ou blanche et fleurit en avril.

Nicolas de Léon examinait ainsi les candidats à la conversion : « Prévois-tu l'avenir ? Prédis-tu les événements en interprétant des oracles, des rêves, ou en traçant des signes sur l'eau ? Garnis-tu de guirlandes les lieux où sont gardées les idoles ? Suces-tu le sang des autres ? Te promènes-tu la nuit en demandant aux démons de te venir en aide ? As-tu bu du Peyotl ou en as-tu donné à boire à d'autres pour découvrir des secrets ou retrouver des objets volés ? »

A la fin du XIXᵉ siècle, l'explorateur Carl Lumholtz observa l'usage de ce cactus chez les Indiens de la Sierra Madre, tout particulièrement chez les Huichol et les Tarahumara. Il fit le récit du déroulement de la cérémonie du Peyotl et décrivit plusieurs autres types de cactus employés en association avec *Lophophora williamsii* ou pouvant le remplacer.

Jusqu'en 1960, aucun ethnologue n'avait assisté ou participé à une « chasse » au Peyotl. Cette année-là, quelques ethnologues et un écrivain mexicain furent autorisés par les Huichol à les accompagner au cours de plusieurs pèlerinages. Une fois par an, ces Indiens font un voyage sacré pour ramasser le Hikuri. Ils sont conduits par un *mara'akame*, chamane plein d'expérience et en contact avec Tatewari (Notre Grand Père le Feu). Ce dernier est le plus ancien dieu huichol, connu aussi sous le nom de Hikuri ou Dieu-Peyotl. Il est représenté avec des cactus aux mains et aux pieds. Pour les chamanes modernes il sert d'interprète à toutes les divinités, souvent au moyen de visions et parfois indirectement à travers Kayumari (Le Cerf Sacré, et héros culturel). C'est Tatewari qui conduisit les premiers pèlerins vers Wirikuta, région ancestrale où abonde le Peyotl, très éloignée du territoire actuellement occupé par les neuf mille Huichol. Guidés par le chamane, les dix ou quinze participants, prennent l'identité d'ancêtres déifiés et suivent Tatewari « pour trouver leur vie. »

Il s'agit, au sens littéral du terme, d'une « chasse » au Peyotl. Les pèlerins portent des gourdes de tabac, nécessaires au rite du voyage. Ils emportent aussi d'autres gourdes dans lesquelles ils rapportent chez eux de l'eau de Wirikuta. Ils n'emportent pour toute nourriture que des tortillas, quoiqu'une fois arrivés sur place ils consomment aussi du Peyotl. Ils doivent couvrir de grandes distances et de nos jours la plus grande partie du voyage se fait en voiture. Autrefois les Indiens parcouraient à pied les quatre cent cinquante kilomètres qui les séparaient du lieu sacré.

La préparation à la cueillette commence par un rituel de confession et de purification. Chacun doit confesser publiquement toutes ses aventures sexuelles et ils ne manifestent jamais de honte, de ressentiment ou de jalousie. Pour chaque offense le chamane fait un nœud dans une ficelle qui est brûlée à la fin de la cérémonie. Après la confession, le groupe qui se prépare à partir pour Wirikuta (dans l'État de San Luis Potosí) doit être purifié avant son voyage au paradis.

Des pèlerins Huichol traversent les ruines d'un ancien village minier, en route pour le désert de Zapalecas où pousse le Peyotl, leur cactus sacré. A leur retour de Wirikuta leurs paniers seront pleins à déborder de cette plante hallucinogène.

Vous voyez comment c'est lorsque nous marchons vers le Peyotl.
Comment nous cheminons sans manger, sans boire,
avec une grande volonté.
Nous sommes tous ensemble. On y va ainsi lorsqu'on est Huichol.
C'est ce qui fait notre unité. C'est ce que nous devons défendre.

Ramon Medina Silva

Ci-dessous : Chaque pèlerin a apporté des offrandes au Peyotl. Tous ces présents sont soigneusement disposés. Les pèlerins lèvent des cierges dans la direction du soleil levant. Ils pleurent et prient pour que les dieux acceptent leurs offrandes tandis que Ramòn (le deuxième à droite) chante avec ferveur.

Dans la géographie Huichol, Wirikuta est l'endroit des ancêtres-dieux, lieu d'origine de la vie sacrée de la tribu. Le Peyotl y pousse et il est ramassé au cours du pèlerinage annuel réalisé par de petits groupes de fidèles. Le voyage à Wirikuta est long et pénible, car les pèlerins assument le rôle des « Anciens ». Tout comme les dieux, ils se passent de nourriture, de relations sexuelles et de sommeil pendant cet extraordinaire périple. A leur arrivée sur le domaine de leur paradis, le *mara'akamé* Ramón Medina Silva leur montre les Kaukayari (lieux de pouvoir) qui autrefois étaient les formes vivantes des dieux.

En arrivant en vue des montagnes sacrées de Wirikuta, les pèlerins sont lavés rituellement et ils prient pour demander la pluie et la fertilité. C'est durant ces prières et les chants du chamane que commence le dangereux passage vers l'autre monde. Il se fait en deux étapes : tout d'abord il faut traverser « le portail des nuages qui s'entrechoquent », et ensuite il faut « ouvrir les nuages ». Ces étapes n'existent que dans la géographie de l'esprit et, pour les participants, le passage de l'une à l'autre est un événement très émouvant. Arrivé à l'endroit où doit avoir lieu la chasse au Peyotl, le chamane commence la cérémonie en racontant des histoires sur les anciennes traditions et en invoquant la protection du Peyotl pour les événements à venir.

Ceux qui font alors leur premier pèlerinage ont les yeux bandés et les participants sont conduits par le chamane sur le « seuil cosmique », que lui seul peut voir. Tous s'arrêtent, allument des bougies et murmurent des prières tandis que, investi de forces supérieures, le chamane chante.
Enfin on trouve le Peyotl : le chamane a vu des empreintes de cerf. Il bande son arc et tire sur le cactus. Les pèlerins font une offrande au premier Hikuri et en ramassent ensuite des paniers

entiers. Le lendemain ils en font encore provision. Une partie sera partagée entre ceux qui sont restés à la maison et le reste sera vendu aux Cora et aux Tarahumara qui l'utilisent mais n'en font pas la cueillette.
Vient ensuite la cérémonie de la distribution du Tabac. Des flèches dirigées vers les quatre points cardinaux sont posées sur le sol et à minuit on construit un immense feu. Pour les Huichol, le Tabac appartient au feu. Le chamane prie, dispose le Tabac devant les flammes et le touche avec des plumes avant de le distribuer à chaque pèlerin qui le met dans sa gourde, symbolisant par là la naissance de cette plante.
La chasse au Peyotl est vécue comme un retour à Wirikuta, le paradis, l'archétype du commencement et de la fin d'un passé mythique. Un *mar'akamé* huichol l'exprime ainsi : « Un jour tout sera comme vous l'avez vu ici, à Wirikuta. Le Premier Peuple reviendra. Les chants seront purs et cristallins ; tout ceci n'est pas encore très clair pour moi, mais dans cinq ans je saurai, grâce à d'autres révélations. Le monde se terminera et il y aura à nouveau l'unité. Mais seulement pour les Huichol purs. »
Chez les Tarahumara le culte du Peyotl

est moins important. Un grand nombre d'entre eux achètent leur cactus aux Huichol. Bien que les deux tribus soient séparées par plusieurs centaines de kilomètres et qu'elles ne soient pas apparentées, elles désignent cependant cette plante d'un même nom : Hikuri, et leurs cultes se ressemblent sur bien des points. La danse du Peyotl des Tarahumara peut avoir lieu à n'importe quel moment de l'année, pour obtenir la santé, la prospérité de la tribu ou par dévotion gratuite. Elle sert parfois de

rent le Hikuri, le réduisant en purée sur une pierre à moudre, attentives à ne pas perdre une goutte du jus qui s'écoule. L'une d'elles recueille le liquide dans une gourde, en même temps que l'eau avec laquelle on a lavé la pierre. Le maître de cérémonie s'assied à l'ouest du feu et il arrive que l'on dresse une croix sur le côté qui lui fait face. Devant lui, on creuse un petit trou dans lequel il pourra cracher et on pose un Peyotl, dans un creux du sol. Il le recouvre avec une moitié de gourde dont le bord imprime un cercle dans la terre autour du cactus. Il la soulève un moment et dessine dans la poussière une croix symbolisant le monde, puis la remet en place. Elle sert de caisse de résonance au bâton-crécelle que l'on frotte par-dessus. Le Peyotl aime cette musique.

De l'encens est offert à la croix. Après s'être tournés vers l'est en s'agenouillant et en se signant, les participants reçoivent des crécelles en sabot de cerf ou des clochettes qu'ils agiteront pendant la danse.

La purée de Peyotl est conservée dans un pot auprès de la croix et servie dans

Les paniers emportés à Wirikuta ne contiennent que quelques objets personnels et cérémoniels. Au retour cependant, ils sont remplis du Peyotl ramassé durant le pèlerinage. Les Huichol disent que ce cactus est « très délicat » ; et les lourds paniers sont transportés avec grand soin jusqu'aux Sierras en évitant de meurtrir les plantes. Appuyé sur le panier on voit un violon huichol avec lequel on joue la musique de la danse du Peyotl.

En bas à gauche : Plusieurs mois après le pèlerinage à Wirikuta, terre sacrée du Peyotl, les Huichol mangent à nouveau de ce cactus hallucinogène au cours d'une cérémonie de plantation. Le rite dure plusieurs jours et plusieurs nuits ; les participants dansent, chantent, et font des prières aux dieux et aux déesses pour s'assurer une belle récolte de maïs.

complément à d'autres fêtes religieuses. Le rite comprend des danses et des prières suivies d'une journée de réjouissances. Il se déroule sur une aire bien dégagée et balayée. On y traîne de grosses bûches de chêne et de pin pour faire un feu orienté d'est en ouest. En Tarahumara, le nom de cette danse signifie : « bouger autour du feu ». Si l'on excepte le cactus lui-même, le feu en constitue l'élément le plus important. Le maître de cérémonie a plusieurs assistantes qui prépa-

une gourde par un assistant : pour servir le maître de cérémonie il fait trois fois le tour du feu, pour un des participants ordinaires il ne le fait qu'une fois. Tous les chants sont des louanges au cactus pour la protection qu'il accorde à la tribu et la « belle ivresse » qu'il provoque.

Tout comme chez les Huichol, la cérémonie comporte un rite thérapeutique. Le maître de cérémonie le pratique au lever du jour. Il met fin à la danse en tapant trois coups, se lève, et,

Ramòn Medina Silva, qui coopéra longtemps avec des ethnologues, donna au monde une image frappante de la profondeur religieuse présenté dans la cérémonie du Peyotl. Il fut assassiné en 1972 dans son village de la Sierra Madre.

Parle au Peyotl avec ton cœur, avec tes pensées,
Et le Peyotl voit ton cœur
Et si tu as de la chance tu entendras des choses
Et recevras des choses que les autres ne peuvent voir
Mais que Dieu t'auras données afin que tu poursuives ta voie

Citation d'un jeune chamane huichol

Don José Matsúwa, sous l'influence du Peyotl, officiant lors d'une cérémonie du Tambour. Il communique avec les éléments et manipule le Kupuri (énergie vitale). A près de quatre-vingt-dix ans, c'est un chamane et un guérisseur renommé. Il dit un jour à son élève Prem Das : « La voie du Chamane n'a pas de fin. Je suis un très, très vieil homme et cependant encore un *nunutsi* (un bébé) davant les mystères du monde. »

LA CHIMIE DU PEYOTL

Lophophora williamsii fut la première plante hallucinogène analysée chimiquement. Son principe actif fut identifié au début du siècle comme alcaloïde cristallisé (voir p. 22). Comme les cactus séchés à partir desquels on l'avait extrait s'appelaient « boutons à mescal » on le nomma mescaline. Outre cette dernière, à laquelle on doit les hallucinations visuelles, on y a isolé d'autres alcaloïdes appararentés. Une fois déterminée la structure chimique de la mescaline on put la produire synthétiquement. Elle est relativement simple : 3,4,5,- triméthoxyphényléthylamine (voir p. 174). Chimiquement, elle est similaire au neurotransmetteur noradrénaline (norépinéphrine), hormone du cerveau (voir p. 174). La dose active de mescaline est de 0,2 à 0,4 gramme quand elle est prise oralement.

accompagné d'un jeune assistant, fait le tour de la cour en passant de l'eau sur le front des présents. Il touche trois fois chaque patient et lui frotte trois fois la tête de son bâton. La poussière qu'il soulève, si infime soit-elle, est

Satapolio, chevauchant de jolies tourterelles vertes, afin de faire la fête avec les Tarahumara, après la danse, quand on sacrifie de la nourriture et que le peuple mange et boit. Ayant donné sa bénédiction, Hikuli prend la forme

une puissante substance qui donne la vie et la santé ; on la conserve soigneusement pour un usage médicinal.
On renvoie ensuite le Peyotl chez lui. Le maître de cérémonie tend son bras vers le soleil levant et fait sonner trois fois son bâton. « Très tôt le matin Hikuli était venu de San Ignacio et de

d'une boule et s'envole vers son abri du moment... »
Dans plusieurs régions des États-Unis et dans l'ouest du Canada, plus de quarante tribus indiennes utilisent le Peyotl à la façon d'un sacrement religieux. Etant donné l'ampleur de cet usage, il attira très tôt l'attention des

Le chamane huichol Ramón Medina Silva attend les visions que doit lui envoyer le Peyotl. Enveloppé dans sa couverture et regardant le feu, il reste assis, immobile, pendant plusieurs heures, tandis qu'il reçoit les messages des dieux. Il dit du pèlerinage au Peyotl : « Nos symboles — le cerf, le peyotl, le maïs aux cinq couleurs — vous les avez tous vus là-bas à Wirikuta, lorsque nous allons chasser le Peyotl, et ils sont beaux. Ils sont beaux parce qu'ils sont vrais. » (Cité par Barbara Myerhoff, *Peyote Hunt* .)

La trinité huichol du cerf, du maïs et du Peyotl est un complexe hypersymbolique remontant au temps de la création. Cette époque paradisiaque préceda la séparation des plantes et des animaux, le Peyotl représentant le lien transtemporel avec le surnaturel. Dans leur chasse annuelle au cactus les pèlerins huichol tirent une flèche sur le premier Peyotl trouvé, et ce dernier est assimilé à un cerf mourant. On lui offre des incantations particulières et des grains de maïs.

hommes de science et des législateurs. Il donna lieu à une opposition agressive et, hélas, souvent irresponsable, de la part d'autorités locales désireuses d'en interdire l'emploi dans les cérémonies indiennes. Sur le territoire des États-Unis, ce sont apparemment les Kiowas et les Comanches qui, lors d'une visite à un groupe d'Indiens au nord du Mexique, furent les premiers à apprendre les vertus de cette plante sacrée. Vers le milieu du XIXᵉ siècle, les Indiens des États-Unis avaient été cantonnés dans des réserves et une grande partie de leur héritage culturel était en voie de disparition. Confrontés à cet inévitable désastre, un certain nombre de leurs chefs, particulièrement dans les tribus déplacées en Oklahoma, commencèrent à répandre un nouveau culte du Peyotl, adapté aux besoins des Indiens de ce pays.

Les Kiowas et les Comanches furent les plus grands prosélytes de cette nouvelle religion. De nos jours, c'est leur cérémonie qui, à quelques modifications près, prédomine au nord de la frontière mexicaine. Si l'on en juge par la rapide progression de ce nouveau culte, il a dû exercer une forte attraction sur les tribus des plaines et plus tard sur d'autres groupes.

Les succès de cette religion provoquèrent une vive opposition de la part des missionnaires et de certaines autorités locales. Elle fut si féroce que ces dernières en vinrent à promulguer des lois répressives en dépit de l'opinion soutenue par les milieux scientifiques selon laquelle il fallait permettre aux Indiens l'usage du Peyotl dans leurs pratiques religieuses. Afin de protéger leurs droits à la liberté du culte, les Indiens s'organisèrent en une Eglise officiellement reconnue : la *Native American Church*. Inconnue avant 1885 elle

A droite : « C'est un, c'est une unité, c'est nous-mêmes ». Ces paroles du *mara'akamé* huichol Ramón Medina Silva décrivent le rapport mystique qui lie les participants à la cérémonie du Peyotl, si importante dans la vie de ce peuple. Sur cette tapisserie on voit six « peyoteros » et le chamane (en haut) réalisant cette unité sur un champ de feu. Au milieu d'eux se trouve Tatewari, le Premier chamane, sous la forme d'un feu à cinq flammes.

Les Huichol ont une mythologie extrêmement riche racontant la vie des dieux-ancêtres des origines. Sur cette tapisserie, le Premier chamane Tatewari est le gardien et le maître du feu. Derrière lui se trouve Jeune-Personne-Étoile qui vole un tison à Notre-Grand-Père-le-Feu. Au-desus de Tatewari, on voit Tatei Haiwima, mère de Jeune-Personne-Étoile, apparaissant dans un nuage sous la forme d'une étoile. Elle crie de joie en voyant son fils assumer sa véritable identité du maître de la chasse. Cette tapisserie est l'œuvre de Tutukila Carillo.

comptait déjà 13 000 membres en 1922. De nos jours on pense qu'elle regroupe quelque 250 000 adeptes.

Les Indiens des États-Unis vivent loin des régions où croît le Peyotl : ils doivent utiliser le « bouton à mescal », c'est-à-dire la couronne séchée du cactus. Ils l'achètent légalement et elle est distribuée par la poste. Certains Indiens envoient encore des pèlerins en chercher sur place, suivant la coutume des Indiens du Mexique ; le plus souvent, l'achat et la distribution se font par courrier.

Un adepte peut organiser un culte en action de grâces pour une guérison, un retour de voyage, ou le succès d'un pèlerinage au pays du Peyotl. La cérémonie peut aussi avoir lieu pour célébrer une naissance, pour donner un nom à un enfant, pour ses quatre premiers anniversaires, ou tout simplement comme action de grâces générale. Les Kickapoo font usage du Peyotl au cours des cérémonies funèbres. Les Kiowas célèbrent le rite cinq fois à Pâques, quatre fois à Noël et à *Thanksgiving* et six fois au Nouvel An. Le culte a généralement lieu le samedi soir. Tout membre du groupe peut devenir « guide » ou « homme du chemin ». Il doit alors observer certains interdits qui sont d'ailleurs parfois imposés à l'ensemble des participants. Les hommes plus âgés évitent de manger du sel la veille et le lendemain de la cérémonie, et ils ne se baignent pas pendant les quelques jours suivants. Il ne semble pas y avoir d'interdit sexuel, comme dans les tribus mexicaines, et le rite n'est en aucune manière licencieux. Les femmes y prennent part, elles mangent du Peyotl et prient, mais dans l'ensemble elles ne participent pas aux chants et ne battent pas les tambours. Les enfants sont présents dès l'âge de dix ans, bien qu'ils doivent attendre l'âge adulte pour participer effectivement à la cérémonie.

Le rituel varie d'une tribu à l'autre. Chez les Indiens des plaines, il a généralement lieu dans une tente dressée au-dessus d'un autel de terre ou d'argile ; elle est démontée dès la fin de la cérémonie qui dure toute la nuit. Certaines tribus ont des huttes en bois, avec un autel en ciment au milieu ; les huttes rondes des Osage et des Quapaw sont souvent éclairées à l'électricité.

Le Père Peyotl (un gros bouton à mescal ou couronne séchée du cactus) est placé sur une croix ou une rosette en feuilles de sauge au centre de l'autel.

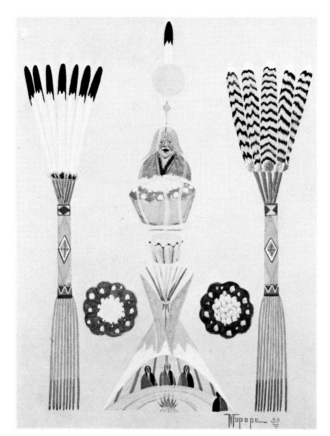

Dans la Native American Church, l'« homme du chemin » officie à la cérémonie du Peyotl en tant que représentant du Grand Esprit. Son rôle est de montrer « la voie du Peyotl » aux fidèles. Dans ce tableau de Stephen Mopope, l'homme du chemin tient des objets cérémoniels : l'éventail, le bâton et la crécelle. Une couronne de Peyotl est peinte sur sa joue. Sur le tableau

du centre, également de Mopope, des fidèles chantent, assis dans la tente sacrée. Au milieu se trouvent Père-le-Feu et l'autel en forme de croissant. Au-dessus de la tente, on peut voir le tambour du Peyotl. *A l'extrême droite*, Henry Crow Dog, guérisseur sioux, psalmodiant des incantations durant une cérémonie au Peyotl dans la réserve de Rosebud.

Sur cette photographie (*à droite*), on peut voir le bâton à plumes de l'homme du chemin ; deux bâtons à fumer pour allumer les cigarettes rituelles, dont l'un est décoré à la fois de l'oiseau-tonnerre et de la croix, ce qui illustre bien l'intégration des éléments chrétiens et traditionnels ; des feuilles de maïs pour les cigarettes ; une baguette de tambour ; plusieurs crécelles ; deux colliers de « graines à mescal » ; un bouquet d'armoise ; des « boutons de peyotl » ; un sifflet en os d'aigle et un petit tas d'aiguilles de « cèdre » servant d'encens.

Ce dernier, en forme de croissant, symbolise l'esprit du Peyotl. Dès que le Père Peyotl est en place, tout bavardage cesse et les yeux se portent vers l'autel.

Du tabac et des feuilles de maïs ou de chêne circulent parmi les fidèles et chacun se roule une cigarette qu'il fumera pendant la prière d'ouverture prononcée par le « guide ». Le sac contenant les boutons à mescal est ensuite purifié sur de l'encens de cèdre. Après cette bénédiction, le « guide » sort quatre boutons à mescal du sac et le passe ensuite autour du cercle ; chaque participant en prend quatre également. On peut en redemander à tout instant de la cérémonie, la quantité consommée étant à la discrétion de chacun. Certains peuvent manger jusqu'à trente six « boutons » en une nuit, d'autres encore se vantent de pouvoir en absorber plus de cinquante. La moyenne se situe autour de douze. Le « guide » commence à chanter et ce premier chant psalmodié

d'une voix haute et nasale est toujours le même : « Que les dieux me bénissent, qu'ils me viennent en aide, qu'ils me donnent le pouvoir et la compréhension. » On demande parfois au « guide » de soigner un malade. Ce processus prend des formes diverses mais il est presque toujours très simple et comprend surtout des prières et un usage fréquent du signe de la croix.

C'est en partie à cause de son activité biologique que le Peyotl a acquis une fonction sacramentelle. Il procure un sentiment de bien-être et un de ses principaux effets psychologiques est un jeu kaléidoscopique de visions brillantes et colorées. Pour les indigènes américains il est sacré, c'est un « messager » divin qui leur permet de communiquer avec Dieu sans l'intermédiaire d'un prêtre. Pour de nombreux fidèles, il représente Dieu sur la terre. « Dieu a dit aux Delaware de faire le bien, même avant d'avoir envoyé le Christ aux Blancs qui le tuèrent... », déclare un Indien à un ethnologue. « Dieu a fait le Peyotl. Il est son pouvoir. Il est le pouvoir de Jésus qui vint sur la terre après le Peyotl... Dieu (à travers le Peyotl) dit aux Delaware les mêmes choses que Jésus dit aux Blancs. »

La valeur thérapeutique qu'on lui attribue est liée de près à son rôle de sacrement religieux. Certains Indiens soutiennent qu'une bonne utilisation du Peyotl rend superflus les autres médicaments, et ces propriétés supposées curatives expliquent sans doute en partie la rapide diffusion de ce culte aux États-Unis.

La religion du Peyotl est un culte médico-religieux. Lorsqu'on parle de médecine indigène en Amérique, on doit toujours avoir à l'esprit la différence qui existe entre le concept primitif de ce que peut être un agent médical et celui de notre propre médecine occidentale. En général, les sociétés primitives ne conçoivent pas la maladie et la mort comme des phénomènes naturels, elles sont toujours dues à des interférences du surnaturel. Il existe deux types de « médecines » : celle qui

a un effet purement physiologique (soulageant par exemple une rage de dents ou une indigestion) et la « médecine » par excellence qui, par le biais de l'hallucination, met le guérisseur en communication avec les esprits malveillants, responsables de la maladie et de la mort.

Les causes de la grande diffusion et de la ténacité du culte du Peyotl aux États-Unis forment un réseau serré. Les plus évidentes sont les plus souvent citées : obtention facile et légale de l'hallucinogène, absence de contrainte de la part du gouvernement fédéral, cessation des guerres intertribales, échange pacifique d'idées sociales et religieuses favorisé par la vie dans les réserves, facilité de transport et de communication postale ainsi qu'une certaine résignation face à l'avance de la culture occidentale dans la civilisation indienne.

La cérémonie des Indiens des plaines a lieu dans une tente qui est repliée dès la fin du rituel nocturne. Sur la photographie, on peut voir l'intérieur de la tente après une cérémonie kiowa près d'Anakarko dans l'Oklahoma. Au centre, il reste l'autel en forme de croissant et les cendres du feu sacré dont la fumée accompagne les prières au grand Esprit.

Hutte ronde pour le culte du Peyotl à Quapaw dans l'Oklahoma. Le toit est surmonté d'une croix.

19 CONOCYBE

62 PANAEOLUS

71 PSILOCYBE

82 STROPHARIA

Teonancatl

PETITES FLEURS DES DIEUX

« Il existe un monde au-delà du nôtre, un monde invisible qui est à la fois très proche et très lointain. C'est là que Dieu habite, là qu'habitent les morts, les esprits et les saints, un monde où tout est déjà arrivé et où tout est connu. Ce monde parle. Il a une langue à lui. Je raconte ce qu'il dit. Le champignon sacré me prend par la main, et me mène dans le monde où tout est connu. Ce sont eux, les champignons sacrés, qui parlent d'une manière que je peux comprendre. Je les questionne et ils me répondent. Lorsque je reviens du voyage que j'ai entrepris avec eux, je raconte ce qu'ils m'ont dit et ce qu'ils m'ont montré. » C'est ainsi que Maria Sabina, célèbre chamane mazatèque, décrit respectueusement les pouvoirs divins de ces végétaux qu'elle emploie dans une cérémonie venue du fond des âges.

Peu de plantes ont été aussi vénérées que les champignons sacrés du Mexique. Ils étaient si sanctifiés que les Aztèques les appelaient *Teonancatl* ou « chair des dieux », et ils n'étaient utilisés que lors des cérémonies les plus importantes. En dépit du fait que les champignons ne peuvent fleurir, les Aztèques les appelaient « fleurs », et, de nos jours encore, les Indiens leur donnent des noms tendres, comme « petites fleurs » par exemple.

Lorsque les Espagnols firent la conquête du Mexique, ils furent profondément choqués de voir que pour les indigènes l'adoration des dieux n'était pas séparable de l'usage de plantes hallucinogènes comme le Peyotl, l'Ololiuqui, et le Teonancatl. Pour les autorités ecclésiastiques occidentales, les champignons étaient condamnables et elles

Parmi les champignons sacrés du Mexique, les plus importants et les plus nombreux appartiennent au genre *Psilocybe*. On en connaît de nombreuses espèces sur tout le continent américain et en Europe, mais leur emploi comme hallucinogènes ne semble attesté qu'au Mexique et au Guatemala. Il est cependant possible qu'elles aient été jadis utilisées dans d'autres régions de l'Amérique Centrale et en Amérique du Sud.

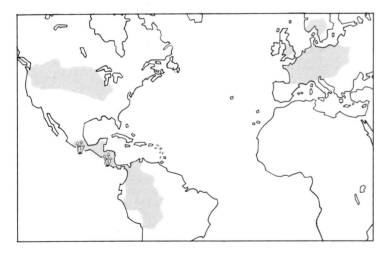

1. Psilocybe mexicana
2. Psilocybe semperviva
3. Psilocybe yungensis
4. Psilocybe caerulescens var. mazatecorum
5. Psilocybe caerulescens var. nigripes
6. Stropharia cubensis
7. Psilocybe wassonii
8. Psilocybe hoogshagenii
9. Conocybe siligineoides
10. Panaeolus sphinctrinus

1   2   3   4   5

A gauche : Piltzintli, dieu plongeur des Aztèques, est devenu cet enfant qui se jette au
milieu du décor baroque de l'église coloniale
de Santa Maria Tonantzintla. Piltzintli est un
des aspects de Xochipilli, Prince des fleurs et
dieu des hallucinogènes. Dans ses incantations, Maria Sabina se réfère souvent au « ni-
ño dios », à l'enfant dieu.

Ci-dessous : Vase en céramique mochica
(Pérou). L'objet rond dépassant du côté droit
du bandeau paraît être un champignon. Sur le
bandeau sont aussi figurés des oiseaux dont le
vol est peut-être associé à la sensation de glis-
sement aérien caractéristique de l'ivresse provoquée par le Psilocybe.

commencèrent à en interdire l'usage
dans toute pratique religieuse.
« Ils avaient pour s'enivrer une autre
méthode qui exacerbait leur cruauté ;
ils employaient certains petits champignons... Ils avaient mille visions, plus
particulièrement de serpents... Ils
appelaient ces champignons Teunama-
catlth, qui signifie « chair de dieu »,
ou du diable qu'ils adorent, et ainsi, à
travers cette amère nourriture, ils
étaient menés par leur dieu cruel. »
En 1656, un petit guide destiné aux
missionnaires énumère les idolâtries
indiennes, y compris l'absorption de
champignons, et recommande leur élimination. Tous les rapports condam-
nent le Teonancatl, et leurs illustrations participent à cette dénonciation.
L'une d'elles représente le diable en
train d'inciter un Indien à manger du
champignon. Sur une autre, on le voit
en train de danser sur un champignon.

Un des prêtres écrivait : « Mais avant
d'expliquer cette (idolâtrie), je vou-
drais parler de la nature de ces champignons (qui) sont ronds et jaunâtres.
Pour les ramasser, les prêtres et les
vieillards, nommés ministres de cette
imposture, allaient dans les montagnes
et y passaient presque toute la nuit en
sermons et prières superstitieuses. A
l'aube, lorsqu'une certaine petite brise
qui leur est familière commençait à
souffler, ils ramassaient ces champignons auxquels ils attribuent un caractère divin. Lorsqu'ils sont bus ou man-
gés, ils produisent une ivresse, retirant
à ceux qui en mangent l'usage de leurs
sens, leur faisant croire à un millier
d'absurdités. »
Francisco Hernandez, médecin personnel du roi d'Espagne, dit que l'on ado-
rait trois sortes de champignons narcotiques. Après avoir décrit une espèce
mortelle, il ajoute : « d'autres,
lorsqu'on les mange, ne sont pas mor-
tels, mais provoquent une folie qui
peut parfois être durable et dont les
symptômes sont une sorte de rire

Ci-dessus : Statuettes de céramiques mexicaines datant de environ de 160 après J.-C. Les
« ornements » sur la tête pourraient bien être des champignons
et il est possible que ces figurines
représentent les prêtres d'un
culte du champignon.

De nos jours, les champignons
hallucinogènes semblent surtout
en usage au sud du Mexique,
plus particulièrement dans l'État
d'Oaxaca où on a recensé plus
de deux douzaines d'espèces utilisées à des fins rituelles. La plupart appartiennent au genre *Psilocybe*, mais une espèce de
Conocybe et un *Panaeolus* sont
parfois employés. *Stropharia
cubensis* a probablement une origine asiatique bien que, comme
son nom l'indique, il ait été décrit
pour la première fois d'après un
spécimen collecté à Cuba.
Aujourd'hui très répandu, il
pousse sur les bouses de vache,
animal inconnu des précolom-
biens. Il a pu être introduit au
Mexique à partir des Philippines,
avec lesquelles les Espagnols
entretenaient un commerce
assidu.

Le moine espagnol du XVIᵉ siècle, Bernardino de Sahagún, dénonça chez les Aztèques l'usage sacré du Teonancatl, le « champignon merveilleux ». Ce dessin illustrant sa célèbre chronique, le *Codex Florentino*, représente un esprit démoniaque dansant sur des champignons grossièrement dessinés.

incontrôlé. Généralement appelés teyhuintli, ils sont jaune foncé, âcres, et d'une fraîcheur assez agréable. Il y en a d'autres qui, sans provoquer l'hilarité, vous font voir toutes sortes de choses, comme des guerres et des images de démons. D'autres encore, très appréciés des princes pour leurs fêtes et leurs

Dans cette illustration du XVIᵉ siècle tirée du *Codex Magliabecchiano*, on peut voir un célébrant en train d'ingérer deux champignons hallucinogènes au cours d'une cérémonie. Derrière lui se trouve le Seigneur du Monde des Ténèbres, Mictlantlcuhtli. Les trois champignons vert jade placés devant le célébrant sont sans doute peints de cette couleur pour indiquer leur grande valeur d'objets sacrés.

banquets, sont d'un grand prix. Vénérés et redoutés, ils sont récoltés après toute une nuit de veille. Cette sorte-là est brun clair et un peu âcre.»

Pendant quatre siècles, on ne sut pas grand-chose du culte des champignons, et l'on doutait même de leur usage hallucinogène. Les persécutions de l'Église avaient si bien réussi à refouler ce culte là où il pouvait se cacher qu'aucun ethnologue ou botaniste n'en découvrit l'existence.

En 1916, un botaniste américain proposa une solution au problème de l'identification du Teonancatl, en soutenant qu'il ne faisait qu'un avec le Peyotl. Ne se fiant ni aux chroniqueurs

ni aux Indiens, il disait que, pour protéger le cactus, les indigènes racontaient aux autorités qu'il s'agissait de champignons. Selon lui, la couronne séchée de Peyotl, brune et circulaire, ressemblait à un champignon séché d'une façon si parfaite que même un mycologue pouvait s'y tromper. Ce n'est qu'en 1930 que l'on commença à avoir une idée du rôle des champignons hallucinogènes au Mexique. On en identifia certains selon des critères botaniques et chimiques. Vers la fin des années trente, deux premières espèces furent ramassées et étudiées dans le contexte cérémoniel qui les entoure de nos jours. D'autres travaux

sur le terrain permirent la découverte de quelque vingt-quatre nouvelles espèces. Les plus importantes appartiennent au genre *Psilocybe* qui en comprend une douzaine, sans compter *Stropharia cubensis*, parfois considéré comme un *Psilocybe*. Les deux espèces principales sont *Psilocybe mexicana* et le *P. hoogshagenii*.

On sait aujourd'hui que ces divers champignons sont utilisés dans les rituels divinatoires et religieux chez les Mazatèques, les Chinantèques, les Chatino, les Mije, les Zapotèques et les Mixtèques de l'État d'Oaxaca, chez les Nahua et peut-être les Otomi de l'État de Puebla, ainsi que chez les Tarascana

de l'État de Michoacan. Ce sont les Mazatèques qui en font le plus grand usage.

D'une année ou d'une saison sur l'autre, on observe de grandes différences dans la croissance et l'abondance relative des diverses espèces. Leur localisation varie aussi beaucoup. Qui plus est, chaque chamane a ses champignons préférés : Maria Sabina, par exemple, n'emploie pas de *Strophoria cubensis*. Enfin, certaines espèces ont une utilisation très spécifique. Il s'ensuit que chaque expédition ethnobotanique ne trouve pas nécessairement dans un lieu donné le même assortiment que la précédente, bien

Ce détail de la fresque de Tepantitla, au Mexique, raconte le voyage de l'âme d'un noyé se rendant au paradis. Le motif en forme de « conche-champignon » associé à l'eau et à la saison des pluies est symboliquement et fonctionnellement rattaché à l'usage des champignons. La rivière de la mort est liée à la grenouille, animal qui, dans toute l'Amérique tropicale, est toujours associé à l'ivresse.

147

Cette céramique remojadas du Mexique, datant du début de notre ère, montre un chamane assis devant un tambour-champignon. De nos jours, les chamanes mazatèques battent encore la mesure pour maintenir le rythme tout au long de leurs cérémonies.

Dans les hautes terres mayas du Guatemala, ainsi qu'au sud du Mexique et au Salvador, les archéologues ont découvert de curieuses statues de pierre, de dimensions variables, mais ayant toutes un sommet en forme de parapluie. Leurs dates s'échelonnent entre le x⁰ siècle avant J.-C. et le v⁰ siècle de notre ère. Leur signification est longtemps restée un mystère, mais des études récentes tendent à indiquer qu'il s'agirait de champignons. Leur sommet en forme de dôme est souvent une reproduction très réaliste d'un chapeau de champignon ; il surmonte généralement une figure humaine ou animale. Il est intéressant de noter que la plupart des figures animales sont associées à la mythologie et au chamanisme : le jaguar, l'oiseau, le singe, le lièvre et le coati. Les figures humaines paraissent en contemplation ou en extase. S'il s'agit véritablement de champignons, il faut encore élucider le rôle de ces statuettes dans la pratique religieuse.

qu'il s'agisse d'étudier une même ethnie à une même époque de l'année. On découvrira sans doute que d'autres espèces sont utilisées, car diverses recherches en chimie indiquent que la psilocybine et, à un degré moindre, la psilocine sont présentes dans de nombreux autres champignons du Mexique. Ces composants ont été isolés à partir de diverses espèces de *Psilocybe* et d'autres genres collectés dans différentes parties du monde, mais il n'y a, semble-t-il, qu'au Mexique qu'on les emploie dans un contexte rituel indigène.

De nos jours, la cérémonie qui s'accompagne de chants dure toute la nuit et comprend parfois un rituel thérapeutique. L'ivresse est caractérisée par des visions extraordinairement colorées, en mouvements kaléidoscopiques, accompagnées parfois d'hallucinations auditives, et l'usager se perd dans un monde totalement imaginaire.

A la nouvelle lune, les champignons sont ramassés dans la forêt par une fille vierge ; on les porte ensuite à l'église où ils sont posés un moment sur l'autel. Ils ne sont jamais vendus sur le marché. Les Mazatèques les appellent Nti-si-tho, « Nti » étant une particule respectueuse dénotant une grande affection ; le reste du mot signifie « ce qui surgit ». Comme l'exprimait poétiquement un Mazatèque : « Le petit

champignon vient tout seul, on ne sait jamais d'où, comme le vent qui passe, dont nous ne savons rien. »

Le chamane psalmodie pendant des heures, frappant souvent des mains ou tapant sur ses cuisses pour rythmer ses chants. Ceux de Maria Sabina, qui ont été enregistrés, traduits et étudiés, proclament humblement ses capacités de guérisseuse et d'interprète du pouvoir divin. Chantés dans la très belle langue mazatèque, ils évoquent l'étendue de ses « qualifications ».

Je suis la femme qui gronde, la femme qui sonne,
Je suis la femme araignée, la femme oiseau-mouche,

Cette belle céramique de l'État de Colima au Mexique, que l'on peut dater d'une période s'étendant entre le IIᵉ siècle avant J.-C. et le Iᵉʳ siècle de notre ère, montre des fidèles dansant autour d'un champignon. D'après leur attitude, la dimension et la position du végétal, il semblerait que ce champignon représente quelque chose comme l'Arbre du monde, l'*axis mundi*. La forme du chapeau fait penser au *Psilocybe mexicana*.

Je suis la femme aigle, la femme grand aigle,
Je suis la femme tourbillonnante des tourbillons,
La femme d'un lieu sacré, d'un lieu enchanté,
Je suis la femme des étoiles filantes.

Le premier témoin non Indien de la cérémonie mazatèque écrivit à propos des champignons : « Ici, j'aimerais dire quelques mots sur la nature des perturbations psychiques causées par l'absorption de ces champignons. Cette perturbation est aussi différente des effets de l'alcool que la nuit l'est du jour. Nous entrons là dans une discussion pour laquelle la langue anglaise ou tout autre langue européenne manque singulièrement de vocabulaire. Il n'existe aucun mot pouvant caractériser l'état dans lequel on se trouve lorsque l'on est, je dirais, « champignonné ». Pendant des cen-taines et des milliers d'années, nous n'avons pensé à ces états qu'en termes d'alcool, et nous devons maintenant franchir les frontières que nous a imposées cette obsession. Nous sommes tous, que nous le voulions ou non, confinés dans la prison de notre vocabulaire quotidien. Par un habile choix de mots on arrive parfois à étendre le sens défini d'un terme pour recouvrir des sentiments et des pensées un peu différents, mais quand l'état d'esprit est totalement autre, entièrement nouveau, nos vieux mots ne sont plus à la hauteur. Comment dire à un homme qui est né aveugle ce qu'est la vue ? Dans notre cas, il s'agit d'une analogie particulièrement appropriée, car superficiellement, un homme « champignonné » présente quelques-uns des symptômes de l'ivresse alcoolique. Pratiquement tous les mots qui décrivent un état d'ivresse sont méprisants, humiliants et péjoratifs. Il est vraiment curieux de voir comment l'homme « civilisé » moderne trouve un répit à ses ennuis et à ses tensions dans une drogue pour laquelle il ne paraît avoir aucun respect. Si par analogie nous employons les termes usités pour l'alcool, nous mettons le champignon dans une situation péjorative, et comme peu d'entre nous ont été « champignonnés », l'expérience risque

Plus on pénètre dans le monde de *Teonanacatl*, plus on voit de choses. Et on voit aussi le passé et l'avenir, qui sont là ensemble comme une seule chose déjà achevée, déjà passée... J'ai vu des chevaux volés et des villes englouties dont l'existence était inconnue, et elles vont être amenées à la lumière. J'ai vu des millions de choses et j'ai su. Et j'ai su et j'ai vu Dieu : une immense pendule qui tictaque, les sphères qui doucement la contournent et, à l'intérieur, les étoiles, la terre, l'univers entier, le jour et la nuit, le sourire et les pleurs, le bonheur et la douleur. Et celui qui connaît jusqu'au bout le secret de Teonanacatl peut même voir fonctionner cette pendule infinie.

Maria Sabina

En 1958 la célèbre chamane mazatèque Maria Sabina fit une *velada*, une veillée, pour un jeune homme de dix-sept ans, Pefecto José Garcia, qui était gravement malade.

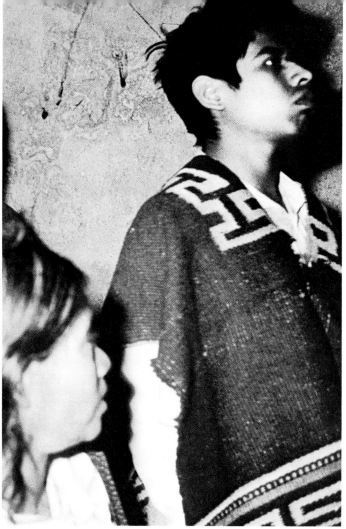

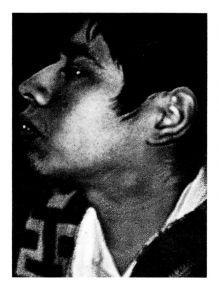

Ci-dessus : Pefecto attend le début de la *velada*.

Ci-dessus à droite : Il se lève au début de la cérémonie et Maria Sabina tourne la tête pour le regarder.

LA CHIMIE DU TEONANACATL

Les champignons sacrés du Mexique doivent leurs effets hallucinogènes à deux alcaloïdes, la psilocybine et la psilocine. La psilocybine, composant principal, est l'ester acide phosphorique de la psilocine, qui n'apparaît qu'à l'état de traces. La psilocybine et la psilocine, étant des dérivés tryptamines, appartiennent à la classe des alcaloïdes indoliques. Voir les cristaux page 23 et leur structure chimique page 174. La parenté chimique de ces hallucinogènes avec la sérotonine est particulièrement significative. La sérotonine, le modèle moléculaire page 175, est un neurotransmetteur et elle joue un rôle capital dans la biochimie des fonctions cérébrales. La psilocybine et la psilocine peuvent être produites synthétiquement. La dose active pour l'homme est de 6 à 12 mg.

d'être injustement jugée. Nous avons besoin d'un vocabulaire permettant de décrire les modalités d'une substance enivrante divine... »

Ayant reçu six paires de champignons durant la cérémonie, ce novice participant les mangea. Il eut le sentiment que son âme sortait de son corps, et qu'elle flottait dans l'espace. Il vit des « motifs géométriques, anguleux, de couleurs riches et vives, qui devenaient des structures architecturales, aux pierres très colorées, en or, en onyx et en ébène, s'étendant à perte de vue sur des paysages incommensurables. Ces visions rappelaient les architectures décrites par les visionnaires dans la Bible. « Dans la pâle lumière de la lune, le bouquet sur la table prenait les dimensions et la forme d'un char impérial, d'un char triomphal tiré par des créatures connues de la seule mythologie. »

Il semble que ces champignons aient été utilisés cérémoniellement dans ces régions d'Amérique depuis plusieurs siècles. D'après certaines sources très anciennes, il est possible que les Mayas

du Guatemala aient appelé les champignons du même nom que l'Au-Delà... De petits champignons miniatures, en pierre, vieux de 2 200 ans, ont été découverts sur des sites proches de la ville de Guatemala. On a aussi émis l'hypothèse que ces petites effigies mises au jour dans les sépultures des dignitaires mayas auraient une relation avec les neuf Seigneurs de Xibalba, décrits dans le livre sacré Popol Vuh. Actuellement, on possède plus de deux cents de ces champignons en pierre, dont les plus anciens remontent au premier millénaire avant J.-C. La

Ci-dessous : La chamane, après avoir encensé des paires de champignons sacrés, les tend à Pefecto pour qu'il les mange.

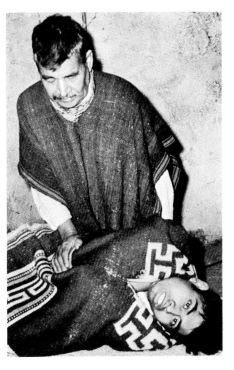

Ci-dessous à gauche : La fille de Maria Sabina, chamane elle aussi, tient deux cierges au début de la cérémonie.

majorité a été trouvée au Guatemala, mais quelques-uns proviennent du Salvador, du Honduras, et même des régions de Vera Cruz et de Guerrero au Mexique. Il est clair aujourd'hui que ces sépultures indiquent un usage très ancien et raffiné des champignons hallucinogènes. On a découvert récemment, sur les pentes du Popocatepetl, une magnifique statue de Xochipilli, prince des Fleurs chez les Aztèques. Il a un visage extatique, comme sous l'effet de substances hallucinogènes ; sa tête est légèrement penchée, comme s'il entendait des voix. Sur son corps sont gravées des fleurs stylisées où l'on a reconnu des plantes sacrées, pour la plupart psychotropes. Le socle sur lequel il est assis est décoré de motifs représentant des coupes de chapeaux de *Psilocybe aztecorum*, champignon hallucinogène qui pousse, semble-t-il, uniquement sur les pentes de ce volcan. Sans aucun doute, Xochipilli représente non seulement le prince des Fleurs, mais plus spécifiquement le prince des Fleurs qui enivrent, c'est-à-dire aussi des champignons qui, dans la poésie nahuatl, sont justement appelés « fleurs » et « fleurs enivrantes ».

Les champignons à psilocybine ont-ils été employés dans le Nouveau Monde comme hallucinogènes sacrés ? La réponse est probablement affirmative. Une espèce de *Psilocybe* et peut-être aussi de *Stropharia* est utilisée de nos jours près de Palenque, ancien centre cérémoniel des Mayas et l'on a signalé des champignons hallucinogènes le long de la frontière entre l'État de Chiapas au Mexique et le Guatemala. On ne sait pas encore si l'emploi actuel des champignons dans les régions mayas est un vestige d'une pratique beaucoup plus ancienne, ou si, au contraire, il est d'introduction récente.

Ci-dessus à gauche : Pefecto, qui a entendu le diagnostic défavorable révélé à Maria Sabina par les champignons — il n'y a aucun espoir de guérison —, s'effondre de terreur et de désespoir.

Ci-dessus et à gauche : La chamane et sa fille, en dépit du diagnostic, continuent à psalmodier, espérant une vision plus profonde, bien qu'elles sachent que l'âme de Pefecto est irrémédiablement perdue.

Quoi qu'il en soit, des preuves commencent à s'accumuler, indiquant un culte des champignons très florissant à l'époque préhistorique (de 100 av. J.-C. à 300-400 apr. J.-C.) au Mexique (États de Colima, Jalisco et Nayarit, sur le littoral pacifique).

On pense que les petites statues funéraires à deux « cornes » qu'on y a trouvées, représentent soit des « divinités » mâles et femelles, soit des prêtres liés à un culte des champignons. Les traditions des Indiens Huichol de l'État de Jalisco permettent de penser que ces végétaux jouaient un rôle religieux « dans les temps anciens ».

Que se passe-t-il en Amérique du Sud où ces champignons psychotropes sont très abondants ? On ne les y emploie plus aujourd'hui, mais de nombreux témoignages anciens semblent indiquer qu'ils ont été en usage.

Au XVIIe et au XVIIIe siècle les Indiens Yurimagua de l'Amazonie péruvienne buvaient une boisson très enivrante faite avec « des champignons d'arbre ». Un rapport des jésuites signale que « les Indiens mélangent les champignons qui poussent sur les arbres morts avec une sorte de pellicule rouge que l'on trouve sur les troncs pourris, et qui a un goût très piquant. Tous ceux qui en boivent en subissent les effets après trois ou quatre gorgées, tant cette boisson est forte ou, plus exactement, toxique ». On a pensé que ce champignon d'arbre pourrait bien être *Psilocybe yungensis,* courant dans cette région.

On a découvert en Colombie de nombreuses plaques pectorales en or, représentant une forme humaine qui porte au-dessus de la tête deux ornements semblables à des dômes. Ils sont dans le style dit « de Darien », et la plupart ont été mis au jour dans la région de Sinú au nord-ouest de la Colombie et dans la région de Calima sur le Pacifique. En l'absence d'un terme plus approprié on les a appelés « dieux téléphones », à cause de la ressemblance entre ces ornements creux et hémisphériques et les sonnettes des anciens appareils.

Il est possible qu'ils représentent des champignons. La découverte d'objets à peu près semblables à Panama, au Costa Rica et au Yuc.tán permet même de penser qu'il a pu exister, à l'époque préhistorique, un culte du champignon sacré s'étendant sans solution de continuité du Mexique à l'Amérique du Sud.

Plus au sud encore, quelques indices archéologiques suggèrent l'importance religieuse de ces plantes. Des récipients Moche à figure humaine portent sur la tête des ornements ressemblant fort à des champignons. Si les indices archéologiques sont assez convaincants, on ne trouve pas trace de l'usage de ces végétaux dans la littérature coloniale, et de nos jours, pour autant que l'on sache, aucun groupe aborigène d'Amérique du Sud n'utilise ce type d'hallucinogène. Il faut donc interpréter très prudemment ce que l'on pourrait facilement assimiler à des représentations anciennes de champignons au sud de Panama. S'il s'avère que tous ces objets représentent bien des champignons hallucinogènes, l'aire d'extension de ces derniers et l'importance culturelle qu'ils ont pour l'Amérique s'en trouveront considérablement accrues.

La bénédiction finale de Maria Sabina termine la cérémonie, démonstration de toute l'adoration et de tout le respect infusés par les champignons au plus profond de l'être de la chamane.

CACTUS
DES
QUATRE VENTS

Ce vase en céramique appartenant à la culture chavin du Pérou (1200-600 av. J.-C.) représente un jaguar niché entre deux cactus hallucinogènes *Trichocereus*. Le jaguar, qui est associé dans toute l'Amérique latine au chamanisme et aux hallucinogènes, indique sans aucun doute que le cactus San Pedro était utilisé au cours de rites sacrés il y a au moins trois mille ans.

En haut à droite, Pot en céramique appartenant à la culture chimu (XIIIᵉ siècle de notre ère). La femme à visage de chouette est probablement une herboriste et une chamane ; elle tient un Huachuma (*Trichocereus*). De nos jours, les femmes qui vendent ce cactus sont à la fois chamanes et herboristes. D'après la tradition indigène, les chouettes leur ont toujours été associées.

Pierre gravée récemment découverte au cours des fouilles sur le site du Vieux temple de Chavin de Huantar, dans le nord du Pérou. Il s'agit de la plus ancienne représentation connue du San Pedro, puisqu'elle remonte au XIIIᵉ siècle avant J.-C. On y voit la principale divinité chavin, créature anthropomorphe aux cheveux bouclés, aux dents de jaguar, et dont la ceinture est un serpent à deux têtes. Dans ses griffes d'aigle le personnage tient un morceau de *Trichocereus* à quatre côtes.

« Si le San Pedro joue un rôle symbolique particulier dans le *curanderismo* (médecine traditionnelle), c'est qu'il est toujours en accord... avec les pouvoirs des animaux, des personnes ou des êtres forts, sérieux, ou des êtres qui ont des pouvoirs surnaturels... ».

Ce cactus, *Trichocereus pachanoi*, est sans aucun doute une des plantes magiques les plus anciennes de l'Amérique du Sud. Dans un temple du nord-ouest du Pérou, il est représenté sur une pierre gravée chavín remontant à 1300 avant J.-C.

Des textiles chavín, presque aussi anciens, le représentent en compagnie de jaguars et d'oiseaux-mouches. Des céramiques péruviennes réalisées entre 100 et 700 avant J.-C. le montrent associé au cerf ; d'autres poteries à peine plus récentes le figurent entouré de jaguars et de spirales stylisées illustrant ses effets hallucinogènes.

Sur la côte sud du Pérou, le San Pedro est dessiné sur de grandes urnes appartenant à la culture nazca, dont l'existence s'étend du premier siècle avant J.-C. au cinquième siècle de notre ère. A l'arrivée des Espagnols son usage était très répandu au Pérou. Un rapport ecclésiastique signale que « les chamanes boivent un breuvage qu'ils appellent Achuma et qui est fait avec la sève de cactus épais et lisses... » et « ... comme il est très fort, ils en perdent le sens et l'esprit, et ils voient des

visions que leur envoie le diable. » Comme pour le Peyotl au Mexique, l'Église romaine combattit le San Pedro.

« C'est la plante avec laquelle le diable a trompé les Indiens... qui, dans leur paganisme, l'utilisent pour leurs mensonges et leurs superstitions... Ceux qui en boivent perdent conscience et sont comme morts. On a même constaté que certains en sont morts, véritablement, à cause du refroidissement qu'il produit dans le cerveau. Transportés par cette boisson, les Indiens rêvaient mille choses absurdes et les croyaient vraies... » L'usage moderne de ce cactus le long des régions côtières du Pérou, dans les Andes péruviennes en en Bolivie a été très affecté par le christianisme, influence visible dans le nom même de la plante qui tire sans doute son origine de la croyance chrétienne selon laquelle saint Pierre détient les clefs du Paradis. Cependant le rituel lunaire dont s'accompagne son emploi montre qu'il s'agit en fait d'un véritable amalgame d'éléments chrétiens et indigènes.

Le San Pedro est utilisé aujourd'hui pour soigner toutes sortes de maladies y compris l'alcoolisme et la folie, pour prédire l'avenir, pour contrer toute sorcellerie, amoureuse ou autre, et pour s'assurer le succès dans les entreprises personnelles. Il vient au premier rang

Le *Trichocereus* est très cultivé dans les Andes centrales, souvent en guise de haies le long des champs. Les Indiens distinguent plusieurs « sortes », selon leur nombre de côtes (de quatre à sept). Les plantes à quatre côtes sont les plus magiques, et celles à sept côtes les plus courantes. Les fleurs très parfumées s'épanouissent la nuit. Les aréoles sont souvent sans épines.

Ci-dessus : Morceaux de San Pedro empilés sur un marché des Andes péruviennes.

parmi les nombreuses « plantes magiques » utilisées par les chamanes et cueillies par eux près des lacs sacrés, très haut dans les Andes.

Chaque année, ils montent jusqu'à ces lacs pour se purifier et pour rendre visite à certains personnages experts en sorcellerie et « propriétaires » de plantes divines capables, comme le San Pedro, de pouvoirs spirituels surnaturels. Même les malades font le pèlerinage jusqu'à ces lieux sacrés si éloignés. Ils croient que dans ces lacs, les pénitents subissent une métamorphose, que les plantes de cette région et plus particulièrement le San Pedro possèdent des propriétés extraordinairement puissantes pour guérir les maladies et contrer les sorts.

Les chamanes distinguent quatre « sortes » de cactus selon leur nombre de côtes. Les plus puissants en ont quatre et ils sont rares : leur pouvoir surnaturel est très spécial, car les côtes représentent « les quatre vents » et « les quatre routes ».

Au nord des régions côtières du Pérou, ce cactus est appelé San Pedro. Au nord de la région andine il porte le nom de Huachuma et en Bolivie on le connaît sous le nom d'Achuma ; le terme bolivien *chumarse* (s'enivrer) est dérivé d'Achuma. En Équateur, on l'appelle Aguacolla et Gigantón.

Les tiges du cactus, le plus souvent

Trichocereus pachanoi pousse à l'état sauvage mais il est aussi cultivé de l'Equateur à la Bolivie. On trouve d'autres espèces du même genre plus au sud, notamment en Argentine. Le San Pedro contient de la mescaline.

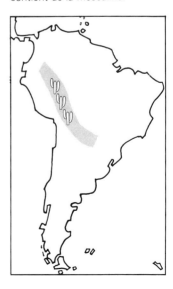

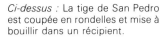

Ci-dessus : La tige de San Pedro est coupée en rondelles et mise à bouillir dans un récipient.

En haut à droite : Sous l'influence du San Pedro, les participants à une séance de guérison contemplent les « objets du pouvoir » disposés selon un ordre symbolique.

A droite : Avec l'aide de la décoction de San Pedro, le guérisseur engage un combat chamanique avec les forces du mal.

LA CHIMIE DU SAN PEDRO

Le principal alcaloïde du *Trichocereus* est la mescaline à laquelle on doit les hallucinations visuelles. On a pu isoler 2 % de mescaline à partir de spécimens séchés. Voir le chapitre sur le Peyotl pour d'autres informations concernant la mescaline.

achetées au marché, sont coupées en tranches comme du pain et bouillies dans de l'eau pendant sept heures. Après l'absorption du San Pedro, d'autres herbes médicinales sont appelées en renfort par le chamane : elles commencent à lui « parler », activant son « pouvoir intérieur ». La décoction de cactus peut se boire telle quelle, mais le plus souvent on y ajoute d'autres plantes qui ont été bouillies séparément. Ce breuvage s'appelle alors Cimora. Parmi ces nombreux additifs, on trouve le cactus andin *Neoraimondia macrostibas,* une espèce d'*Irésine* (Amaranthacées), le *Pedilanthus tithymaloides* (Euphorbiacées) et l'*Isotoma longiflora* (Campanulacées). Excepté l'*Irésine,* ces plantes semblent contenir des principes biodynamiques. L'Irésine a la réputation de guérir la folie. Souvent, on ajoute à la Cimora deux autres puissants hallucinogènes : *Brugmansia aurea* et *B. sanguinea.*

Le San Pedro a été correctement identifié depuis peu de temps. Au Pérou, au cours des premières études chimiques et psychiatriques, on croyait à tort qu'il s'agissait d'*Opuntia cylindrica*. Des recherches très récentes ont révélé l'importance des additifs végétaux et elles méritent la plus grande attention. Il arrive que la pratique magique requière d'autres additifs, comme des os réduits en poudre ou de la poussière de cimetière, pour garantir l'efficacité du breuvage. Comme l'a dit un observateur, ce cactus « est le catalyseur qui active toutes les forces complexes présentes lors d'une séance de guérison, et plus particulièrement les pouvoirs visionnaires et divinatoires » du chamane, qui peut se saisir de l'identité d'un autre individu. Mais le pouvoir magique du San Pedro dépasse de loin la thérapeutique et la divination ; on croit qu'il garde les maisons comme un chien, produisant un sifflement lugubre qui force les intrus à s'enfuir.

Voici comment un chamane décrit les effets du *Trichocereus pachanoi :*

« La drogue provoque d'abord... une somnolence, un état de rêve, et une léthargie... un léger vertige... puis une grande « vision », toutes les facultés deviennent très nettes... Le corps

> Les cactus à quatre côtes... sont très rares
> et on considère qu'ils portent chance... ils ont des propriétés spéciales
> parce qu'ils correspondent
> aux quatre vents et aux « quatre routes »,
> pouvoirs surnaturels associés aux points cardinaux.
>
> Douglas Sharon

s'engourdit et l'on ressent une grande tranquillité. Vient ensuite une sensation de détachement, une sorte de force visuelle... qui englobe tous les sens... y compris le sixième, le sens télépathique, qui permet de se propulser à travers le temps et la matière...

rir » son malade pendant la cérémonie nocturne, de faire que son inconscient « s'ouvre comme une fleur », pareil à la floraison nocturne du cactus lui-même. Les patients sont parfois calmes et contemplatifs, parfois ils dansent, ou ils se jettent par terre en se tordant.

Pour ramasser les nombreuses plantes magiques qui, à travers le San Pedro, parlent au chamane, un pèlerinage rituel aux lacs des Andes est nécessaire. C'est là qu'a lieu une cérémonie complexe comprenant des prières, une purification et une consécra-

comme si la pensée se déplaçait dans une dimension éloignée. »
Pendant le rituel, les participants sont « libérés de la matière » et volent à travers les régions cosmiques. C'est probablement de chamanes utilisant le San Pedro que parle le rapport d'un officier espagnol en poste à Cuzco au XVIe siècle : « Parmi les Indiens, il y a une autre sorte de magiciens, autorisés jusqu'à un certain point par les Incas, et ils sont comme des sorciers. Ils prennent la forme qu'ils désirent et se déplacent dans les airs sur de longues distances en un temps très court. Ils voient ce qui se passe, ils parlent au démon qui leur répond par des pierres ou autres objets qu'ils vénèrent... » De nos jours, le vol magique est toujours caractéristique de la cérémonie : « San Pedro aide à rendre l'esprit plus agréable, plus maniable... on est transporté à travers le temps, la matière et l'espace de façon rapide et sûre... » Le chamane absorbe lui-même la drogue ou il la donne à son malade, à moins qu'ils ne la consomment tous les deux. Le but du chamane est de faire « fleu-

Comme tous les autres hallucinogènes, cette plante est encore un don des dieux grâce auquel les hommes peuvent connaître l'extase, la séparation de l'âme et du corps. Cette extase permet à l'homme de se préparer au vol sacré au cours duquel il établit un contact entre son existence terrestre et les forces surnaturelles.

tion. Elle a pour but d'assurer la continuité du pouvoir spirituel qui, avec l'aide du Huachuma, permet au chamane de manipuler le cours des événements.

42 IPOMOEA
Badoh Negro

88 TURBINA
Ololiuqui

LIANES
DU
SERPENT

A droite : Ce dessin de l'Ololiuqui est tiré d'un ouvrage sur la médecine aztèque, écrit au XVIᵉ siècle par Francisco Hernández.

Cette illustration tirée de la *Historia de las Cosas de Nueva España* de Sahagún, chronique datant de la deuxième moitié du XVIᵉ siècle, présente clairement l'Ololiuqui comme un Volubilis.

A droite : page de titre de l'ouvrage de Francisco Hernández *Rerum Medicarum Novae Hispaniae,* Rome, 1651.

Ce timbre cubain représentant la *Turbina Corymbosa* sortit à Noël, époque à laquelle ces fleurs sont très abondantes sur l'île. A droite, le timbre hongrois représentant l'*Ipomoea violacea* indique bien l'importance horticole de cette plante.

Un missionnaire espagnol au Mexique écrivait il y a quatre siècles : « L'Ololiuqui... fait perdre la raison à tous ceux qui en usent... C'est ainsi que les indigènes communiquent avec le diable, car ils parlent lorsqu'ils sont ivres d'Ololiuqui et ils sont trompés par des hallucinations qu'ils attribuent à la divinité prétendument présente dans ces graines... »

Un rapport récent montre que, dans l'État d'Oaxaca, l'Ololiuqui n'a pas perdu son sens divin : « Tout au long de ces remarques, nous assistons au duel à mort de deux cultures (l'espagnole et l'indienne), les Indiens défendant avec ruse et ténacité leur cher Ololiuqui. Il semble qu'ils aient gagné. Dans presque tous les villages de la région, on trouve aujourd'hui des graines qui représentent pour les indigènes une aide toujours présente en cas de difficulté ». Tout comme pour les champignons sacrés, l'usage des volubilis hallucinogènes s'est maintenu jusqu'à notre siècle grâce à une semi-clandestinité.

Selon une chronique espagnole de l'époque de la Conquête, « les Aztèques ont une herbe appelée *Coatl-xoxouhqui* (serpent vert), qui porte une graine appelée *Ololiuqui.* »

Une gravure ancienne la représente comme un volubilis aux fruits gonflés, aux feuilles cordées, à la racine en forme de tubercule, et une tendance à grimper en s'enroulant. En 1651, Francisco Hernandez, médecin du roi d'Espagne, reconnut dans l'Ololiuqui un volubilis et le décrivit ainsi : « L'Ololiuqui que certains appellent *Coaxihuitl* ou plante-serpent est une

De OLILIUHQUI

plante grimpante aux fines feuilles cordées ; ses tiges sont minces et vertes, les fleurs sont longues et blanches, la graine ronde ressemble beaucoup à la coriandre, d'où son nom (en nahuatl, il signifie « chose ronde »), les racines sont minces et fibreuses. Cette plante est chaude au quatrième degré. Elle guérit de la syphilis et calme la douleur causée par les refroidissements. Elle soulage des flatulences et enlève les tumeurs.

Mélangée à de la résine, elle fait disparaître les frissons et, dans les cas de dislocation, de fractures et de problèmes du bassin chez les femmes, elle est un stimulant et une aide remarquable. La graine est parfois employée à des fins médicinales : réduite en poudre, en décoction, ou appliquée en cataplasme sur la tête ou le front, avec du lait et du piment, elle est réputée soigner les maladies des yeux. Bue, elle est aphrodisiaque. Elle a un goût à la fois acide et piquant. Autrefois, lorsque les prêtres voulaient communiquer avec leurs dieux et en recevoir des messages, ils mangeaient de cette plante qui provoque un délire. Ils avaient mille hallucinations sataniques. Par son action, on peut la comparer au *Solanum maniacum* de Dioscoride. Elle pousse dans les champs sur des endroits chauds ».

D'autres témoignages anciens la mentionnent : « L'Ololiuqui est une graine comme la lentille... produite par une sorte de lierre... ; quand on la boit, cette graine fait perdre l'esprit car elle est très puissante, et il n'est pas nécessaire de dire où elle pousse, car qu'elle soit décrite ici et que les Espagnols en apprennent l'existence n'a pas grande importance. » Selon un autre document, « il est remarquable d'observer la foi que les indigènes ont dans cette graine. Ils la consultent comme un oracle pour apprendre toutes sortes de choses... particulièrement celles... qui vont au-delà de la compréhension humaine... Ils la consultent par l'intermédiaire de leurs faux docteurs, dont certains font leur profession de la consommation d'Ololiuqui... Si un docteur qui ne boit pas d'Ololiuqui désire soigner un malade, il lui conseille d'en prendre... il fixe le jour et l'heure où la boisson doit être consommée et établit les raisons pour lesquelles le malade doit en boire. Enfin, celui qui en boit doit s'isoler dans une pièce... Personne ne doit y entrer pendant la divination... Il... croit que l'Ololiuqui... lui révèle ce qu'il veut savoir. Lorsque le délire est passé, le médecin sort de son refuge, récitant une foule de mensonges... trompant ainsi son malade. » La confession d'un pénitent aztèque illustre bien l'association de cette plante à la sorcellerie : « J'ai cru dans les rêves, dans les herbes magiques, dans le Peyotl, dans l'Ololiuqui, dans la chouette... »

Les Aztèques préparaient un onguent qu'ils utilisaient lors des sacrifices : « Ils prenaient des insectes venimeux,

les brûlaient et pilaient leurs cendres avec le pied de l'*ocotl*, du Tabac, de l'Ololiuqui et quelques insectes vivants. Ils présentaient à leurs dieux cette mixture diabolique et s'en frottaient le corps. Ainsi enduits, ils ne craignaient plus aucun danger. » Selon un autre témoignage, « ils placent cette mixture devant leurs dieux, disant qu'il s'agit là de leur nourriture... et grâce à elle, ils deviennent des sorciers et communient avec le démon. »

Ipomoea violacea (en haut) a des fleurs dont la couleur varie du blanc au bleu en passant par le violet. Il en existe de nombreuses variétés sur le marché de l'horticulture, ces plantes étant très appréciées des jardiniers.

Turbina corymbosa, aux abondantes fleurs blanches, est une plante très répandue dans la flore des régions caraïbes, mais il semble bien que seuls les Mexicains l'utilisèrent pour ses propriétés hallucinogènes.

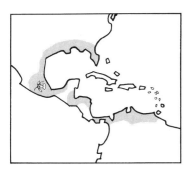

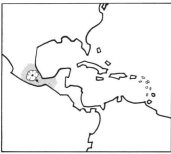

En 1916, un botaniste américain supposa à tort que cette plante était une espèce de *Datura*. Il avait plusieurs motifs pour le croire : le *Datura* est une plante toxique bien connue et sa fleur ressemble à celle du volubilis ; on ne connaissait alors à la famille de ces derniers aucun principe psychotrope ; les symptômes de l'ivresse causée par l'Ololiuqui ressemblent à ceux que provoque le *Datura* et « on avait attribué aux Aztèques une connaissance botanique qu'ils étaient loin d'avoir... les connaissances botaniques des premiers Espagnols n'étaient sans doute pas plus étendues. » Cette assimilation erronée fut largement acceptée.

En 1939 seulement, on ramassa chez les Chinantèques et les Zapotèques de l'État d'Oaxaca des spécimens identifiables de *Turbina corymbosa* qu'ils cultivaient pour ses effets hallucinogènes. *A-mu-kia,* son nom chinantèque, signifie « médecine pour la divination ». Le plus souvent, treize graines sont réduites en poudre et bues dans de l'eau ou dans une boisson alcoolisée. L'ivresse se manifeste rapidement, donne lieu à des hallucinations visuelles. On observe aussi des stades intermédiaires de vertige suivi de lassitude, d'euphorie, de somnolence et de narcose somnambulesque. L'Indien se rend vaguement compte de ce qui se passe, et il est réceptif aux suggestions qu'on lui fait. Les visions, souvent grotesques, font apparaître des gens ou des événements. Les indigènes disent que l'ivresse dure trois heures et n'a que rarement des effets secondaires désagréables. Prendre l'Ololiuqui la nuit, contrairement au Peyotl et aux champignons, l'administrer à un seul individu dans un lieu calme et isolé.

On a signalé l'usage des graines de *Turbina corymbosa* chez les Chinantèques, les Mazatèques et autres groupes de l'État d'Oaxaca où elles sont connues sous le nom de Piule, mais chaque tribu possède un nom particulier pour les désigner.

Il semble en fait que les Aztèques aient donné le nom d'Ololiuqui à plusieurs types de plantes, dont une seule était

Au XVIIᵉ siècle, les Indiens de la Nouvelle-Espagne voyaient dans l'Ololiuqui, le frère d'une autre plante sacrée, non identifiée, appelée Mère de l'Eau. Intimement associé au mâle Volubilis, ce végétal féminin, symbole de la déesse des eaux, fut sans doute syncré-tisé... avec les qualités de la Vierge Marie qui se trouva ainsi investie d'une identité pagano-chrétienne en tant que « Mère de l'Eau » ou « Maîtresse des Eaux », titres qu'on lui attribue encore dans le Mexique central.

P.T. Furst

Le petit garçon pleurait.
Il y a mille ans.
Son père aztèque venait de
le gifler. Encore
en colère, le père criait après
son fils,
Je t'ai dit de ne pas toucher
à l'Ololiuqui !
Les Dieux se vengeront sur
nous tous. Et tout ça
à cause de toi.
O Uitzilopochtli !
O Quetzalcociatl !
Ayez pitié de nous. Ce n'est
qu'un enfant.
Il voulait seulement parler
aux dieux. Les graines
de coatlxoxouhiqui l'ont
tenté.
O Painol !
O Macuilxochitl !
Pardonnez-nous,
pardonnez-nous !

F.J. Bové (*Histoire de l'Ergot*)

LA CHIMIE DES VOLUBILIS

Les composants hallucinogènes de l'Ololiuqui sont des alcaloïdes (acide lysergique). Ces alcaloïdes indoliques ont été isolés à partir de l'Ergot de Seigle. L'acide lysergique amide connu sous le nom d'ergine et l'acide lysergique hydroxyéthylamide sont les composants principaux de l'Ololiuqui. Voir p. 175 leur structure moléculaire. La tryptamine dans la structure en anneau de l'acide lysergique établit bien sa parenté avec les ergolines et les principes actifs du *Psilocybe*, ainsi qu'avec de l'hormone cérébrale sérotonine. Le LSD ou acide lysergique diéthylamide est un composé semi-synthétique et le plus puissant hallucinogène connu de nos jours. Il diffère de l'acide lysergique amide car deux atomes d'hydrogène y sont remplacés par deux groupes d'éthyle (voir p. 175). Les principes actifs de l'Ololiuqui (dose hallucinogène de 2 à 5 mg) sont cent fois moins puissants que le LSD (dose hallucinogène 0,05 mg).

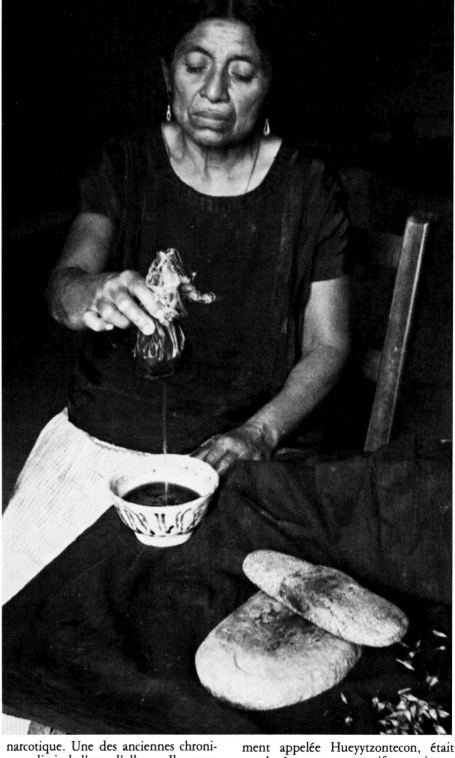

narcotique. Une des anciennes chroniques disait de l'une d'elles : « Il y a une herbe appelée Ololiuqui ou Xixicamatic, dont les feuilles ressemblent à celles de *Physalis*, et de fines fleurs jaunes. La racine est ronde et aussi grosse qu'un chou. » Il ne peut s'agir de *Turbina corymbosa*, et l'identité de cette plante reste un mystère. La troisième sorte d'Ololiuqui, également appelée Hueyytzontecon, était employée comme purgatif, ce qui rappelle bien les volubilis, mais elle n'appartient pas aux Convolvulacées. Un autre volubilis, *Ipomea Violacea*, était aussi un hallucinogène sacré chez les Aztèques, qui appelaient ses graines Tlitliltzin (« noir », en langue nahuatl). Les graines de ce volubilis sont longues, anguleuses et noires, tandis que celles de *Turbina corymbosa* sont rondes et brunes. Une ancienne chronique affirme que le Peyotl, l'Ololiuqui et le Tlitliltzin sont tous psychotropes. L'*Ipomea Violacea* est surtout en usage chez les Zapotèques et les Chatin de l'État d'Oaxaca qui l'appellent Badoh Negro, ou, en zapotèque, Badungas. Certains

dévoiler l'avenir.

Un récent rapport sur l'emploi des graines d'*Ipomea Violacea*, chez les Zapotèques, montre bien l'importance du Badoh Negro dans la vie de ces Indiens : « Ils pratiquent la divination pour connaître l'issue des maladies au moyen d'une plante réputée narco-

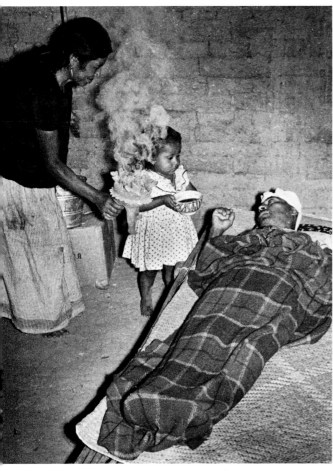 

villages connaissent les deux types de graines, dans d'autres au contraire on n'emploie que l'*Ipomea Violacea*. Les graines noires sont souvent appelées *macho*, le mâle, et sont prises par les hommes, les graines brunes, appelées *Hembra*, la femelle, sont réservées aux femmes. D'après les indigènes, les graines noires sont plus puissantes que les brunes, assertion confirmée par l'examen chimique. La dose en est souvent de sept ou d'un multiple de sept, plus rarement de treize.

Comme pour la *Turbina*, les graines de Badoh Negro sont réduites en poudre et versées dans une gourde avec de l'eau : on filtre le tout et on boit. Au cours de l'ivresse, des « intermédiaires », les *Badu-win* apparaissent sous la forme de deux petites filles en blanc qui viennent révéler les causes des maladies ou

tique. Elle… pousse dans la cour de familles qui la cultivent pour en vendre les graines et les feuilles… que l'on donne aux malades… Le patient, qui doit être seul avec le guérisseur et si possible dans un lieu si solitaire qu'on n'y entende même pas le chant du coq, tombe dans un sommeil profond durant lequel apparaissent et parlent les tout-petits, le fils et la fille de la plante *(Badoc)*. Ces esprits végétaux donnent aussi des renseignements sur les objets perdus. » Quelques-uns des noms de la plante — Semilla de la Virgen (Graine de la Vierge) et Hierba María (l'Herbe de Marie) — révèlent étroite relation entre paganisme et christianisme et indiquent clairement que *Turbina Corymbosa* et *Ipomea Violacea* sont considérés comme des dons des dieux.

Ci-dessus et à gauche : La chamane aidée d'une petite fille fait boire une infusion au malade. Ce breuvage doit être pris la nuit, dans un endroit caché et tranquille. La chamane fera le diagnostic en interprétant ce que dit le malade au cours de l'ivresse.

Page précédente : A San Bartolo Yautepec, au Mexique, une chamane zapotèque prépare une infusion de graines d'*Ipomoea violacea*.

163

LA SEMENCE
DU SOLEIL

Au commencement des temps, le Soleil commit l'inceste avec sa fille qui acquit le Viho en frottant le pénis de son père. Les Tukano reçurent ainsi cette poudre à priser sacrée, issue du sperme du soleil et comme elle est encore très vénérée, on la conserve dans des étuis appelés *muhipu-nuri* ou « pénis du soleil ». Cet hallucinogène permet à ceux qui l'absorbent d'entrer en contact avec le monde des esprits, en particulier avec Viho-mahse, « la personne de la poudre à priser » qui, depuis son repaire dans la Voie Lactée,

L'espèce de *Virola* la plus utilisée pour la préparation de poudre hallucinogène est le *V. theiodora* du nord-ouest de l'Amazone.

Virola est un genre américain apparenté aux Muscadiers. Les minuscules fleurs de cet arbre ont un parfum pénétrant.

est donc l'outil essentiel des *payés* ou chamanes guérisseurs. Bien qu'il existe soixante espèces de *Virola* dans les forêts du Nouveau Monde et qu'on ait trouvé des principes psychotropes dans une bonne douzaine d'entre elles, c'est seulement dans l'ouest de l'Amazonie, autour du bassin de l'Orénoque que le genre est à l'origine d'hallucinogène sacré.

Les espèces utilisées sont *V. calophylla*, *V. callophylloida*, *V. elongata* et *V. teiodora*, cette dernière étant la plus fréquemment employée. Dans certaines régions, *V. Rufula*, *V. cuspidata* et d'autres espèces sont également

s'occupe des affaires humaines. Les chamanes ne peuvent pas entrer en relation avec les autres forces spirituelles sans passer par l'intermédiaire de Viho-mahse. Cette poudre à priser

Virola calophylla

en usage. Certains Indiens, comme les Maku, nomades primitifs du Rio Piraparaná de Colombie, ingèrent telle quelle la « résine » rouge de l'écorce de *V. elongata*. D'autres tribus, particulièrement les Bora et les Witoto avalent des boulettes qu'ils préparent avec la « résine » de *V. peruviana*, *V. surinamensis*, *V. theiodora* et peut-être aussi *V. loretensia*. Selon certaines indications, les chamanes du Venezuela fumeraient l'écorce de *V. sebifera* « au cours de danses et pour soigner les fièvres ». ou en feraient une décoction qu'ils boivent « afin d'éloigner les esprits maléfiques ».

Bien que l'importance mythologique et magico-religieuse de l'Epená dénote une grande ancienneté, cette drogue n'est connue que depuis peu. En dépit de son étude sur les *Virola*, Spruce, explorateur et botaniste fort perspicace, ne découvrit pas cet usage narcotique pourtant fondamental. Cet hallucinogène fut mentionné pour la première fois au début du siècle par un ethnologue allemand qui en signala l'usage chez les Yekwena du haut Orénoque.

C'est en 1938 et 1939 que l'on fit le rapprochement entre les *Virola* et la poudre à priser. Le botaniste brésilien Ducke rapporta que celle-ci était préparée à partir des feuilles de *V. theiodora* et de *V. cuspidata*. En réalité les feuilles ne sont pas utilisées, mais ce rapport eut le mérite d'attirer l'attention sur des arbres que l'on n'avait jusqu'alors jamais soupçonnés d'être psychotropes.

Virola calophylloidea

Parfois, lorsqu'ils voyagent ou qu'ils vont à la chasse ils disent :
« Je dois porter mon Epená contre ces esprits,
Afin qu'ils ne nous persécutent pas ».
Ils prennent l'Epená pendant la nuit
S'ils entendent ces esprits de la forêt faire du bruit.
Ils prisent cette poudre pour les chasser...

Ettore Biocca

La première description détaillée et l'identification spécifique furent publiées en 1954 dans un article traitant de son usage par des chamanes indiens de Colombie. Chez les Barasana, les Makuna, les Tukano, les Kabuyaré, les Kuripako, les Puinave et autres tribus de l'est de la Colombie, les chamanes l'utilisent rituellement pour le diagnostic et le traitement des maladies, pour la prédiction et à diverses fins magico-religieuses. A cette époque, on pensait que les espèces les plus estimées étaient *V. calophylla* et *V. calophylloidea*, des travaux subséquents établirent sans l'ombre d'un doute la suprématie de *V. theiodora*. Récemment, des recherches sur le terrain ont permis de montrer que cette

Les Yukuna et les Tanimuka du cours supérieur des rios Meritiparana et Popeyaca, en Colombie, emploient le *Virola* moins fréquemment que les autres Indiens de la région. Ils en absorbent pour la danse Kai-ya-ree, cérémonie où pendant trois jours ils revivent l'évolution des tribus depuis leur origine dans l'œuf primordial de l'anaconda. Cette danse a lieu en avril et le fruit d'un palmier, *Guilielma speciosa*, est associé à l'œuf d'anaconda. Sur la photo, un *payé* ou chamane Yukuna s'est habillé pour le début du Kai-ya-ree.

Un des auteurs (Schultes) au cours d'une recherche ethnobotanique menée chez les Indiens Waiká du rio Tototo Bi (Brésil) sur la poudre hallucinogène tirée du *Virola*.

Bien que le *Virola* soit répandu en Amérique Centrale et sur toutes les forêts tropicales humides de l'Amérique du Sud, son usage est restreint à l'ouest de l'Amazone et au haut Orénoque.

poudre à priser narcotique est employée par de nombreux groupes indiens de l'Amazonie colombienne, du haut Orénoque colombien et vénézuélien, du Rio Negro et d'autres régions de l'Amazonie brésilienne, jusque chez les Indiens Paumaré du rio Purus, au sud-ouest de cette dernière.

Apparemment, c'est chez les Waiká, nom collectif donné à quelques tribus indiennes du haut Orénoque vénézuélien et des affluents du rio Negro au Brésil, que cette poudre est la plus employée et la plus profondément enracinée dans la vie aborigène. Ces groupes ont été désignés de diverses façons, mais sont généralement connus des ethnologues sous les noms de Kirishana, Shiriana, Karauetare, Karimé, Parahuré, Surará, Pakidái, et Yanomama. Ils nomment cette drogue Epená, Ebena, Nyakwana, ou utilisent des variantes de ces termes. Dans le nord-ouest du Brésil cette poudre est connue en général sous le nom de Paricá.

Contrairement aux Indiens de Colombie, qui la réservent aux chamanes, ces tribus consomment l'Epená très couramment. Tous les hommes au-dessus de treize ou quatorze ans y sont autorisés. Ils en font une consommation énorme, effrayante même ; au cours d'au moins une cérémonie annuelle, ils prisent ainsi sans discontinuer pendant deux ou trois jours de suite.

La poudre peut se préparer de diverses manières. Chez les Indiens de Colombie, on retire l'écorce de l'arbre au petit matin, et l'on gratte les tendres couches du cambium, puis on les pétrit vingt minutes dans de l'eau froide. Le liquide brunâtre est ensuite filtré et bouilli jusqu'à ce qu'il ait acquis la consistance d'un sirop épais qui, une fois séché, est réduit en poudre et mélangé à des cendres d'écorce de cacaotier sauvage.

Les divers groupes Waiká connaissent plusieurs autres méthodes de préparation. Souvent, ceux qui vivent dans l'Orénoque grattent le cambium adhérant à l'écorce et au tronc et le font doucement sécher au-dessus d'un feu,

pour pouvoir ainsi le conserver. Lorsqu'on a besoin de la drogue, ces fragments sont trempés et bouillis pendant plus d'une demi-heure, puis le liquide est réduit à la consistance d'un sirop qui, une fois séché, est moulu et tamisé. Cette poussière est ensuite mélangée à un volume égal de feuilles séchées et réduites en poudre d'une petite plante aromatique cultivée dans ce but, *Justicia pectoralis*, var. *stenophylla*. On ajoute enfin un troisième ingrédient, des cendres de l'écorce d'un Ama ou Amasita, *Elizabetha princeps*, bel arbre très rare de la famille des légumineuses. Son écorce très dure est coupée en petits morceaux que l'on pose sur des braises. On les retire ensuite du foyer, pour les laisser se consumer et se réduire en cendres.

Plus à l'est du pays waiká, cette poudre est surtout préparée dans la forêt. Les arbres sont abattus et l'on en retire de longues bandes d'écorce : un liquide abondant, qui devient bientôt rouge sang, affleure à la surface interne de celle-ci. Ayant fait doucement chauffer les bandes, le chamane recueille la « résine » dans un pot de terre qu'il pose sur le feu. Lorsque ce liquide rouge a réduit et acquis la consistance d'un sirop épais, on le fait sécher au soleil. Il se cristallise en une très belle masse solide, rouge ambré, qui est ensuite méticuleusement réduite en fine poussière. Cette poudre à

priser — Nyakwana — peut être utilisée telle quelle, mais très souvent, « pour qu'elle sente meilleur », on y ajoute de la poudre de feuilles de *Justicia*.

Les Bora, les Muinane et les Witoto de l'Amazonie colombienne n'utilisent

JUSTICIA
pectoralis Jacquin
var. stenophylla Leonard

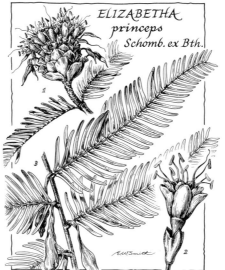

ELIZABETHA
princeps
Schomb. ex Bth.

Une fois séchées, les feuilles de *Justicia* sont très aromatiques et on en ajoute parfois à la poudre à priser à base de *Virola*. Il est possible qu'elles soient également hallucinogènes.

Chez les Waiká, les cendres que l'on ajoute à la poudre de *Virola* proviennent de l'écorce d'un arbre très beau et rare, *Elizabetha princeps*.

pas sous cette forme le *Virola* : ils avalent des boulettes ou pilules de « résine » pour provoquer une ivresse au cours de laquelle le chamane communique avec le « petit peuple ». Ces Indiens utilisent diverses espèces, entre autres *V. theiodora*, *V. pavonis*, *V. elongata* et peut-être *V. surinamensis* et *V. loretensis*. Les Bora du Pérou disent qu'ils ont utilisé autrefois pour faire des boulettes un genre de myristicacées, *Iryanthera macrophylla*. Les Witoto de Colombie retirent entiè-

Petit à petit, il devient brun rougeâtre. Les brins encore humides sont pétris et pressés plusieurs fois sur une passoire en vannerie. Le liquide qui s'en échappe, principalement la sève du cambium, a une teinte café au lait. Sans autre préparation on le fait bouillir rapidement, peut-être pour neutraliser les enzymes qui pourraient détruire les principes actifs. Puis, on le laisse frémir en remuant souvent, jusqu'à ce qu'il ait réduit de volume. Lorsqu'il est devenu pâteux, on retire le récipient du feu et la pâte est roulée en boulettes que l'on utilise immédiatement. D'après les indigènes, celles-ci

Une des méthodes de préparation de la poudre consiste à laisser s'accumuler le liquide rouge résineux sur la face intérieure de l'écorce, puis à le solidifier à la chaleur, comme le montre la photographie de la page précédente.

A gauche : Un Indien Witoto remue le sirop obtenu après avoir fait bouillir la « résine » de *Virola*.

Les Waiká trient soigneusement les feuilles de *Justicia* avant de les faire sécher. Ils en ajoutent à la poudre de *Virola*.

Les feuilles sèches de *Justicia* sont réduites en fine poudre dans un mortier. Cette poudre est ensuite tamisée, puis ajoutée à la résine de *Virola* pulvérisée.

rement l'écorce d'un tronc de *Virola*. Ils grattent la couche brillante du cambium à la surface interne de l'écorce et sur le tronc dénudé, le recueillent soigneusement dans une gourde.

conservent leurs propriétés pendant deux mois.
Lorsqu'on ne les consomme pas tout de suite, elles sont enrobées de « sel », comme disent les Indiens. Ce « sel » est préparé à partir d'un certain nombre de plantes. Les végétaux sont tout

Une fois par an, les Indiens Waiká du nord du Brésil se rassemblent pour une cérémonie au cours de laquelle ils consomment d'énormes quantités de poudre de *Virola*. La cérémonie, qui a lieu dans les huttes rondes caractéristiques, commémore les morts de l'année écoulée.

d'abord brûlés et leurs cendres placées dans un entonnoir en feuilles ou en écorce, à travers lequel on fait très doucement passer de l'eau qui s'égoutte dans un récipient. Cette eau est ensuite bouillie jusqu'à ce qu'il ne reste plus qu'un résidu blanc, ou « sel ». Les boulettes de résine gluante sont roulées dans cette poudre. Diverses plantes sont employées pour préparer ce « sel » que les Witoto appellent Le-Sa. Plusieurs arbres de la famille des Lecythidacées — *Gustavia poeppigiana*, *Eschweilera itayensis* et une espèce non identifiée connue des indigènes sous le nom de Cha-pe-na — sont utilisés dans ce but ; on emploie aussi la souche ligneuse d'une espèce de *Carludovica* ou de *Sphaeradenia* (Cyclanthacées) ; les feuilles et les inflorescences parfumées de *Spathiphyllum cannaefolium* fournissent une cendre qui donne un sel de très haute qualité ; on utilise enfin l'écorce d'une espèce de *Theobroma* sauvage et de plusieurs petits palmiers, probablement des espèces de *Geonoma* et de *Bactris*.

Les Bora du Pérou dépouillent la base du tronc de son écorce, qu'ils taillent

de façon à n'en conserver que la partie interne. Celle-ci brunit rapidement à mesure que la « résine » s'oxyde. On la frappe vigoureusement avec un morceau de bois ou un maillet jusqu'à ce qu'elle soit réduite en charpie, puis on la met à tremper pendant au moins une demi-heure en la piétinant de temps en temps. L'ensemble est alors porté à ébullition. Au bout d'une demi-heure, on retire les lambeaux d'écorce qu'on fait soigneusement égoutter. Le liquide restant est réduit jusqu'à consistance d'une pâte, dont on fait ensuite des boulettes. Pour préparer le « sel », les Bora utilisent une moins grande variété de plantes. Ils

168

Les Indiens Waiká consomment d'incroyables quantités de poudre de *Virola*. Pour la priser, ils utilisent de longs tubes faits avec les tiges de diverses maranthacées. A chaque inhalation, le tube est rempli de trois à six petites cuillères à poudre.

La poudre est soufflée haut dans les narines et les sinus. Elle provoque immédiatement des larmes et un écoulement très abondant de mucus nasal.

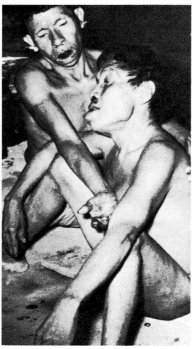

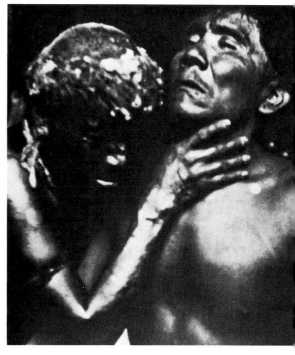

Après un stade d'hyperactivité et de stimulation durant lequel les participants appellent les esprits Hekula survient une période de somnolence peuplée d'hallucinations cauchemardesques (*à gauche*).

n'emploient que les feuilles et la souche d'une espèce de *Carludovica* et d'un palmier du genre *Scheela*. Les principes hallucinogènes sont surtout présents dans le liquide presque incolore exsudé par la surface intérieure de l'écorce, liquide qui apparaît dès que cette dernière a été retirée de l'arbre. Cette substance, ressemblant à de la résine, devient très rapidement rougeâtre, puis plus foncée encore, et se solidifie en une masse dure et brillante. Dans les spécimens séchés pour analyse chimique, elle apparaît comme une substance élastique rouge brun, contenant des tryptamines et autres hallucinogènes indoliques.

Si les indigènes grattent soigneusement la surface interne de l'écorce, c'est pour recueillir la totalité de la couche de cambium qui y adhère. La drogue est préparée avec la sève de ce dernier que l'on fait bouillir rapidement afin de faire coaguler les protéines, et peut-être aussi les polysaccharides. La cuisson se poursuit jusqu'à dessèchement presque complet.

Ce processus ressemble à celui qui permet d'isoler les produits naturels du cambium d'autres arbres, les conifères par exemple, quoique de nos jours on emploie l'alcool ou l'acétone plutôt que la chaleur pour neutraliser l'activité des enzymes qui pourrait affecter la qualité du produit désiré.

La « résine » de *Virola* joue aussi un grand rôle dans la pharmacopée indigène : plusieurs espèces sont utilisées pour leurs propriétés antimycosiques. On enduit de résine les surfaces infectées pour soigner la teigne et autres affections dermatologiques d'origine fongique, si courantes dans les forêts tropicales humides. Seules certaines espèces sont utilisées à des fins thérapeutiques ; leur choix semble n'avoir aucun lien avec les propriétés hallucinogènes de l'espèce.

Les chamanes Waiká emploient souvent la poudre de *Virola* ou Epená au cours de séances de guérison (*ci-dessus à gauche*). Les relations très étroites et complexes entre pratiques « religieuses » et « thérapeutiques » chez ces peuples rendent difficile la distinction entre le surnaturel et le pragmatique. Les Indiens eux-mêmes ne font pas de distinction entre ces deux concepts.

Un chamane Mahekototeri (*ci-dessus*) lutte contre la mort, menace toujours présente. Les Waiká pensent qu'en communiquant avec le monde des esprits grâce au *Virola*, le chamane peut empêcher la mort qui pour eux n'est due qu'à l'action d'esprits malveillants.

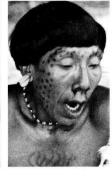

Sous l'effet du *Virola*, les Indiens ont un regard caractéristique, à la fois rêveur et lointain, dû, bien entendu, aux principes actifs de la drogue. Les indigènes pensent cependant qu'il est provoqué par l'absence de l'âme du chamane tandis qu'elle voyage dans les contrées inconnues. Les chants accompagnant la danse incessante des chamanes prennent parfois le ton de conversations avec les forces spirituelles. Pour les Waiká, ce déplacement de l'âme vers d'autres royaumes est un des effets les plus importants et les plus précieux de cette poudre hallucinogène.

Les Indiens qui les utilisent comme hallucinogènes ont une connaissance remarquable des *Virola* ; ils distinguent aussi différentes « sortes » qu'un botaniste serait bien en peine de définir comme espèces. Avant d'avoir retiré l'écorce d'un tronc, ils peuvent dire le temps que prendra la « résine » pour rougir, si elle sera douce ou piquante à la langue, combien de temps elle conservera ses propriétés une fois réduite en poudre et indiquer encore bien d'autres caractéristiques. Il est impossible de dire si ces différences sont dues à l'âge des arbres, à la saison, à la situation écologique, aux conditions de floraison ou à d'autres facteurs d'environnement. Mais l'habileté des Indiens à reconnaître ces subtiles différences ne fait aucun doute et ils usent en outre d'une terminologie très riche pour désigner les différents emplois hallucinogènes et médicinaux de ces arbres.

LA CHIMIE DE L'EPENA

Après analyse chimique, les diverses espèces de *Virola* ont révélé une demi-douzaine d'alcaloïdes indoliques apparentés, appartenant aux dérivés de tryptamine à système tétrahydro-β-carboline. Les principaux composants de ces diverses poudres à priser sont : la 5-méthoxy-N, N-diméthyl-tryptamine et la diméthyltryptamine. Les 6-méthoxy-N, N-diméthyltryptamine, 2-méthyl- et 1,2-diméthyl-6-méthoxy-tétrahydro-β-carboline sont aussi présents mais à l'état de traces. Les mélanges alcaloïdes sont à peu près les mêmes que ceux que l'on a isolés à partir des poudres d'*Anadenanthera*.

C'est une poudre à priser magique... préparée avec l'écorce d'un certain arbre...
le sorcier souffle un peu... à travers un roseau...
Puis il prise... et pendant qu'il absorbe la poudre dans chaque narine...
il commence à chanter et à crier comme un fou,
tout en balançant son torse d'avant en arrière.

T. Koch-Grünberg

STRUCTURES CHIMIQUES
DES HALLUCINOGÈNES

La détermination de la structure moléculaire des principes hallucinogènes dans les plantes sacrées a donné de remarquables résultats.
Presque tous les végétaux psychotropes contiennent de l'azote et appartiennent par conséquent à la grande catégorie de composants chimiques

le chanvre possède des principes actifs dépourvus d'azote dont le principal est le tétrahydrocannabinol (THC).
La structure chimique des principales plantes hallucinogènes est très proche de celle de certaines hormones du cerveau. Ces dernières

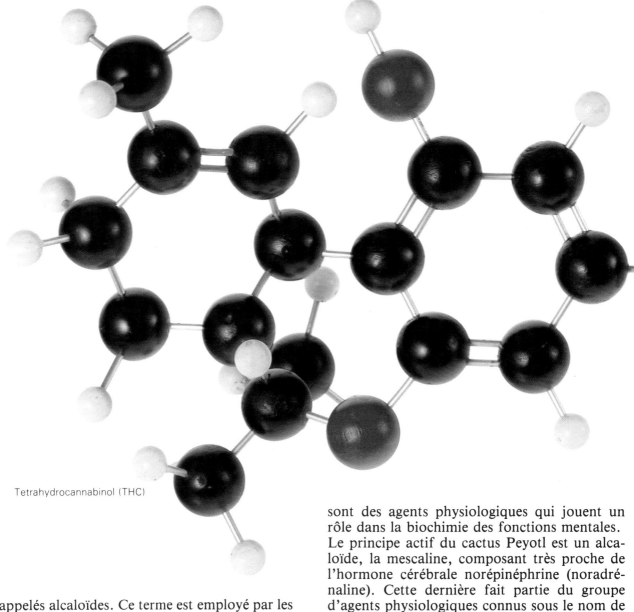

Tetrahydrocannabinol (THC)

appelés alcaloïdes. Ce terme est employé par les chimistes pour les produits métaboliques azotés à propriétés alcalines des plantes. Parmi les grandes plantes à propriétés psychotropes, seul

sont des agents physiologiques qui jouent un rôle dans la biochimie des fonctions mentales. Le principe actif du cactus Peyotl est un alcaloïde, la mescaline, composant très proche de l'hormone cérébrale norépinéphrine (noradrénaline). Cette dernière fait partie du groupe d'agents physiologiques connus sous le nom de neurotransmetteurs car ils participent à la transmission chimique des impulsions entre les neurones (cellules nerveuses). La mescaline et la

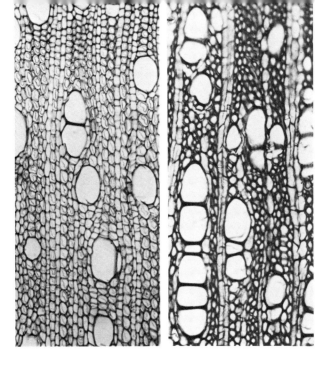

Des études récentes ont montré la différence de structure du matériau ligneux entre *Cannabis sativa* (à l'extrême gauche) et *C.indica*. Comme on peut le voir sur ces coupes au microscope, il est très clair que dans la première de ces espèces, les vaisseaux conducteurs sont simples tandis que dans la deuxième ils sont groupés.
On ne trouve pas de THC dans le tissu ligneux du *Cannabis*, par contre il est très concentré dans la résine.

Les modèles de molécules d'hallucinogènes montrent les éléments chimiques de ces substances et la manière dont leurs atomes sont reliés les uns aux autres dans les molécules. Les boules noires représentent des atomes de carbone, les blanches d'hydrogène, les rouges d'oxygène, les vertes d'azote et la jaune de la molécule de psilocybine représente un atome de phosphore. En réalité, il n'y a pas d'espace entre les atomes reliés les uns aux autres. Les atomes de divers éléments ont des dimensions différentes. Nous n'avons indiqué que la taille très réduite des atomes d'hydrogène. Il est presque impossible d'imaginer la dimension réelle des atomes et des molécules : 0,1 mg d'hallucinogène, à peine visible à l'œil nu, contient environ 2.10^{17} (200.000.000.000. 000.000) molécules.

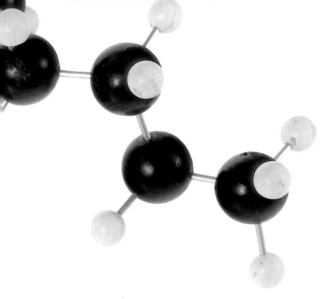

norépinéphrine ont la même structure de base. Toutes deux sont des dérivés d'une substance que les chimistes appellent phényléthylamine. Un autre dérivé de cette dernière est un acide aminé essentiel, le phénylalanine, largement présent dans l'organisme humain.

Les modèles de molécule de mescaline et de noradrénaline, p. 174, montrent clairement la proche parenté de leur structure chimique.

La psilocybine et la psilocine, principes actifs du Teoanancatl, champignon hallucinogène du Mexique, sont dérivées du même composant de base que l'hormone cérébrale sérotonine : la tryptamine. Cette dernière est également le composant de base d'un acide aminé essentiel, le tryptophane. Leur parenté apparaît très nettement dans les modèles de molécules de la p. 174.

Une autre plante sacrée du Mexique, l'Ololiuqui (Volubilis), contient des principes hallucinogènes dérivés de la tryptamine. Dans son cas, la tryptamine est incorporée à une complexe structure en anneau appelée ergoline. Les modèles de molécules de la p. 175 montrent la parenté de structure entre l'acide lysergique amide et l'acide lysergique hydroxyéthylamide (les deux principaux composants actifs de l'Ololiuqui), la sérotonine, la psilocybine et la psilocine.

Ce n'est sûrement pas par hasard que les grandes plantes hallucinogènes et les hormones cérébrales sérotonine et noradrénaline présentent la même structure de base. Cette étonnante parenté explique sans doute le pouvoir psychotrope des hallucinogènes. Ayant la même structure de base, elles doivent agir aux mêmes endroits du système nerveux que les hormones cérébrales mentionnées plus haut, comme des clés semblables peuvent ouvrir une même serrure. Il en résulte que les fonctions psychophysiologiques associées à ces régions du cerveau peuvent en être affectées, supprimées, stimulées ou modifiées.

La capacité des hallucinogènes à produire des changements dans la fonction cérébrale n'est pas seulement due à leur composition chimique particulière, mais aussi à la curieuse disposition spatiale des atomes de leurs molécules, ce qui est particulièrement évident dans le cas du plus puissant des hallucinogènes connus, l'acide lysergique diéthylamide. On peut considérer le LSD comme une forme chimiquement modifiée d'un principe actif de l'Ololiuqui. La seule différence entre le LSD et l'acide lysergique amide de l'Ololiuqui tient au fait que deux atomes

Lophophora williamsii

Les modèles de molécules de LSD et d'iso-LSD de la page 175 montrent bien que les atomes sont liés les uns aux autres de la même manière mais que leur disposition spatiale est différente. Les molécules qui ne diffèrent que par leur disposition spatiale s'appellent des stécéo-isomères. Ces derniers n'existent que dans des

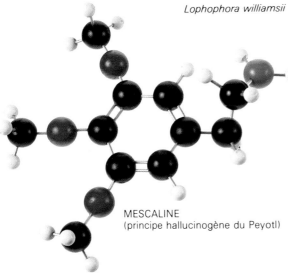

MESCALINE
(principe hallucinogène du Peyotl)

NORADRÉNALINE
(hormone du cerveau)

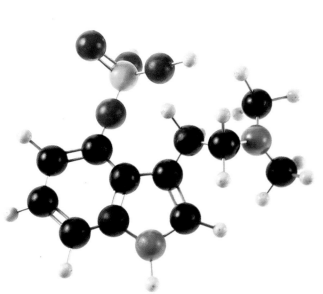

PSILOCYBINE
(principe hallucinogène du Teonanacatl)

PSILOCINE
(principe hallucinogène du Teonanacatl)

d'hydrogène de l'amide ont été remplacés dans le diéthylamide par deux radicaux éthyles. Une dose de 0,05 mg de LSD provoque une profonde ivresse hallucinogène durant plusieurs heures. Avec de l'iso-LSD, qui ne diffère du LSD que par la disposition spatiale des atomes, une dose dix fois plus forte ne produit absolument aucun effet.

molécules de structure asymétrique et l'une des dispositions spatiales théoriquement possibles est en général plus active que l'autre. Cette configuration spatiale joue donc un rôle important, à côté de la composition chimique, pour déterminer non seulement l'activité hallucinogène, mais également l'activité pharmacologique générale.

Le Dr Albert Hofmann, né en 1906, qui découvrit le LSD et les principes hallucinogènes du Teonanacatl et de l'Ololiuqui tient ici un modèle de molécule de LSD.

La comparaison entre la mescaline et la noradrénaline, entre la psilocybine, la psilocine et la sérotonine, révèle une parenté de structure chimique entre ces hallucinogènes et des hormones du cerveau.

La parenté chimique entre le principe actif de l'Ololiuqui et du LSD est évidente si l'on compare les modèles de molécule de l'acide lysergique amide et l'acide lysergique hydroxyéthylamide avec l'acide lysergique diéthylamide.

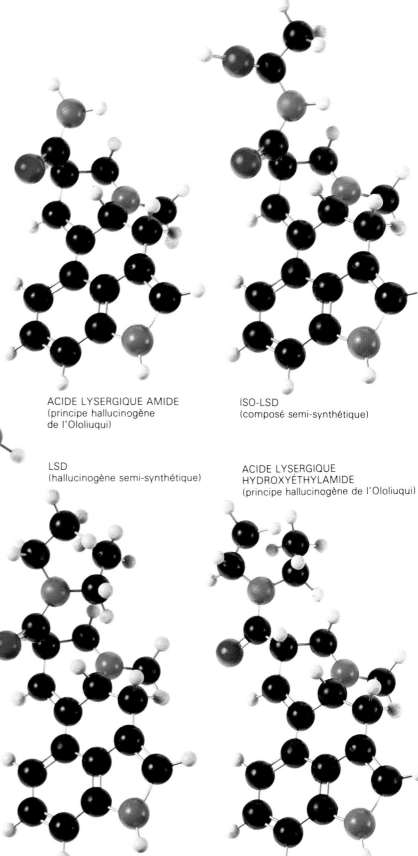

ACIDE LYSERGIQUE AMIDE
(principe hallucinogène
de l'Ololiuqui)

ISO-LSD
(composé semi-synthétique)

LSD
(hallucinogène semi-synthétique)

ACIDE LYSERGIQUE
HYDROXYÉTHYLAMIDE
(principe hallucinogène de l'Ololiuqui)

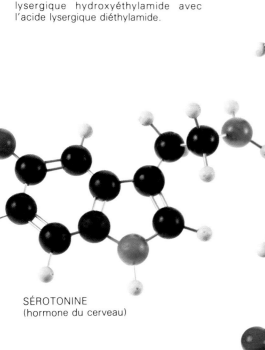

SÉROTONINE
(hormone du cerveau)

Les propriétés actives des hallucinogènes ne sont pas seulement dues à leur composition ; la disposition spatiale des atomes dans les molécules est tout aussi importante. Par exemple, le LSD et l'ISO-LSD (à droite) comprennent les mêmes éléments, mais la disposition spatiale du groupe diéthylamide est différente. Comparé au LSD, l'ISO-LSD n'a pratiquement pas d'effet hallucinogène.

En médecine, l'usage de composants hallucinogènes purs est comparable à celui de plantes psychotropes dans des cérémonies religieuses ou magiques. Dans les deux cas, les effets consistent en une profonde altération psychique au niveau de l'expérience de la réalité. Ce n'est pas seulement la perception du monde extérieur qui

D. D.
DISSERTATIO ACADEMICA,
SISTENS
INEBRIANTIA,
QVAM
CONSENS. EXPERIENT. FACULT. MEDICÆ
IN ILLUSTRI LYCEO UPSALIENSI,
PRÆSIDE
VIRO NOBILISSIMO ATQVE EXPERIENTISSIMO,
DN. DOCT. CAROLO
LINNÆO,
EQVITE AURATO DE STELLA POLARI,
SÆ RÆ MÆTIS ARCHIATRO,
MEDIC. ET BOTAN. PROFESSORE REG. ET ORD.
ACAD. SCIENT. UPSAL. HOLM. PETROPOL. BEROL.
IMP. NAT. CUR. LONDIN. MONSPEL. TOLOS.
ET FLORENT. SOCIO.
PUBLICO EXAMINI DEFERT
OLAVUS REINH. ALANDER,
WESTMANNUS.
IN AUDITORIO, CAROL. MAJ.
AD DIEM VII *aprili* ANNI MDCCLXII.
H. A. M. S.
UPSALIÆ.

est affectée, mais aussi celle que le sujet a de sa propre personnalité. Les changements dans l'expérience sensorielle du monde extérieur sont dus à une modification de la sensibilité des organes de la perception. La perception sensorielle, particulièrement pour ce qui est de l'ouïe et de la vision, est stimulée par les hallucinogènes. Ces changements dans la perception de soi montrent bien la profonde influence de ces drogues qui affectent le fond même de l'être : la

conscience. Notre expérience de la réalité est impossible sans un sujet, un moi qui perçoit la réalité. Cette expérience subjective de la réalité dite objective est le résultat d'interactions entre des signaux sensoriels externes transmis par l'intermédiaire des organes des sens, et le moi, qui amène cette information au niveau de la conscience.

Dans cette situation, on peut concevoir le monde extérieur comme un émetteur d'informations ou de signaux, et l'être profond comme un récepteur. Dans ce cas, c'est le moi qui assure la transmission. Sans eux (émetteur et récepteur), la réalité n'existe pas. Il n'y a pas de musique à la radio et l'écran est vide. Si nous adhérons à ce concept de la réalité comme produit de l'interaction entre un émetteur et un récepteur, la perception d'une réalité différente sous l'influence d'hallucinogènes peut s'expliquer par le fait que le cerveau, siège de la conscience, subit de grands changements biochimiques. Le récepteur est ainsi réglé pour des longueurs d'ondes autres que celles que l'on associe à la réalité normale du quotidien. De ce point de vue, l'expérience subjective de la réalité est infinie et ne dépend que de la capacité du récepteur, qui peut changer de façon importante à travers la modification biochimique du champ du cerveau.

Dans l'ensemble, notre expérience de la vie se fait d'un point de vue plutôt limité : c'est l'état dit normal. Grâce aux hallucinogènes, cependant, la perception de la réalité peut être transformée et élargie. Ces différents aspects ou niveaux d'une même réalité ne s'excluent pas mutuellement. Ils forment une réalité globale, transcendante, et extra-temporelle.

La possibilité de changer la longueur d'ondes sur le « moi récepteur » pour produire des modifications de la perception de la réalité est ce qui donne aux hallucinogènes leur véritable signification. Cette capacité à créer des images du monde nouvelles et différentes est une des raisons pour lesquelles les plantes psychotropes sont considérées comme sacrées.

Quelle est la différence essentielle et caractéristique entre la réalité quotidienne et les images vues au cours de l'ivresse hallucinogène ? Dans un état conscient normal, dans la réalité quotidienne, le moi et le monde extérieur sont séparés : on fait face au monde extérieur qui est devenu un objet. Sous l'influence des hallucinogènes, la frontière entre le moi et l'extérieur disparaît ou se brouille selon le degré de l'ivresse. Une interdépendance étroite s'instaure entre le

récepteur et l'émetteur. Une partie du moi s'étend jusqu'au monde extérieur, aux objets qui nous entourent : ceux-ci commencent à prendre vie, à acquérir une signification différente et plus profonde. L'expérience peut être heureuse ou, au contraire, angoissante, entraînant la perte du moi sur lequel on comptait. Le nouveau moi se sent lié dans un même bonheur avec les objets extérieurs et les autres êtres humains. Cette expérience d'étroite communi-

cation avec le monde extérieur peut même culminer dans la sensation de ne faire qu'un avec toute la création. Cet état de conscience cosmique qui, dans des circonstances favorables, peut être atteint avec des hallucinogènes est apparenté à l'extase religieuse spontanée connue sous le nom d'*unio mystica,* et appelée *samadhi* ou *satori* dans les religions asiatiques. Dans les deux cas, le sujet accède à un état dans lequel le moi et la création, l'émetteur et le récepteur, ne font plus qu'Un.

Les changements de conscience et de perception que l'on peut provoquer avec des hallucinogènes ont trouvé différentes applications en médecine. Les substances pures les plus communément employées dans cette discipline sont la mescaline, le psilocybine et le LSD. Les recherches récentes se sont surtout centrées sur le LSD, substance qui est une forme chimiquement modifiée du principe actif de l'Ololiuqui.

En psychanalyse, rompre l'expérience habituelle du monde peut aider les patients, emprisonnés dans un cycle de problèmes centrés sur le moi, à échapper à leur fixation et à leur isolement. La barrière entre moi et l'autre une fois entrouverte, ou même supprimée, sous l'influence d'un hallucinogène, un meilleur contact peut s'établir entre le psychiatre et le patient, qui peut devenir plus réceptif à la suggestion psychothérapeutique.

La stimulation par hallucinogène permet souvent le retour à la conscience d'expériences passées oubliées ou refoulées. En psychothérapie, cette restitution des événements qui ont conduit à la perturbation psychologique peut avoir une importance cruciale. On a publié de nombreux articles pour expliquer comment, sous l'influence d'hallucinogènes utilisés pendant la psychanalyse, on fait revivre le souvenir d'événements passés, remontant même à la toute petite enfance. Il ne s'agit pas là d'un souvenir au sens habituel du mot, car l'expérience elle-même est vécue une seconde fois : ce n'est pas une *réminiscence,* mais une *reviviscence,* selon les termes du psychiatre français Jean Delay.

L'hallucinogène en soi n'apporte pas la guérison, il est plutôt une aide thérapeutique utilisée dans le contexte global de la psychanalyse ou de la psychothérapie ; il rend ces dernières plus efficaces et permet de réduire la période de traitement. Ce but peut être atteint de deux façons différentes.

Une des méthodes, développée dans des hôpitaux européens, est connue sous le nom de *psycholyse.* Elle consiste à donner une série de doses moyennes d'un hallucinogène, à intervalles déterminés. Les expériences du patient sous hallucinogène sont discutées en groupe et sont exprimées par la peinture, le dessin, etc. Le terme *psycholyse* a été inventé par Ronald A. Sandison, psychothérapeute anglais de l'école Jungienne. Le suffixe *-lyse* désigne la *dissolution* des tensions et des conflits.

Aux États-Unis, on préfère généralement recourir à une deuxième méthode. Après une préparation psychologique intensive, appropriée à chaque individu, on donne au patient une seule et très forte dose d'hallucinogène. Cette « thérapie psychédélique » est censée provoquer un état d'extase mystique et religieuse qui sert de point de départ à la restructuration de la personnalité du malade. Le terme psychédélique signifie « qui provoque des manifestations de l'esprit ». Il fut employé par le psychiatre Humphrey Osmond.

L'usage d'hallucinogènes en psychiatrie et en psychothérapie se fonde sur des effets exactement contraires à ceux des drogues psychotropes appelées tranquillisants. Ces dernières tendent plutôt à atténuer les problèmes et les conflits du patient en les faisant apparaître comme moins sérieux, moins importants qu'il ne le pensait. Les hallucinogènes, au contraire, font éclater les conflits à la surface en les rendant plus intenses : ils sont ainsi plus clairement discernables et plus facilement accessibles à la psychothérapie.

Au Maryland Psychiatric Research Center de Baltimore, des recherches cliniques ont été menées pendant dix ans sur les effets des hallucinogènes. Elles comprenaient l'administration thérapeutique de LSD et d'autres substances psychotropes à des alcooliques, des héroïnomanes et des malades atteints de cancers incurables. Un programme d'enseignement sur l'emploi des hallucinogènes en psychiatrie complétait le projet. Au cours des recherches, des sujets soumis à l'expérience devaient dessiner des « mandalas » avant, pendant ou après l'ingestion de la drogue. Les dessins étaient analysés par les malades eux-mêmes, par le psychiatre et par un thérapeute spécialisé qui les interprétait en termes de forme, de contenu et de couleur.

Les drogues hallucinogènes comme aide à la psychanalyse et à la psychothérapie sont encore un sujet de désaccord dans les cercles médicaux. Il en va cependant de même pour d'autres techniques, comme l'électrochoc, le traitement à l'insuline et la psychochirurgie, qui toutes comportent des dangers bien plus grands que ceux occasionnés par les hallucinogènes : on peut dire, en effet, qu'employés correctement ils ne représentent pratiquement aucun risque.

Pour certains psychiatres, la promptitude avec laquelle, sous l'effet de ces drogues, les traumatismes oubliés ou refoulés sont rappelés à la

conscience et, par voie de conséquence, l'accélération du traitement sont loin de ne présenter que des avantages. Ils pensent que cette méthode ne laisse pas le temps nécessaire à une utilisation et à une intégration thérapeutiques complètes de ce qui a été ramené à la conscience ; selon eux, les effets bénéfiques sont plus durables si les traumatismes sont ramenés plus graduellement au niveau conscient.

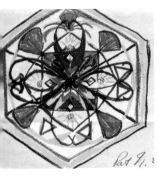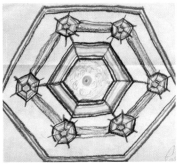

Ces dessins datent de 1972. Les deux petits ont été faits après une séance au LSD. Les trois au-dessous ont été peints avant, pendant et après une séance avec ce même hallucinogène.

La psycholyse et la thérapie psychédélique demandent une très soigneuse préparation du malade avant l'absorption d'hallucinogènes. Si l'on veut que l'expérience soit réellement positive, le patient ne doit pas être effrayé par les effets de la drogue. Une bonne sélection des malades à traiter est également importante car tous les types de désordre psychiques ne réclament pas également ce genre de traitement. Une grande expérience et une connaissance détaillée sont par conséquent nécessaires au succès du traitement par hallucinogène.

Un des aspects les plus importants de la forma-

nature de certains désordres mentaux. Certains états anormaux provoqués par des hallucinogènes sur des sujets normaux ressemblent en effet par certains aspects aux symptômes de la schizophrénie et d'autres maladies mentales. A une certaine époque, on crut même que l'ivresse hallucinogène pouvait être considérée comme une « psychose modèle », mais on ne tarda pas à découvrir d'importantes différences entre cette forme d'ivresse et les états psychotiques. Elle a servi de modèle à l'étude des changements biochimiques et électrophysiologiques qui se produisent dans des états mentaux anormaux.

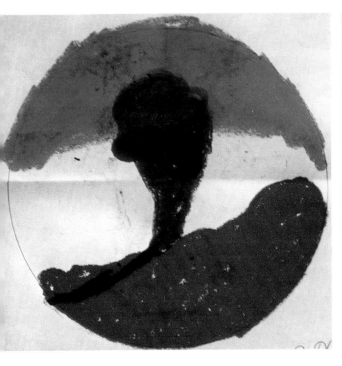

tion clinique d'un psychothérapeute travaillant avec des hallucinogènes consiste à en faire lui-même l'expérimentation. Il acquerra ainsi une connaissance directe du monde dans lequel pénètrent ses patients et il y gagnera une meilleure compréhension de la dynamique de l'inconscient.

Ces drogues sont également utilisées au cours d'études expérimentales pour déterminer la

Il existe un terrain où l'emploi des hallucinogènes, et plus particulièrement du LSD, pose un sérieux problème éthique : celui des soins donnés aux mourants. Dans des hôpitaux américains, des médecins découvrirent que les souffrances de cancéreux qui ne répondaient plus aux analgésiques courants pouvaient être partiellement ou totalement soulagées par le LSD. Son action n'est sans doute pas analgésique

dans le sens habituel du terme. On pense que c'est en fait uniquement la perception de la douleur qui disparaît. Sous l'influence de la drogue, l'esprit du malade se dissocie de son corps à tel point que la douleur physique ne l'atteint plus. Si l'on veut que l'usage d'hallucinogènes dans ce type de cas soit efficace, il est encore une fois absolument nécessaire de préparer mentalement

En médecine, l'usage des hallucinogènes est différent de celui qu'en font les chamanes. Ces derniers mangent eux-mêmes les plantes sacrées ou en boivent une décoction, tandis qu'en médecine conventionnelle l'hallucinogène est uniquement administré au patient. Dans les deux cas, cependant, on provoque les mêmes effets psychologiques ; mais l'action de la dro-

Dans les années 1960, plusieurs peintres d'Europe et des États-Unis utilisèrent des hallucinogènes pour stimuler le processus de création. Les deux tableaux à gauche en sont des exemples.

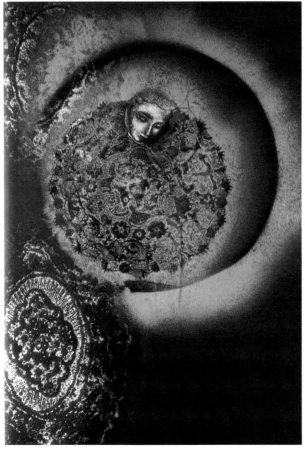

Ce dessin et ceux des pages suivantes furent réalisés par des malades suivant un traitement psycholitique au LSD. Les dessins ci-dessus et celui de la page 183 sont l'œuvre d'une femme de 39 ans, et ils indiquent de graves problèmes d'agression passive et orale. Celui de la page 182 a été fait par une femme hystérique de 21 ans. Elle réalisa ce dessin au cours d'une séance thérapeutique où elle avait absorbé 60 microgrammes de LSD. Le psychiatre signala plusieurs aspects du dessin indiquant une agression orale et anale.

le patient et de lui expliquer l'expérience et les transformations qu'il peut ressentir. Il peut également être très bénéfique d'orienter les pensées du patient vers des considérations religieuses, que ce soit par l'entremise d'un prêtre ou d'un psychothérapeute. On a vu de nombreux cas où les mourants, libérés de la douleur dans l'extase due au LSD, sont parvenus à percevoir le sens de la vie et de la mort et sont morts en paix, sans crainte, réconciliés avec leur destin.

gue qui fournit une aide au psychiatre et au psychanalyste procure au chamane des pouvoirs de divination et de guérison tout autres : la barrière entre *moi* et *l'autre* se trouve détendue ou même abolie et la conscience objective quotidienne se dissout dans l'expérience mystique de l'Un.

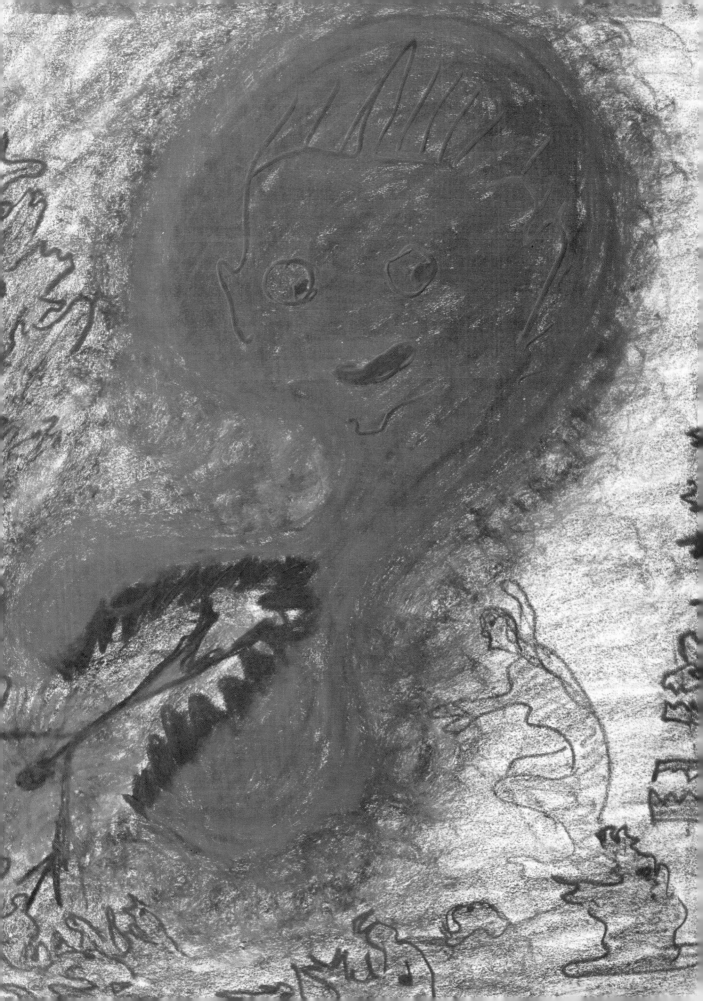

En Huichol, le terme *nierika* désigne le passage entre la réalité dite ordinaire et la réalité qui ne l'est pas. C'est à la fois un passage et une barrière entre des mondes. *Nierika,* qui est un disque cérémoniel très décoré signifie également miroir ou visage de la divinité. Cette *nierika* montre les quatre points cardinaux et le centre sacré. L'axe qui coordonne le tout est posé sur un champ de feu.

Louis Lewin, célèbre toxicologue berlinois du début du siècle, fut un des grands pionniers de la recherche sur les hallucinogènes. Saisissant la signification profonde qu'ils ont eue dans l'évolution culturelle de la race humaine, il écrivait : « Dès nos premières connaissances sur l'homme, nous le voyons consommer des substances sans valeur nutritive, absorbées uniquement pour provoquer pendant un certain temps un sentiment de bien-être et de confort...

« Leur énergie potentielle s'est répandue sur toute la terre et a permis d'établir des communications entre les diverses races en dépit des montagnes et des mers qui pouvaient les séparer. Ces substances ont créé un lien entre les hommes des deux hémisphères, le civilisé et le sauvage. Elles ont forcé des passages qui, une fois ouverts, se sont révélés riches de conséquences multiples : ils ont donné aux races anciennes des caractéristiques qu'elles conservent encore de nos jours, révélant ainsi les merveilleuses relations qui existèrent entre les peuples aussi sûrement et aussi exactement qu'un chimiste juge des relations entre deux substances par leur réaction. Il a fallu ainsi des centaines et des milliers d'années pour que de tels contacts s'établissent entre les nations...

« Les motifs qui président à l'usage occasionnel ou habituel de ces drogues sont beaucoup plus intéressants qu'une simple collection de faits les concernant. Ici se rencontrent toutes sortes de contrastes humains : la civilisation et la barbarie avec leurs divers degrés de biens matériels, de rangs sociaux, de connaissances, de croyances, d'âges et de dons du corps, de l'esprit et de l'âme.

« Sur ce plan se rejoignent l'artisan et le sybarite, le sujet et le souverain ; le sauvage venu d'une île lointaine ou du désert du Kalahari s'associe aux poètes, aux philosophes, aux savants, aux misanthropes et aux philanthropes ; l'homme de paix côtoie l'homme de guerre, le dévôt côtoie l'athée.

« Les impulsions physiques qui dominent de si diverses catégories de l'humanité sont certainement extraordinaires et d'une grande portée. On a exprimé bien des opinions à leur sujet, mais peu nombreux sont ceux qui ont mesuré et compris leurs propriétés intrinsèques et plus rares encore sont ceux qui ont perçu leur signification profonde et les motifs qui poussent à l'emploi de substances renfermant de telles énergies. »

Quelques chercheurs firent œuvre de pionniers dans l'étude des plantes hallucinogènes et des substances psychotropes. En 1885, Ernst Freiherr von Bibra publia *Die Narkotischen Genussmittel und der Mensch,* dans lequel il étudiait dix-sept plantes psychotropes. Il encourageait les chimistes à explorer ce terrain si prometteur et si plein d'énigmes. Mordecai Cooke, mycologue anglais, publia plusieurs articles spécialisés sur les champignons. Sa seule publication non technique, *The Seven Sisters of Sleep,* est une étude interdisciplinaire portant sur des plantes narcotiques, publiée en 1860.

Un demi-siècle après les travaux de von Bibra, et sans doute influencé par ces derniers, un autre livre remarquable vit le jour. Le très complet *Die Menschlichen Genussmittel,* écrit par Karl Hartwich et publié en 1911, examinait longuement une trentaine de plantes psychotropes, insistant sur l'aspect interdisciplinaire des recherches. Il mentionnait en passant un certain nombre d'autres végétaux. Signalant que l'ouvrage de von Bibra était dépassé et qu'en 1885 les recherches chimiques et botaniques sur ces plantes étaient à peine commencées, il maintenait avec optimisme qu'en 1911 ces études étaient bien avancées ou même achevées.

Treize ans plus tard, en 1924, une des figures les plus importantes de la pharmacologie, Louis Lewin, publia *Phantastica,* livre d'une extraordinaire acuité interdisciplinaire. Il y présente l'histoire de vingt-huit plantes et de quelques composants synthétiques employés de par le monde pour leurs effets stimulants ou enivrants, soulignant leur importance pour la recherche scientifique, particulièrement en botanique, ethnobotanique, chimie, pharmacologie, médecine, psychologie, psychiatrie, ethnologie, histoire, et sociologie. Lewin voulait que « ce livre offre un point de départ à des recherches originales dans tous les domaines mentionnés ci-dessus ».

Depuis 1930, l'activité interdisciplinaire en psychopharmacologie, en botanique, en anthropologie, n'a cessé de s'accroître. On a élargi et

ERNST FREIHERR
VON BIBRA
1806-1878

MORDECAI COOKE
1825-1913

KARL HARTWICH
1851-1917

LOUIS LEWIN
1850-1929

clarifié bien des connaissances et les nouvelles découvertes se succèdent rapidement. En dépit des progrès réalisés depuis ces cent vingt-cinq dernières années tant en pharmacologie qu'en phytochimie et en ethnobotanique, il reste encore beaucoup à découvrir sur ces « plantes des dieux ».

INDEX

Les folios en italique se rapportent aux illustrations.

Abre-o-sol, 44
Achuma, voir San Pedro
Aconit, famille, 26
Aconite, 56
Acorus spp., 34
A. calamus, 16, 26, *34,* 76-77
Afghanistan, 42, 95, 106
Aflotoxines, 19
Agara (arbre), 26, 43, *43,* 45, 66-67, 120-127
Agaricus campestris, 17
Agave, 110
Ageracolla, voir San Pedro
Ajuca, voir Jevrema
Alan, plante, 114
Alander, 176
Albert le Grand, 86
Alchornea floribunda, 114
Algues, 17, 18, *18,* 19
Algonquins, 111
Al-Hasan ibn-al-Sabbah, 98
Alcaloïdes, 19, 21, 22
Allemagne, 96
Alpha-Asarone, 34
Alternanthera lehmannii, 120
Ama, 166
Amanita spp., 34
A. muscaria, 13, *17,* 26, 29, 34, *34,* 55, *61,* 62, 70-71, 81, 82-85, *82, 83*
Amanite tue-mouches, 13, 17, 26, 29, 34, *34,* 61, 62, 70-71, 81, 82-85, 82-83
Amaron, 130
Amaryllis, famille, 26
Amazonia, 35, 36, 58, 59, 117, 119, 120, 121
Amazone, fleuve, 24, 27, 49, 130, 152, 166
Amithaba Buddha, *108*
Amrita, 92
Anadenanthera spp., 26, 27, 29, 30, 34, 50, 81, *116, 117,* 118
A. colubrina, 34, 78-79, 116-119, *118*
A. peregrina, 29, *34,* 78, 116-119, *116, 117, 118*
Anakarko, Oklahoma, *143*

Andes, 27, 35, 40, 42, 43, 46, 47, 58, 117, 120, 128, 129, 130, 131, 154, 155, 157
Aneglakya, 106, 107, voir également *Datura inoxia*
Aneglakya (dieu), 106
Aneglakyatsitsa, 106
Angiospermes, 16-17, 18, 19
Angleterre, 96, 104
Angro Maynes, 103
Antoine, Saint, 103, 104
Antiaris tuxicaria, 47
Antilles, 116, 26
Apocynaceae, 112
Apomorphine, 51
Apollon, 109
Aposcopolamine, 129
Arbol de los Brujos, voir Latué
Archichlamydeae, 17
Argentine, Indiens, 27, 34, 81, 155
Ariocarpus spp., 35, 42
A. fissuratus, 35, 70-71
A. retusus, 35, *35,* 70
Arizonine, 38
Arum, famille, 26
Aryens, 82
Alpha-Asarone, 34
Ascomycetes, 19
Asie du Sud-Est, 52
Assyriens, 95, 99, 103
Atropa spp., *4,* 35
A. belladona, 17, 26, 29, *35,* 68-69, 86-91, *86, 87,* 110
Atropine, 41, 45, 49, 86, 90, 129
Atropos, 88
Australie, 43
Australie, aborigènes, 26, 28, 62
Avicenne, 107, 108
Axocatlin, voir *Malva colorada*
Ayahuasca, 19, 27, 29, 35, *35,* 61, 65, 66-67, 81, 120-127, *121, 122*
Ayan-beyem, 115
Aztèques, 21, 41, 42, 43, 46, 55, 56, 58, 61, 81, 132, 134, 144, 145, 146, 151, 158-163
Bactris spp., 169
Badianus, manuscrit, 109
Badoh, voir Ololiuqui
Badoh Negro, 29, 46, *46,* 59, 66-67, 158-163, *158, 159, 163*
Bakana (*Coryphantha*), 41, *41,* 66-67
Bakana (*Scirpus*), 55, *55,* 66-67
Bali, 40
Banisterine, 123
Banisteriopsis spp., 19, 35, 81, 120-127, *120*
B. caapi, 27, 29, 35,

35, 61, 65, 66-67, 120-127, *121, 122*
B. inebrians, 35, 66, 120, *121, 122*
B. quitensis, 120
B. rusbyana, 35, 66-67, 120, 122, *122*
Barasana, cérémonies, *123, 124,* 166
Basidiomycetes, 19
Baudelaire, Charles, 100, *100,* 101
Bauhin, 104
Bedonins, 88
Belgique, 104
Belladone, 4, 17, 26, 29, 35, *35,* 68-69, 81, 86-91, 86, 87, 110
Béring, détroit, 84
Beta-Asarone, 34
Beta-Carboline, alcaloïdes, 53, 58, 81
L-Betonicine, 37
Beyama, 114, voir aussi Marijuana
Bhang, 98, voir aussi Marijuana
Bharaprakasha, 97
Bible, 99
Biocca, Ettore, 165
Bitamu, 112, *114*
Bogotá (Colombie), 117
Boletus spp., 36
B. kumeus, 74-75
B. manicus, 36, *36,* 74
B. nigroviolaceus, 74
B. reayi, 36, 74
Bolivie, 27, 154, 155
Bombastus von Hohenheim Theophrastus, voir Paracelse
Bonpland, Aimé, 116, 129
Bora, Indiens, 165, 167, 169
Borrachero, 27, 42, voir aussi Floripondio, Paguando, Taique
Botswana Bushmen, 26, 52
Bouton de Mescal, 48, 132, 138, 142, 143
Bové, F.J., 162
Bratsk, district (Sibérie), 85
Brésil, 38, 44, 49, 50, 58, 59, 118, 119, 123, 166, 168
Guyanne britannique, 119
Brosimum spp., 45
Brugmansia spp., 27, 29, 30, 32, 36, 50, 56, 62, 68-69, 81, 128-131, 130
B. arborea, 36, 68, *128,* 129
B. aurea, 36, *36,* 68, *128,* 129, 130, *131,* 156
B. insignis, 36, 68
B. sanguinea, 36, 68, 129, *129,* 130, 156

B. suaveolens, 68, 120, 129, *129,* 130
B. versicolor, 68, 129
B. vulcanicola, 68, 128, *128*
B.X insignis, 129, 130
Brunfelsia spp., 36
B. chiricaspi, 27, 36, 66-67, 120
B. grandiflora, 36, *36,* 66, 120
B. grandiflora subsp. schultesii, 66
Bryophytes, 16, 18, 19
Bouddha, 99, 107, 108
Bufotenine, 118
Bushmen, 100
Buyés, voir Floripondio
Bwiti, culte, 26, 27, 112-115, 113, 115
Caapi, voir Ayahuasca
Caapi-Pinima, 58, *58,* 66-67, 120
Cacalia spp., 37
C. cordifolia, 37, *37,* 74-75
Caesalpinia spp., 37
C. sepiaria, 37, *37,* 78-79
Cachiri, cérémonie, 124
Caféine, 10-12
Cai, 61
Calathea veitchiana, 120
Calderon Palomino, Eduardo, 33
Calea spp., 37
C. zacatechichi, 27, 37, 37, 78-79
Cameroun, 114
Campa, Indiens, 122
Campanilla, voir Floripondio
Canada, 96
Canada, Indiens, 26, 134, 139
Canaries, îles, 41
Canavalia spp., 37
C. maritima, 37, *37,* 70-71
Cannabinoïdes, 99
Cannabis spp., *5,* 12, 13, 26, 27, 38, 59, 81, 88, 92-101, 109, 172
C. indica, 38, 72, 93, *95, 106*
C. ruderalis, 38, 93, *95*
C. sativa, 17, 29, 38, *38,* 45, 72-73, 92-101, *93-97,* 114
Beta-Carbolines, alcaloïdes, 53, 58, 81
Carbone, 14, 59
Cardenas, Juan, 132
Carillo, Tutukila, *141*
Carludovica spp., 168
Carnegiea spp., 38
C. gigantea, 38, 76-77
Carnegine, 38
Carroll, Lewis, *93*
Cawe, 51, *51,* 66-67

Cebolleta, 51, *51,* 66-67
Cestrum spp., 38
C. laevigatum, 38, *38,* 68-69
Champignons, effigies de, 2
Champignon des prés, 17
Champignons sacrés, 15, 19, 22-23, 23, 27, 61, 62, 64, 65, voir aussi Teonanacatl
Ch'ang-hau', 54
Channa, voir Kanna
Chanvre, 5, 12, 13, 17, 26, 27, 29, 38, *38,* 45, 72-73, 92-101, 93-97, 109, 114, 172, voir aussi Marijuana
Charas, 99, voir aussi Marijuana
Chatin, région, 163
Chatino, Indiens, 147
Chautle, voir Hikuli Sunamé
Chavin, culture, 154, *154*
Chiapas, 152
Chibchan, tribus, 116-117, 129
Chicha, 119
Chichimèques, Indiens, 132
Chichipe, voir Malva Colorada
Chihuahua, 42, 43, 48, 132
Chili, 27, 30, 42, 44, 47, 96
Chilicotes, voir Colorines (Erythrina)
Chilitos, 43
Chimu, culture, *154*
Chine, 37, 51, 54, 56, 93, 95, 97, 107-108
Chinantèques, Indiens, 46, 62, 147, 160
Chiriscapi, 27, 36, *36,* 66-67, 120
Chiric-Sanango, voir Chiricaspi
Choco, 58, 130
Choutal, Indiens, 37
Chou, dynastie, 95
Chromatographie, 21
Chuckchree, Indiens, 85
Cimora, 27, 154, voir aussi San Pedro
Claviceps spp., 39
C. purpurea, 19, 26, 29, *39, 61,* 68-69, 81, 102-105, *102,* 162
Clusia, spp., 120
Coca, 13, 29, 62
Coca, voir Yopo
Codex Barberini, 109
Codex Florentino, 146
Codex Vindobonensis, 146
Cohoba, poudre à priser, 26, 34, voir aussi Yopo
Coleus spp., 40
C. blumei, 40, *40,* 68-69
C. pumilus, 40, 68

Colima, Mexique, 149, 152, 153

Colombie, 27, 35, 36, 42, 46, 58, 65, 117, 119, 120-122, 123, 127, 128, 129, 130, 131, 152, 153, 165-168

Colorines *(Erythrina)*, 43, *43*, 66-67

Colorines *(Sophora)*, voir aussi Haricot à Mescal

Comanches, Indiens, 139

Comoros, 33

Congo, 26, 41, 81, 98, 100, 112-115

Conito-Shipito, Indiens, 122

Conocybe spp., 40

C. cyanopus, 40

C. siligineoides, 40, *40*, 78-79, 144-153, *145*

Convolvulus spp., 59

Cooke, Mordecai, 185, *185*

Copelandia spp., 40

C. cyanescens, 40, *40*, 66-67

Copelandia, 40, *40*, 66-67

Cora, Indiens, 99, 132, 134, 136

Coriaria spp., 40

C. thymifolia, 27, 40, *40*, 76-77

Coryphantha spp., 41, 42

C. compacta, 41, *41*, 66-67

C. palmerii, 41

Costa Rica, 37, 153

Coumarine, 44, 54

Coumarine, dérivés, 57

Cowhage, 50, *50*, 66-77

Cree, Indiens, 34

Crow Dog, Henry, *142*

Culebra Borrachero, 27, 50, *50*, 66-67, *130*, 131

Croisades, 103

Cuna, Indiens, 99

Curare, 55, 122

Cuscohygrine, 49, 56

Ciezco, Pérou, 157

Cyanogénèse, 58

Cyanogènes, composés, 59

Cyanogènes, glycosides, 19, 51, 57

Cymbopogon spp., 41

C. densiflorus, 41, *41*, 68-69

Cyperus spp., 55, 120

Cytisine, 41

Cytisus spp., 41

C. canariensis, 27, 41, *41*, 70-71

Dagga, 100, voir aussi Marijuana

Dama da Noite, 38, *38*, 68-69

Dapa, voir Ayahuasca

Darien, style, 152

Datura spp., *10-11*, 26, 27, 29, 30, 32, 41, 42, 53, 56, 81, 128-129, 134, 160

D. arborea, 36

D. ceratocaula, 41, *41*, 78-79, 106-111

D. discolori, 78

D. ferox, 42, 66, 68-69, *107*, 109

D. inoxia, 27, 42, *42*, 78-79, 106-110, *107*

D. kymatocarpa, 78

D. metel, *19*, 42, *42*, 68-69, 106-111, *106*, *108*, *109*

D. pruinosa, 78

D. quercifolia, 78

D. reburra, 78

D. stramonium, 26, *31*, 41, 78-79, 106-111, *107*

D. wrightii, 78

Dauphiné, France, 103

de Candolle, A.P., 105

de la Condamine, 129

Delaware, Indiens, 143

Delay, Jean, 178

de Léon, Nicolas, 135

Delphes, oracle, 86

Demeter, *61*

Démocrite, 96

de Nerval, Gérard, 101

de Sahagún, Bernardino, voir Sahagún

Desfontainia spp., 42

D. spinosa, 27, 42, *42*, 76-77

Desgranges, 104

Dhatura, *19*, 29, 30, 32, 42, *42*, 68-69, 106-111, *106*, *108*, *109*

Dicotylédones, 17

Dientes, 131

Digitale, 10

Digitogénine, 38

Dihydroxy, dérivés, 47

Diketo, dérivés, 47

Dimethoxyphenylethylamine, 58

Dimethyl-6-methoxytetra-hydro-beta-carboline, 118, 170

Dimethyltryptamine (DMT), 52, 118, 170

N. N-Dimethyltryptamine, 50, 58

Dionysous, 88

Dioscorides, 16, *88*, 97, 107, 159

Di-shi-tjo-le-rra-ja, 57

Diterpenes, 44, 47

Dobe (Botswana), 52

Doctrine des Signatures, 49, 88

Dodart, 104

Dodoens, D. Rembert, 95

Dogrib Athabascan, peuples, 85

Doré, Gustave, *91*, 101

Dryopteris filix-mas, *16*

Ducke, 165

Duncan I, 35

Durango, 42

Dutra, voir Dhatura

Ebers Papyrus, 45, 86

Eboka, 112-115, voir aussi Iboga

Ecdyosones, 19

Echinocereus spp., 42

E. salmdyckianus, 42, 74-75

E. triglochidiatus, 42, *42*, 74

Équateur, 27, 35, 36, 40, 46, 53, 122, 155

Eden, *83*

Efulane, tribus, 112, 114

Église catholique Romaine, 154

Égypte, 45, 88, 93, 101

Égypte, jusquiame d', 88

Elaeophorbia drupifera, 115

El Ahijado, voir El Nene

Eleusis, mystères, 26, 61, 102-103, *103*

Elizabetha princeps, 166, 167

El Macho, 40, voir aussi El Nene

El Nene, 40, *40*, 68-69

El Salvador, 151

Epena, 27, *27*, 29, 59, *59*, 68-69, 81, 164-171, *164*, *166-167*

Éphrédine, 19

Epiphyllum spp., 120

Epithelantha spp., 42, 43

E. micromeris, 43, *43*, 70-71

Ereriba, 26, 43, 45, *45*, 68-69

Ergine, 105

Ergoline, 173

Ergonovine, 105

Ergot, *19*, 26, 29, 39, *39*, 61, 68-69, 81, 102-105, *102*, 162

Ergotamine, 105

Ergotism, 103-104

Ergotoxine, 105

Eroga, voir Iboga

Erythrina spp., 43

E. americana, *43*, 66-67

E. corralloides, 43, 66

E. flabelliformis, 43, 66

Esakuna, 41, *41*, 68-69

Eschweilera itayensis, 168

Eskimos, 62

États-Unis, 40, 101

Éthers aromatiques, 50

Étoiles bleues, 159

Eugster, 85

« Faux Peyotl », 35, 42, 43, 48, 53

Fang-Cheng-ta, 51

Fang (Culte), voir Bwiti (Culte)

Fang-k'uei, 54, *54*, 68-69

Feng-Feng, 56, *56*, 68-69

Feu de Saint-Antoine, 26, 103-104

Ficoïde, famille, 26

Finno-Ougriens, prêtres, 13, 26, 83-85, *84*, *85*

Floripondio, 27, 29, 30, 32, *33*, 36, *36*, 50, 56, 62, 68-69, 81, 128-131, *128-130*

France, 40, 103, 104

Frijoles, voir Haricot à Mescal

Frijol de Playa, 37, *37*, 70-71

Frijolillo, voir Haricot à Mescal

Fougères, 17, 18, 19, 120

Fougère mâle, 16

Fuchs, Léonard, 31, 94

Furocoumarine, 54

Furst, P.T., 161

Gabon, 26, 27, 41, 81, 112-115

Galanga, 47, *47*, 70-71

Galbulimima spp., 43

G. belgraveana, 43, *43*, 45, 66-67, 120-127

Galien, 96, 97, 98

Galanga, Perfecto José, *150-151*

Ganja, 99, voir aussi Marijuana

Garcia, Perfecto José, *150-151*

Gaultheria spp., 43, 53, 78-79

G. procumbeus, *43*

Genista, 27, 41, *41*, 70-71

Geonoma spp., 169

Gérard, 109

Gigantón, voir San Pedro

Gi'-i-Sa-Wa, voir Gi'-i-Wa

Gi'-i-Wa, 27, 48, *48*, 70-71

Gingembre, famille, 26

Ginseng, *89*, 95

Gitogénine, 38

Gomortega spp., 44

G. keule, 27, 44, *44*, 72-73

Grèce, 45, 86, 88-89, 96, 98, 102, 103, 109

Guahibo, Indiens, 117, 118, 126

Guambiano, Indiens, 128, *128*

Guarana, 29

Guatemala, 43, 46, 61, 81, 84, 144, 150, 151, 152

Guayusa, 29

Guerrero (Mexico), 56

Guielma speciosa, 165

Golfe (côte du), 37, 56

Gumilla, 118

Gustavia poeppigiana, 168

Gymnospermes, 17, 18, 19

Hades, 103

Hardwicke, 109

Haricot à Mescal, 26, 27, 57, *57*, 59, 74-75, 142

Haricot Rouge, voir Haricot à Mescal

Harmaline, 53, 123

Harmine, 53, 122, 123

Harrison Narcotic Act, 12

Hartwich, Karl, 185, *185*

Haschisch, 5, 95, 98, 99, 100, 101, voir aussi Marijuana

Haschichins, 99-100

Hayo, voir Yopo

Bruyère, famille, 27

Heimia spp., 44, 62

H. salicifolia, 27, 44, *44*, 76-77

Heimiella spp., 44

H. angrieformis, 44, *44*, 74-75

H. retispora, 44, 74

Hekula, esprits, 117-119, 169

Helichrysum spp., 44

H. fœtidum, 44, *44*, 76-77

H. stenopterum, 76

Helicostylis spp., 45

H. pedunculata, 45, *45*, 76-77

H. tomentosa, 45, 76

Hépatiques, 18, 19

Herbes des pêcheurs, voir Chanvre

Herbiers, époque des livres botaniques, 16

Hernandez, Fransisco, 56, 109, 134, 145, 158, *158*

Hérodote, 95

Herva da Vida, 44

Heuresis, 88

Hidalgo, 101

Hierba de la Pastora, 27, 40, 55, *55*, 70-71

Hierba de la Virgen, voir Hierba de la Pastora

Hierba Loca, voir Taglli

Hikuli, voir Bahana

Hikuli, voir Peyotl

Hikuli Mulato, 42, 43, *43*, 70-71

Hikuli Rosapara, voir Hikuli Mulato

Hikuli Rosapara, voir Wichuriki

Hikuli Suname, 35, *35*, 42, 70-71

Hikuri, 42, 135, 136, 137, voir aussi Peyotl

Hikuri, voir Pitallito

Hikuri, voir Wichuriki

Himachal Pradesh, 106

Hippomanes, 109

Hispaniola, 116

Hoffer, 13
Hofmann, Albert, 13, *175*
Holbein, Hans, 86
Homalomena spp., 26, 43, 45, 68-69
H. lauterbachii, 45
Homère, 86
Honduras, 151
Hongo de San Isidro, voir Teonancate
Hottentots, 26, 49, 97, 100
Houblon, 93, 97
Huacacachu, voir Floripondio
Huanto, voir Floripondio
Hubertus, Adrien, 12
Hued-Hued, 53
Hueipatl, voir Kieli
Huichol, Indiens, 5, 6, *6,* 8, 14, 57, 61, 63, 109, 110, 133-143, 152
Huilca (Vilca), voir Yopo
Humulus lupulus, 93, 97
Huorma, voir Soma
Huskanawing, 111
5-Hydroxycarnegine, 38
5-Hydroxydimethyltryptamine, 118
4-Hydroxy-3-methoxyphenyl-ethylamine, 51
Hyoscyamine, 35, 41, 47, 49, 56, 86, 90, 110, 129
Hyoscyamus spp., 45
H. muticus, 88
H. niger, 13, 26, 45, *45,* 70-71, 81, 86-91, 87, 110
Iboga, 26, 27, 29, 57, *57,* 62, 70-71, 81, 112-115, *112-114*
Ibogaine, 57, 114
Ibotenique, acide, 55, 85
Immortelles, 44
Incas, 119
Inde, 53, 95-97, 98-99, 109
Indiens d'Amérique, 41, 107, 110-111, 132, 139-143
Indochine, 109
Indoliques, alcaloïdes, 57, 105, 114, 118, 123, 150, 170
Indra, *82,* 92, 98
Indres, vallée, 82
I-Inositol, 57
Iochroma spp., 46
I, fuchsioides, 46, *46,* 74-75
Ipomoea spp., 46, 59
I. rubrocaerulea, 46
I. violacea, 29, 46, *46,* 66-67, 158-163, *158, 159, 163*
Irlande, 104
Iresine spp., 120, 156
Iryanthera macro-phylla, 167
ISO-LSD, 174, *175*

Isoquinolines, 48
Isotoma Longiflora, 156
Jalisco, 57, 152
Jardin botanique de Kew, 116, 122
Jésus, 143
Jivaro, Indiens, 62, 129, 131
Jopa, voir Yopo
Josephus Flavius, 89
Jouzmathal, 107, voir aussi Datura Metel
Juliana Codex, *88*
Jurema, 50, 70-71
Jurema Branca, 50
Jurema Prêta, 50
Jusquiame, 13, 26, 45, *45,* 70-71, 81, 86-91, 87,. 110
Justicia spp., 46, 167
J. pectoralis, 46, *46,* 166-170, *167*
Kabuyare, 166
Kaempferia spp., 47
K. galanga, 47, *47,* 70-71
Kaffirs, 100
Kahi, voir Ayahuasca
Kai-ya-ree, danse, 122, 165
Kakulja-ikox, 84
Kalahari, désert, 184
Kalamoto, 48
Kamsa, Indiens, 27, 42, 46, 50, 130, *130*
Kamtchatka, district, 85
Kandahar (Afghanistan), 95, *106*
Kangra, 106
Kanna, 26, 49, *49,* 72-73
Kaquija, 84
Karanetaré, Indiens, 166
Karimé, Indiens, 166
Karitiana, Indiens, 58
Kasai, tribus, 100
Kachemir, peuples, 98
Kaukayari, *136*
Kauyumari, *63,* 135
Kava-kava, 13, 26, 64
Kechwa, 61
Keule, 27, 44, *44,* 72-73
Khursu, 99
Kickapoo, Indiens, 140
Kij, 100, voir aussi Marijuana
Kieli, 56, *56,* 72-73
Kiowa, Indiens, 139, 140, 143
Kirishana, Indiens, 166
Klüver, Heinrich, 2
Koch-Grünberg T., 171
Kojan, Indiens, 122
Köhler, 21, 31
Koppe, 85
Koribo, 58, *58,* 72-73
Koryak, Indiens, 62, 83-84
Krasnojarsk, district, Sibérie, 85
Kuluene, fleuve, 24

Kuma, peuple, 36, 44, 55
Kunama, tribu, 111
Kung, peuple, 98, *98*
Kupuri (énergie vitale), 8
Kuripako, 166
Kwashi, 26, 52, *52,* 72-73
La Barre, Weston, 30, 62
Lactones, 19
Lagochiline, 47
Lagochilus spp., 26, 47
L. inebrians, 47, *47,* 78-79
La Hembra, 40
Laredo (Texas), 133
Latua spp., 47
L. Pubiflora, 27, 47, *47,* 72-73
Latué, 27, 47, *47,* 72-73
Legendrea spp., 59
Légumineuses, 41
Lewin, Louis, 13, 64, 184, 185, *185*
Lichens, 18, 19
Lilium candidum, 16
Lindley, John, 18
Linné, Charles, 16-18, 31, 107, 177
Li-Shih-chen, 107, 108
Lobelamidine, 47
Lobelia spp., 47
L. tupa, 27, 47, 78-79
Lobeline, 47
Lolium, 102
Lomariopsis japurensis, 120
Longon, 51
Lonicer, 104
Lophophora spp., 35, 40, 41, 42, 48
L. diffusa, 48, 74
L. williamsii, 6, *7, 8,* 13, 14, 22, 27, 29, 48, *48,* 51, 53, 59, 61, 63, 74-75, 81, 131, 132-143, *132-137,* 144, 146, 154, 159, 160, 162, 172, î74, *174*
LSD, 34, 104, 162, 174, *175,* 177, 178-183
Lucilius, 96
Lycoperdon spp., 48
L. marginatum, 27, 48, 70-71
L. mixtecorum, 48, *48,* 70
Lygodium venustum, 120
Lys de la Madone, 16
Lysergique, acide, 105, 162
Lysergique, acide lysergique amide, 105, 162, 173, 174, 175
Lysergique, acide lysergique diethylamide (LSD), 34, 109, 162, 174, 175.

Lysergique, acide lysergique-hydroxyethylamide, 105, 162, 173, 175
Lyte, Henry, 95
Ma, 95, voir aussi Marijuana
Maa-jun, 99, voir aussi Marijuana
Macis, voir Noix de muscade
Macédoine, 103
Mackenzie, région, Canada, 85
Maconha, voir Marijuana
Maconha Brava, 59, *59,* 72-73
Ménades, 88
Magliabecchiano Codex, *146*
Mahayanna, Boudhistes, 99
Mahekototeri, Indiens, 169
Maicoa, voir Floripondio
Maïs, 42, 61, 133, 139, 142
Makú, Indiens, 58, 165
Malaisie, 45, 99
Mayas des régions hautes, 61
Malouetia tamaquarina, 120
Malpighia, famille, 27
Malva Colorada, 56, *56,* 72-73
Mammillaria spp., 42, 48
M. craigii, 48, 78-79
M. grahamii, 48, 78
M. heyderii, 48
M. senilis, 48, 78
Mandragora spp., 49
M. officinarum, 26, 49, *49,* 72-73, *80,* 81, 86-91, *87,* 88, *89,* 110
Mandragore, 26, 49, 72-73, 80, 81, 86-91, 87, 88, 89, 110
Man-T'o-lo, 107
Mao-ken, 54
Mapuche, Indiens, 27, 30, 44
Maquira spp., 49
M. sclerophylla, 49, *49,* 76-77
Maraba, voir Galanga
Marco Polo, *98,* 99
Maria Sabina, *15,* 144-153, *150-153*
Marijuana, 12, 13, *17,* 26, 37, 38, 56, 72-73, 81, 92-101, voir aussi chanvre
Maritiparaná, fleuve, 165
Marronnier Mexicain, 26, 59, *59,* 74-75
Maryland Psychiatric Research Center, 178
Mascagnia glandulifera, 120
M. psilophylla, 120
Masha-Hiri, 46, *46,* 166-170

Mashco, Indiens, 34, 118, 119
Matsùwa, Don José, *138*
Matwu, 37, *37,* 74-75
Mayas, 61, 84, 150-151, 152
Maypure, Indiens, 118
Mazatèques, Indiens, 15, 46, 52, 55, 57, 144-153
Medina Silva, Ramón, *14, 136, 136, 137, 139,* 140
Méné-Kahi-Ma, voir Ayahuasca
Mer morte, région, 89
Mère des Eaux, 160
Mescal, 110
Mescaline, 22, *22,* 34, 48, 58, 138, 156, 172, 173, *174,* 175, 177
Mescaline-hydrochloride, 22, *22*
Mesembrenine, 49
Mesembryanthemum spp., 49
M. expansum, 26, 49, 72-73
M. tortuosum, 49, *49,* 72
Metachlamydacées, 17
Meteloidine, 110, 129
5-Methoxy-N.N-dimethyl-tryptamine, 170
6-Methoxy-N.N-dimethyl-tryptamine, 170
3-Methoxytyramine, 38, 58
2-Methyl-6-methoxytetra-hydrobeta-carboline, 118, 170
N-Methyl-3,4-demethoxy-phenylethylamine, 48
Methysticodendron spp., 50, *130*
M. amesianum, 27, 50, *50,* 66-67, 131
Mexique, 27, 35, 37, 40, 41, 42, 43, 44, 46, 48, 51, 52, 53, 54, 55, 56, 57, 58, 59, 62, 81, 101, 107, 132-138, 140, 144-153, 158-163
Mfengu, 97
Michoacan, 147
Mictlantlcuhtli, *146*
Mihi, voir Ayahuasca
Mije, Indiens, 147
Mimosa spp., 50
M. hostilis, 50, *50,* 70-71
M. verrucosa, 50,70
Ming, dynastie, 107
Mitra, 82
Mixtèques, Indiens, 27, 48, 147
Moche, céramique, 145
Moluques, 43
Mongols, chamanes, 13
Mongoloïdes, 128
Monocotylédons, 16, 18

Monomethyltryptamine, 170
Monte Alban, *133*
Mopope, Stephen, *142*
Moreau de Tours, J., 101
Morphée, 21
Morphine, 21
Mousses, 18, 19
Mucuna spp., 50
M. pruriens, 50, *50*, 66-67
Muinane, Indiens, 167
Muisca, Indiens, 117, 129
Munchira, 103-131
Muscarine, 85
Muscimole, 55, 85
Myerhoff, Barbara, 139
Myristica spp., 50
M. fragrans, 26, 50, *50*, 74-75
Myristicine, 50
Nahua, Indiens, 147
Nahuati, 109, 134, 151, 162
Natema, voir Ayahuasca
Native American Church, 140, 141
Navajo, Indiens, 111
Nayarit (Mexique), 57, 82, 134, 152
Nazca, culture, 154
Nénuphars bleus, 51, *51*, 66-67
Neoraimondia macro-stibas, 156
Nephelium spp., 51
N. topengii, 51, *51*, 72-73
Nicotiana spp., 53
N. rustica, 57
N. tabacum, *17*
Nicotine, 57
Nierika, *184*
Nigerine, 50
Ninja, voir Nénuphar bleu
Niopo, voir Yopo
Nitrogène, 20
Noix de muscade, 26, 50, *50*, 74-75
Nonda, 36, *36*, 74-75
Nonda Mbolbe, 44, *44*, 74-75
Nonda-Mos, 55, *55*, 74-75
Noradrénaline, 138, 172, 173, *174*, 175
Norcarnegine, 38
Norépinéphrine, 138, 172-173
Norlobédamidine, 47
Nornuciférine, 51
Norscopolamine, 129
Nortropine, 56
Nouvelle-Angleterre, 96, 104
Nouvelle-Guinée, tribus, 26, 36, 44, 47, 52, 55
Nouvelle-Zélande, 26, 28, 62
Nti-Si-tho, voir Teonanacatl
Nuciférine, 51

Nyakwana, voir Epena
Nyasaland, 41
Nyi (Colombie), 127
Nymphaea spp., 51
N. ampla, 51, *51*, 66-67
N. caerulea, 51, 66
Oaxaca, Mexique, 37, 46, 48, 52, 55, 57, 133, 145-153, 158, 160, 163
Oco-Yajé, voir Ayahuasca
Ojibway, Indiens, 85
Oklahoma, 139, 143
Olmedioperebea sclerophylla, 49
Ololiuqui, 27, 29, 41, 46, 58-59, *58-59*, 74-75, 105, 114, *144*, 158-163, *158-161*, 173, 174, *175*
Omagua, Indiens, 129
Oncidium spp., 51
O. cebolleta, 51, *51*, 66-67
Oonâme, 122
Opium, 13, 21
Opuntia spp., 120, 132
O. cylindrica, 156
Orénoque, région, 26, 27, 34, 81, 116-117, 118, 119, 120, 164, 165, 166
Osage, Indiens, 142
Oshtimisk Wajashkwedo, 85
Osmond, Humphrey, 13, 178
Otomac, Indiens, 118
Otomi, Indiens, 147
Oxydass Monoanivrés (inhibiteurs), 122
Pachycereus spp., 51
P. pecten-aboriginum, *51*, 66-67
Pacifique, îles, 26
Pagnando, 46, *46*, 74-75
Pakidai, Indiens, 166
Pakistan, 42
Palenque, 152
Palo Bobo, 56, *56*, 74-75
Palo loco, voir Palo Bobo
Pamuri-mahsë, *125*
Panaeolus spp., 40, 52
P. foenisecii, 52
P. sphinctrinus, 52, *52*, 78-79, 114-153, *145*
Panama, 99, 153
Panax ginseng, 89, 95
Pancratium spp., 52
P. trianthum, 26, 52, *52*, 72-73
Pandanus spp., 52, *52*, 76-77
Papaver somniferum, 21
Papouasie, tribus, 26, 43, 45
Parahuré, Indiens, 166
Pariana région, 49
Parsis, 103
Patema, voir Ayahuasca

Paumaré, Indiens, 166
Pavot, 21, *21*
Pazyryk, *92*
Pedilanthus tithyma-loïdes, 156
Peganum spp., 53
P. harmala, 53, *53*, 76-77, 123
Pelecyphora spp., 53
P. aselliformis, 53, *53*, 74-75
Pen-ts'ao-ching (livre bota-nique), 37, 95
Pen Tsao Kang Mu, 89
Perez de Ribas, Andréa, 133
Pernettya spp., 43, 53
P. furens, 27, 53, *53*, 76-77
P. parvifolia, 53, 76
Persephone, *61*, *103*
Perse, 53, 19, voir aussi Scythes
Pérou, 27, 33, 34, 36, 37, 43, 47, 81, 96, 122, 129, 145, 152, 154-157, 167, 169
Petunia spp., 53, 76-77
P. axillaris, 53
P. violacea, 53, *53*
Peucedanum spp., 54
P. japonicum, 54, *54*, 68-69
Peyotl, 6, 7, 8, 13, 14, 22, 27, 29, 40, 41, 42, 48, 51, 53, 59, 61, 63, 74-75, 81, 131, 132-143, 132-137, 144, 146, 154, 159, 160, 162, 172, 174, *174*
Peyotl Cimarrás, voir Hikuli Sunamé
Peyoltl de San Pedro, voir Wichuriki
Peyotillo, 53, *53*, 74-75
Phenylalanine, 173
Phenylethylamine alcaloïdes, 35
Phenylethylamines, 41, 48, 173
Philippe II d'Espagne, 134
Philippines, îles, 145
Phryglyanthus eugenioides, 120
Physalis spp., 160
Phytolacca spp., 54
P. acinosa, 54, *54*, 76-77
Piltzintli, *144*
Pin blanc, 17
Pindé, voir Ayahuasca
Pinus strobus, *17*
Piperidine, alcaloïdes, 47
Piper methysticum, 64
Pipiltzintzintli, voir Ayahuasca
Piptadenia peregrina, voir Anadenanthera peregrina
Piraparaná, fleuve, 123, 125, 127, 165

Piratinera spp., 45
Pitallito, 42, *42*, 74-75
Piule (Ipomea), voir Badoh Negro
Piule (Rhynchosia), 27, 55, *55*, 74-75, 160
Plaincourault, chapelle, 83
Plaines, Indiens des, 142, 143
Pline l'Ancien, 96
Polynésie, 26, 28, 62
Polytrichum commune, *16*
Pombe, 109
Popeyrac, fleuve, 165
Popocatepetl, 62, 151
Popol Vuh, 151
Porta, 88
Prem Das, 138
Prescott, 105
Psilocine, 22-23, *23*, 40, 148, 150, 173, *174*, 175
Psilocybe spp., 29, 52, 54, 78-79, 144-153, *144*, 162
P. acutissima, 78
P. aztecorum, 62, 78, 151
P. caerulesceus, 54, 78, *144*
P. caerulipes, 78
P. cordispora, 78
P. fagicola, 78
P. hoogshagenii, 78, *145*
P. isauri, 78
P. mexicana, 22-23, *23*, 54, 78, *144*, 147, *149*
P. mixaeenis, 78
P. semperviva, 78, *144*
P. wassonii, 78, *145*
P. yungensis, 78, *144*, 152
P. zapotecorum, 78
Psilocybine, 22-23, *23*, 40, 52, 57, 148, 150, 173, *174*, 175, 177
Psychotria cartha-ginensis, 120, 122
P. vindis, 35, 120
Ptéridophytes, 16, 18, 19
Puebla, 147
Puinave, Indiens, 166
Pulse, famille, 27
Pygmée Bitamu, 112, 114
Pyrrolizidines, 56
Pythagore, 89
Quantlapatzinzintli, voir Palo Bobo
Quapaw, Indiens, 142, 143
Quetzalaxochiacatl, voir Nénuphar bleu
Quetzalcoatl, *146*
Quiche, Indiens, 84
Quinde, 130, 131
Rajaw Kakuljá, 84

Ranunculus spp., 54
R. acris, 54, *54*, 76-77
Rapé dos Indios, 49, *49*, 76-77
Reál de Catoraca, 135
Remojadas, art de, 148
Reserpine, 13
Rhynchosia spp., 55
R. longeracemosa, 27, 55, 74-75, 160
R. phaseoloides, 55, *55*, 74
R. pyramidalis, 55, 74
Riamba, culte, 100
Rig veda, 61, 82, 83
Rio Branco, région, 119
Rio Guaviare, 117
Rio Madeira, 58, 119
Rio Maràhon, 129
Rio Negro, 166
Rio Tikié, 58
Rivea spp., 59
R. corymbosa, voir Turbina corymbosa
Rome, 45, 88, 89, 96, 103
Rosa spinosissima, *17*
Rosebud, réserve indienne, 142
Russel, F., 110
Russie, 47
Russula spp., 55
R. agglutina, 55, *55*, 74-75
R. kirinea, 74
R. maenadum, 74
R. nondorbingii, 74
R. pseudo-maenadum, 74
Ruturi, tapisseries de, 8
Saguaro, 38, *38*, 76-77
Sahagun, *109*, 132, *132*, 134, *146*, 158
Saint-Antoine, feu de, 26, 103-104
Saint-Pierre, 154
Salaman, 130
Salem, Massachusetts, *90*, 104
Salvia spp., 55
S. divinorum, 27, 40, 55, *55*, 70-71
San Antonio, Texas, 134
San Bartolo Yautepec, 163
Sandison, Ronald A., 178
San Ignacio, 138
San Luis Potosi, 135
San Pedro, 27, 58, *58*, 76-77, 81, 154-157, *154-156*
San Salvador, 59
Sanskrit, 107-109
Santa Maria Tonantzintla, *144*
Santa Rosa, 101, voir aussi Chanvre
Saponines, 38, 57, 58
Satapolio, 138
Sceletium spp., 49

Scheelea spp., 169
Schmiedeberg, 85
Schongauer, Martin, *104*
Schultes, R.E., *166*
Scirpus spp., 55, 66-67
S. atrovirens, *55*
Scopolamine, 35, 41, 45, 47, 49, 56, 86, 90, 110, 129
Scopoletine, 36
Scythes, 92-93, *93*, 95-96, 98
Sebil, voir Yopo
Secale cereale, 39, 102, 103
Seigle, 39, 102-103
Senecio spp., 56
S. cardiophyllus, 74-75
S. cervariaefolius, 74
S. grayanus, 74
S. hartwegii, 74
S. praecox, 56, *56*, 74
S. toluccanus, 74
Serotonine, 150, 162, 173, *175*
Sertürner, Friedrich, 21, *21*
Shang-La, 54, *54*, 76-77
Shanin, 53, *53*, 76-77
Shanshi, 27, 76-77
Sharon, Douglas, 157
Shen Nung, *92*, 95, 96
She-to, voir Teonanacatl
Shiriana, Indiens, 166
Shiu-Lang, 54, *54*, 76-77
Shiva, *10-11*, 92, 98, 106, 109
Sibériens, 62, 83-85, 84, 85
Sibundoy, vallée du, 50, 130-131, *130-131*
Sida spp., 56
S. acuta, 56, *56*, 72-73
S. rhombifolia, 56, 72
Sierra Madre de l'Ouest (Mexique), 99, 134, 135, 137
Siler spp., 56
S. divaricatum, 56, *56*, 68-69
Sinaloa, 133
Sinicuichi, 27, 44, *44*, 62, 76-77
Slotkin, J.S., 143
Sinu, culture, *64*, 65
Sœur de l'Ololiuqui, 41, 111, voir aussi Torna Loco
Sogamoza, Indiens, 129
Solandra spp., 56
S. brevicalyx, 56, *56*, 72-73
S. guerrerensis, 56, 72
Solanum maniasum, 159
Soma (Dieu de l'Inde ancienne), 26, 30, 34, 53, 61, 82-85, *82-83*, 99
Sophora spp., 57
S. secundiflora, 26, 27, 57, *57*, 59, 74-75

Sotho, 97
Spathiphyllum cannaefolium, 168
Species Plantarum (Linnaeux), 16
Spermatophytes, *16-17*, 18, 19
Sphaeradenia spp., 168
Spruce, Richard, 24, 65, 116, *116*, 117, 118, 122, 126, 165
Stéariques, acides, 55
Stearns, Dr John, 105
Stramoine, 26, 31, 78-79, 106-111, 106-107, 109, 110
Stropharia spp., 52, 57
S. cubensis, 57, *57*, 78-79, 144-153, *145*
Sung, dynastie, 107
Surard, Indiens, 166
Sushruta, 97
Sven Canute, 35
Syrie (Rue), 53, *53*, 76-77, 123
Tabaco del Diablo, voir Tupa
Tabermaemontana, 120
Tabernanthe spp., 57
T. iboga, 26, 27, 29, 57, *57*, 70-71, 81, 112-115, *112-114*
Tagetes spp., 57
T. lucida, 57, *57*, 78-79
Taglli, 27, 53, *53*, 76-77
Taino, Indiens, 116
Taique, 27, 42, *42*, 76-77
T'ai-wan, 93
Tajfik, tribus, 47
Takemoto, 85
Takini, 45, *45*, 76-77
Ta Ma, voir Marijuana
Tanaecium spp., 58
T. nocturnum, 58, *58*, 72-73
Tanayin, 110, voir aussi Datura inoxia
Tannins, 57, 58
Tantrique, bouddhisme, 99
Tanzanie, 41, 109
T'ao Hung-Ching, 56
Taoïstes, 95, 107
Tarahumara, 41, 42, 43, 48, 51, 55, 132, 134, 135, 136-137, 138
Tarascana, 147
Tarimuka, Indiens, 165
Tartares, 47
Tatei Haiwima, *141*
Tatewari, 61, *63*, 135, *140, 141*
Taxine, 19
Tchelitchew, Pavel, 104, *105*
Tecomoxochitl, voir Kieli
Teliostachya lanceolata, 120

Teochichimeca, 134
Teonanacatl, 22-23, *23*, 27, 29, 40, *40*, 61, 78-79, 81, 114, 144-153, *144-149*, 173, 174, 175
Teotihuacán, Mexique, 160
Tepantitla, 55
Tepantitla, fresque, 147
Tepecano, Indiens, 101
Terpenes, 50
Tesquino, 42, 57, 110
Tetrahydro-veta-carboline (système), 170
Tetrahydrocannabinol (THC), 99, 172, *172*
Tetrahydroharrnine, 53, 123
4-Tetrahydroisoquinoline, 51
Tetrapteris spp., 58
T. methystica, 58, *58*, 66-67, 120
T. mucronata, 66, 120
Texas, Indiens, 26, 59
T-ha-na-sa, voir Teonanacatl
THC, voir Tetrahydrocannabinol
Thèbes, 98
Theobroma sp., 169
Théocrite, 109
Théophraste, 89
Tiophène, dérivés, 57
Thle-Pelakano, voir Zacatechichi
Thrace, 103
Tibet, 99
Tlamanalco, 62
Tlapatl, voir Toloache
Tlililtzin, voir Badoh Negro
Toá, voir Floripondio
Toloache, 27, 78-79, 106-111, *106-107, 108, 110*
Toloatzin, voir Toloache
Toaloatzin Roman, 109, *109*
Tabac, *17*, 29, 41, 53, 62, *62*, 109, 116, 117, 119, 120, 122, 124, 126, 129, 136, 142
Toé Negra, 120
Tolohuaxihuitl, 109, voir aussi Toloache
Toltèques, Indiens, 132
Tonga, voir Floripondio
Torna Loco, 78-79, 106-111, *106, 107, 108, 110*
To-shka, voir Teonanacatl
Totove, fleuve, 166
Totubjansush, voir Paguando
1-3,4-Transtetrahydrocannabinol, 99
Trichocereus spp., 58, 154-157, *154, 156*
T. pachanoi, 27, 58, *58*, 76-77, 81, 154-157, *155*
T. terschekii, 58
3,4,5-Trimethoxyphenyl-

ethylamine, 138
Triptolème, 61
Tropanes, alcaloïdes, 35, 41, 45, 56, 86, 90, 128
Tropine, 56
Tryptamines, dérivés, 42, 118, 150
Tryptamines, 46, 81, 122, 173
Tryptophane, 118
Tsuwiri, voir Hikuli Sunamé
Tubatulobal, Indiens, 110
Tukano, Indiens, 120-127, *121, 123, 124, 125*, 164, 166
Tunja, Colombie, 117, 129
Tupa, 27, 47, *47*, 78-79
Turbina spp., 58-59
T. corymbosa, 27, 29, 41, 46, 58-59, *58-59*, 74-75, 105, 114, 144, 158-163, *158-161*, 173, 174, 175
Turkestan, menthe, 26, 47, *47*, 93
Turkestan, tribus, 26, 47, 93
Turques, populations, 93
Turkmènes, 47
Tutu, voir Peyotl
Tzompanquahuitl, 43
Ukraine, 104
Ungnadia spp., 59
U. speciosa, 26, 59, *59*, 74-75
Uva Camaroma, 43, *43*, 53, 78-79
Uzbek, 47
Vahiyinin, 83
Varuna, 82
Vaupés, 120, 123, 124, 125, 126
Vava, 82
Venezuela, 62, 118, 119, 165, 166
Veracruz, 101
Vierge Marie, 161
Viho, 164
Viho-mashë, 164
Vijaya, 92
Vikings, 93, 96
Vilca, voir Yopo
Virginie, 96, 111
Virola spp., 27, 29, 59, 68-69, 81, 164-171, *166*
V. calophylla, 68, 164, *164*, 166
V. calophylloidea, 68, 164, *165*, 166
V. cuspidata, 164, 165
V. elongata, 68, 164, 165, 167
V. loretensis, 165, 167
V. pavonis, 167
V. peruviana, 165
V. rufula, 164
V. sebifera, 165

V. surinamensis, 165, 167
V. theiodora, 59, *59*, 68, 164, *164*, 165, 166, 167
V. surinamensis, 165
Volubilis, 27, 46, 62, 81, 105, 134, 158-163
von Bibra, Ernst, Freiherr, 185, *185*
von Humboldt, baron Alexander, 116, 118, 129
von Münchhausen, 105
von Schwind, M., *5*
Waiká, Indiens, 27, 118-119, *118-119*, 166-170
Warao, Indiens, 62
Wattisham, Angleterre, 104
Whichowaka, voir Cawe
Wichuri, voir Bakana
Wichuriki, 42, 48, *48*, 78-79
Wirikuta, 5, 61, 135, *135*, 136, 139
Witoto, Indiens, 165, 167, 168
Wysoccan, 111
Xialba, Seigneurs de, 151
Xing, fleuve, 24
Xochipilli, *62*, 145, 151
Yahutli, 57, *57*, 78-79
Yajé, voir Ayahuasca
Yakee, voir Epená
Yanomama, Indiens, 166
Yas, voir Brugmansia
Yama, 114, voir aussi Marijuana
Yando, peintre, *127*
Yaqui, Indiens, 27, 41, 109
Yato, 68, voir aussi Epena
Yekwana, Indiens, 122, 165
Yoco, 29
Yokut, Indiens, 122, 165
Yoni-lingum, 106
Yopo, 26, 27, 29, 30, 34, 50, 65, 78-79, 81, 116-119, *116, 117, 118*
Yucatan, 37, 153
Yukuna, Indiens, *122*, 165
Yuman, Indiens, 110
Yün-Shih, 37, *37*, 78-79
Yurimagna, Indiens, 152
Yurupari, cérémonie, 123, *123*, 124
Zacatechichi, 27, 37, 78-79
Zambièse, vallée du, 100
Zame y Mebege, 112
Zaparo, Indiens, 122, 126
Zapatecacas, *135*
Zapotèques, Indiens, 46, 147, 160, 163
Zend. Avesta, 95
Zornia spp., 59
Z. diphylla, 59
Z. latifolia, 59, 72-73
Zulus, 44
Zuni, Indiens, 110

CRÉDIT PHOTOGRAPHIQUE

Anderson, L., Florida State University, Tallahassee, Fla.: 95 centre droite, 173

Arnau, F., *Rauschgift*, Luzerne 1967: 100 gauche

Artus, *Hand Atlas*: 35 No. 5, 50 No. 57

A-Z Botanical Coll., Londres: 17 en haut à gauche

Barghoorn, E.S., Harvard Botanical Museum: 18

Bates, L., Cambridge, Mass.: 128 et 129 bas

Bettman Archive, Inc., New York: 108 gauche

Biblioteca Apostolica Vaticana, Cité du Vatican (Codex Barberini Lat. 241 fol. 29r): 109 gauche

Biblioteca Medicea Laurenziana, Florence: 146 centre (Photo Dr G. B. Pineider)

Biblioteca Nazionale Centrale di Firenze, Florence: 146 bas (Photo: G. Sansoni)

Bibliothèque Nationale, Paris: 90 gauche, 98 en bas à droite

Biedermann, H., *Lexikon der Felsbildkunt*, Graz 1976: 84 en haut et en bas

Biedermann, H., *Medicina Magica*, Graz 1972: 20, 88 en bas à gauche, 89 en haut à droite

Bigwood, J.E., Shelton, Wash.: 54 No. 71, 145 en bas

Bildarchiv Bücher, Luzerne: 17 en bas à droite, 27 gauche

Biocca, E., *Yanoáma*, Bari 1965 (Photo: Padre L. Cocco): 168 au centre et à droite, 169 au centre et à droite, 171

Black Star, New York: 98 gauche, 98 droite (Photo: C. Henning)

Bodleian Library, Oxford (MS Bodley 130, fol. 37r): 13 haut

Bouvier, N., Cologny-Genève : 85 bas

Bogoraz, W., *The Chukchee*, Mem., Amer. Museum of Natural History, Vol. VII, 1904: 85 haut

Brill, D., College Park, Georgia: 33, 154 droite, 156, 157

Buser, H., (Weleda) Arlesheim: 89 en bas à droite

Bührer, E., Luzerne: 17 en haut centre droite

Bye, R.A. Jr., University of Colorado, Boulder, Col: 41 No. 22

Califano M., *Scripta Ethnologica*, Buenos Aires 1975: 118 gauche

Carroll, L., *Alice's Adventures in Wonderland,* New York 1946: 92 en haut à droite

Christian, P., *Histoire de la Magie*, Paris 1870: 91

Coleman Collection, Uxbridge: 17 en haut centre gauche

Coray, F., Luzerne: 34, 35, (6), 36 (7 et 9), 37, 38 (15 et 16), 40, 41 (23-25), 42 (27 et 28), 43 (30-32), 44, 45 (38 et 39), 46 (41 et 43), 47, 48 (49), 49 (52 et 53), 50 (54-56), 51 (58-60), 52 (62 et 63), 53 (65, 67 et 68), 54 (69, 70 et 72), 55, 56, 57 (82-84), 58, 59, 107 gauche, 130 bas

Correll, D.S., Fairchild Botanical Garden, Coconut Grove, Fla.: 48 No. 48

Curtis Botanical Magazine, Vol. III, 3e series, Londres 1847: 134 en bas à droite

Emboden, W., California State University, Northridge, Cal.: 92 gauche

Engel, F.M. Ansbach: 39 droite, 87 en haut à droite

Erdoes, R., New York et Santa Fé: 142 en haut à droite

ETH-Bibliothek, Zurich: 185 centre gauche

Faron, Prof. L.C., Stony Brook, Long Island: 30

Fernandez, Dr. J.W., Princeton University, Princeton, NJ: 27 centre, 113 droite, 114 gauche, 115 bas

Forman, W., Archive, Londres: 62 droite

Friedberg, C., Museum d'Histoire Naturelle, Paris: 155 haut

Fröhlich, A., Luzerne: 42 No. 29, 174 haut

Fuchs, L., *New Kreuterbuch*, Bâle 1543: 31 gauche, 94 gauche

Furst, P.T., New York State University, Albany, N.Y.: 14, 35 No. 4, 82 haut, 110, 133 haut, 137 droite, 145 en haut à droite, 149 haut, 154 gauche, 161

Garcia-Barriga, H., Instituto de Ciencias Naturales, Bogotà: 122 en bas à gauche

Goodman, Mill Valley, Cal.: 98 centre gauche

Guillén, A., USA: 154 bas

Guirand, F., Larousse *Mythologie Générale*, Paris 1935: 13 droite, 84 centre

Gustafson, R., Los Angeles, Cal.: 57 No. 81

Halifax collection, Ojai, Cal.: 8, 132 haut, 141, 177-179, 184

Harner, M., Silvermine, Conn.: Cover imprint. (Dessin d'un chamane Jivaro sous l'influence de l'Ayahuasca)

Harvard Botanical Museum, Cambridge, Mass.: 31 centre droite, 95 gauche, 107 droite, 109 droite, 142 en bas et à gauche, 158 en haut à gauche, 185 centre droite

Hermitage Museum, Leningrad: 93 bas

Hernández de Alba, G., *Nuestra Gente « Namuy Misag »*, Bogotá: 128 haut

Hofmann, Dr. A., Burg i. L.: 22, 23 droite et gauche, 46 No. 42, 102 en bas à droite, 159 bas, 175 haut

Holford, M., Loughton: 104 droite

Holmstedt, B., Karolinska Institutet, Stockholm: 166 haut, 185 bas

Hunt Institute for Botanical Documentation Carnegie-Mellon University, Pittsburgh: 176

Kaufmann, P.B., Department of Botany, University of Michigan, Ann Arbor, Mich.: 97

Kobel, H., Sandoz Research Laboratories, Bâle: 102 en bas à droite

Koch-Grünberg, T., *Zwei Jahre unter den Indianern*, Berlin, 1910: 123 bas

Köhler, *Medizinal-Pflanzenatlas*, Vol. I, Gera-Unterm-haus 1887: 21 gauche, 31 centre gauche, 38 No. 14

Krippner, S., San Francisco: 180, 181 gauche

Landrin, A., *De l'Iboga et de l'Ibogaine* 1905: 113 gauche

Leuenberger, H., Yverdon: 111

Leuner, Prof. H., Göttingen, *Psychopathologie und bildnerischer Ausdruck*, 3e series, III. 5, 7, 14 (Sandoz AG, Bâle 1963): 181 droite, 182, 183

Lockwood, T.E., *A Taxonomic Revision of Brugmansia*, (thèse de doctorat non publiée), Harvard University Cambridge Mass. 1973: 131

Löffler, I., Berlin: 112 droite, 114 droite, 115 en haut à gauche, en haut à droite

Losch, F., *Les Plantes Médicinales*, Bienne: 39 No. 17

Mansell Collection, Londres : 90 en bas

Mookerjee, A., Gulbenkian Mus. of Art: 106 en bas

Moreau de Tours, J., *Du Haschisch et de l'Aliénation Mentale*, Paris 1845: 101 droite

Musées Nationaux, Paris: 98 en bas à gauche

Museo de la Plata, Argentina: 145 en haut au centre (Photo B. Dougherty)

Museo del Oro, Bogotá: 64

Muséum National d'Histoire Naturelle, Paris: 49 No. 51, 83 en haut à droite (Laboratoire de Cryptogamie, Photo: M. Dumont)

Museum of Fine Arts, Boston. Don de Mme. W. Scott Fritz: 108 à droite

Museum of Modern Art, New York. Fonds Mme Simon Guggenheim Fund: 105

Museum of the American Indian, Heye Foundation, New York: 142 centre

Museum Rietberg, Zurich: 2

Museum Rietberg, Zurich, Slg. von der Heydt: 11

Myerhoff, B., Los Angeles: 136, 137 haut, 139 gauche

Negrin, J., Mexico: 63 (Photo: L.P. Baker), 140 (Photo: G. Lepp)

New Yorker, New York: 101 haut

Oesterreichische Nationalbibliothek, Vienne (Codex Vindobonensis 93 · *Medicina Antiqua* · fol. 118): 89 gauche: (Codex Vindobonensis S.N. 2644 · *Tacuinum Sanitatis in Medicina* · fol. 40): 88 bas

Parker, A., Yale Univ., New Haven: 99 gauche

Pelt, J.M., *Drogues et Plantes Magiques*, Paris 1971: 6, 12, 27 droite, 42 No. 26, 86 gauche, 99 droite, 135 droite, 137 gauche, 139 droite

Perret, J., Luzerne: 158 haut et bas, 172-175 (Models by A. Hofmann)

Photographie Bulloz, Paris: 100 droite

Photographie Giraudon, Paris: 82 bas

Prem Das, Berkeley, Cal.: 138

Publisher's Archives: 13 bas, 28, 29, 82 gauche, 87 bas, 93 centre, 102 gauche, 106 bas centre droite, 107 bas, 112 gauche, 116 haut, 120 gauche, 144 centre, 146 en haut à gauche, 155 bas, 160 gauche, 166 gauche, 175 haut

Radio Times Hulton Picture Library, Londres: 4

Rauh, Prof. Dr. W., Institut für Systematische Botanik und Pflanzengeographie der Universität Heidelberg: 16 en haut à droite, centre et bas, 17 centre et en bas au centre gauche, 19, 43 No. 33, 48 No. 50, 51 No. 61, 53 No. 66, 60, 83 en haut à gauche, 87 gauche et centre, 107 centre

Reichel-Dolmatoff, G., Villa de Leiva: 124

Reichel-Dolmatoff, G., *Beyond the Milky-way - Halluncinatory Imagery of the Tukano Indians*, Los Angeles: UCLA Latin American Center Publications, © 1978 by the Regents of the University of California (Planches VII et XIII). Reproduites avec autorisation: 125 à droite

Roger Viollet, Paris: 116 en bas à droite

Rose, R.M., Oneonta: 148 en bas à gauche, en bas au centre gauche, en bas au centre droite, 149 en bas au centre gauche, en bas au centre droite, en bas à droite

Royal Botanic Gardens, Kew: 116 en haut et à gauche, 117 au centre, 122 haut, 185 haut

Sahagùn, B. de, *Historia General de las Cosas de Nueva Espaǹa*, Mexico 1829: 109 droite, 132 gauche

Scala, Florence: 103

Scholten, L.P., Maasland: 148 en bas à droite, 149 en bas à gauche

Schultes, R.E., Harvard Botanical Museum, Cambridge, Mass.: 7, 25, 36 No. 8, 52 No. 64, 95 en bas à droite, 106 haut, 117 haut, 120 droite, 121 haut, 122 centre et droite, 123 haut et droite, 125 gauche, 126, 127 gauche, 129 haut, 130 gauche et haut, 132 en bas à gauche, 133 bas, 134 gauche, 135 haut, 143, 164 gauche, 165 droite, 166 droite, 167 bas, 168 gauche, 169 gauche, 170 haut

Schulthess, E., Forch/Zurich: 24

Schuster, M., Bâle: 118 haut, 119 centre

Science Photo Library, Londres (Long Ashton Research Station, U. of Bristol): 31 droite

Scientific American, *Old World Archaeology*, San Francisco 1972: 92 en bas à droite

Seaphot, Londres (Photo: W. Williams): 17 en bas, centre

Sharma, G., U. of Tennesse, Martin: 98 centre à droite

Sinsemilla: Marijuana Flowers © Copyright 1976, Richardson, Woods and Bogart. Autorisée par: And/Or Press, Inc., PO Box 2246, Berkeley, Cal. 94702: 93 haut, 94 droite

Smith, E.W., Cambridge, Mass.: 96, 106 en bas à gauche et centre bas à gauche, 121 en bas, 144 en bas, 145 (7-10), 158 en bas à gauche et centre, 160 en haut, 164 droite, et haut, 165 bas, 167 haut

Soprintendenza alle Gallerie per le Province di Firenze, Florence: 104 gauche

Staal, F., San Francisco, Cal.: 83 bas

Tobler, R., Luzerne: 16 en haut à gauche, 61

Topham, J., Picture Library, Edenbridge: 17 en haut à droite, 86 en haut à droite et en bas à droite

Ullstein Bilderdienst, Berlin: 21 droite

Valentini, M.B., *Viridarium reformatum, seu regnum vegetabile*, Francfort a.M. 1719: 80

Von Schuberts, *naturgeschichte des Pflanzenreichs: Lehrbuch der Pflanzengeschichte*, Esslingen 1887: 45 No. 40

Wasson, R.G., Harvard Botanical Museum, Cambridge, Mass.: 15 (Photo A.B. Richardson), 23 en haut, 144 en haut, 147 (*Mushrooms, Russia and History*, New York, 1957), 148 en haut (Photo, M. Seeler), 150-153 (Photo: A.B. Richardson), 159 en haut, 162 et 163 (Photo: C. Bartolo)

Weil, A.T., Harvard Botanical Museum: 153 gauche, Yando, Culver City, Cal.: 127 droite

Zentralbibliothek Zurich (Ms. F23, p. 399): 90 en haut

Zerries, O., Munich: 118 droite, 119 gauche et droite

REMERCIEMENTS

Si ce livre a pu donner au lecteur une meilleure compréhension du rôle des plantes hallucinogènes dans le développement de l'homme au cours des siècles, c'est grâce à la patience et à l'amitié des chamanes et autres habitants des divers pays où nous avons eu l'occasion de travailler. Il est impossible de résumer en quelques mots tout ce que nous devons à nos collègues, à leur fidèle coopération et à leurs encouragements. Nous les avons cependant très profondément appréciés.

Nous remercions aussi les diverses institutions scientifiques et les nombreuses bibliothèques qui nous ont aidé durant la préparation de cet ouvrage. Sans elles, ce livre n'aurait pu naître dans sa forme actuelle.

Nous avons été touchés par la générosité de nombreuses personnes et institutions qui nous ont procuré, sans ménager leur temps ni leurs recherches, le matériel iconographique en grande partie inédit de ce volume. Ils nous ont aidés dans notre tentative de concevoir un livre qui offre une vue nouvelle et progressiste sur un des éléments fondamentaux de la culture humaine : les hallucinogènes.